U0142487

文化資產中的古物研究與鑑定

臺南瑰寶大揭密

盧泰康 著

臺南市長　序

探索臺南古物瑰寶中的這些人、那些事

　　臺南市作為臺灣文化發展的重要源頭，悠遠的歷史積累了豐厚的文化底蘊，呈顯於豐富多彩的各式有形、無形文化資產。作為城市歷史記憶載體的古文物，透過自身歷史、文化風華的展現，日復一日，訴說著數百年來這片土地、這座城市中的這些人、那些事。

　　臺南市自2007年公告首件法定一般古物以來，至今指定公告之一般古物已達七十七組（六四○件），並有國寶三組（六件）。為更深入探索此些古物之內涵、建立完整古物研究檔案，2014年由臺南市政府文化局委託國立臺南藝術大學盧泰康教授，針對已公告在案的十三件古物進行深入的內涵調查研究。

　　研究過程中，盧教授團隊秉持深入而嚴實的研究方法與精神，透過歷史文獻的爬梳、民間傳說的考證、古物形制特徵的研究與比對、文物科學檢測技術的引入，以藝術史學與科學的專業角度深入分析、考查，層層揭開一件件瑰寶下蘊涵的精采人物與事件，並提出具體可行之保存維護建議，以作為後續古物管理維護的方向指南。

　　此次研究不僅方法嚴謹、內容詳實，更可說是樹立了臺南市古物內涵研究的里程碑，使十三件古物之歷史內涵與重要性更為彰顯；欣聞此研究成果進一步獲文化部文化資產局補助經費協助出版，本人樂為之序，並誠摯邀請讀者透過此書，乘上作者精心鋪設的學術之帆，一同傾聽、探索這些古物吞吐府城歲月風華後，喃喃訴說的這些人、那些事。

臺南市長　

立法委員　序

　　明清時期中國閩、粵地區的漢人，渡海來臺開拓，成為了中原文化入臺的濫觴。

　　漢人移民與原住民在這片土地上展開頻繁的交流與互動的歷史脈絡，也就是現今大家常聽到「有唐山公，無唐山媽」的由來，在在顯示出臺灣歷史特殊的發展歷程。

　　回顧臺灣的過去，歷經了荷蘭人、鄭成功、清朝、日本人的統治，乃至戰後迄今，多元的族群與文化衝擊互動與複雜多變的歷史機緣，使得此地的人民逐漸形本土意識，同時激盪出具有自身面貌的臺灣特質。

　　尤其細說臺灣所見各類豐富而多樣的各類「有形」文化資產，包含「古蹟」、「歷史建築」、「考古遺址」等等便有九類，正是反應臺灣歷史文化發展歷程的珍貴遺產。

　　臺南是臺灣的直轄市六都之一，也是全臺開埠最早的城市，清代以來即有「府城」之稱，因開埠得早，也成為文化交流最早，底蘊最深厚的古都。盧泰康教授的研究專著《文化資產中的古物研

究與鑑定 —— 臺南瑰寶大揭密》，針對臺南傳世的鄭成功畫像與書法，以及文書、匾額、玉器、石碑、古砲等各類清代古物，進行深入的分析解讀，還原了這些古物的真實歷史價值，同時更讓人有機會細細品味這些歷史文物所反映的當時的歷史場景，其考據之詳實精準，令人欽佩。

　　臺南市文化局主動擘劃上述研究工作的開展，對於古物類文化資產的保護推動，更是功不可沒。而這些種種的努力與累積成果，正是建構臺南府城深厚文化傳統的重要基石。

　　作為在地的臺南人，我自然深深期許也希望此書能讓更多全臺各地接觸到的讀者深入領略府城文化之美。

立法委員　黃偉哲

文化部文化資產局局長　序

　　普查及調查研究是各項文化資產登錄指定、保存及維護修復前必要的基礎工作，過去本局依《文化資產保存法》推動古蹟、歷史建築、遺址等不可移動之文化資產項目調查，以及綜合性之產業、眷村、文化性資產清查工作。2016年7月27日修正施行之文資法第六十五條規定主管機關應定期普查「具古物價值」之項目，係我國首次的「文物普查」立法，本局據此正式啟動全國文物普查。

　　古物類文化資產具有「可移動」、「類型與材質多樣」、「數量龐大」、「保管單位及文化脈絡多元」等特質，其普查或調查研究方法，除了真實、精確的記錄古物基本資料外，包括製成年代考證、作者真跡判別、材質、形制風格分析、工藝技術研究、圖像學、文獻梳理及文物來源脈絡調查等等，皆為有別於古蹟建築、考古遺址等不可動空間場域之調查研究方法。因此，本局相當重視適合「臺灣環境」與「古物文化資產特質」之普查及調查研究方法的建構與推廣，是為我國文物普查能否成功落實施行之關鍵。

　　盧泰康教授所著《文化資產中的古物研究與鑑定 —— 臺南瑰寶大揭密》一書，是考訂臺南珍貴傳世「古物」的重要著作，同時亦

可被視為我國古物類文化資產議題的重要研究成果，該書不僅針對臺南市指定的十三件「一般古物」，進行了基本資料的重新確認與研究分析，釐清各件古物的藝術風格與形制特徵、所屬年代、工藝技術、材質與保存現況，同時梳理並考證相關文獻史料，藉以確認上述古物與臺南歷史文化脈絡之聯繫，最後具體呈現各件古物的文化內涵、價值與重要性。

「發現文物·保存臺灣」，文化資產中類型豐富、文化多元、數量龐大之古物，是屬於全民所共同擁有的珍貴物質文化遺產，而通過專業調查與學術研究所獲致之成果，使國人不僅能欣賞古物之美，提升公民文化素養，同時亦可做為文化資產再活化的基礎，成為社區乃至於族群自我認同的重要依憑，具體彰顯出屬於我們的臺灣記憶。

文化部文化資產局　局長　　施國隆

臺南市政府文化局局長　序

瑰寶綻耀　書蘊古光

　　古物是人們依據當時的社會、政治、文化、經濟等需要，運用當代的技術和材料所創造出來的；因此透過古物的價值研究，可以瞭解時代的歷史與特點。臺南歷經數百年文化層層積累，文化資產薈蔚，如能透過深度的內涵調查，不僅可以瞭解古物本身在當時與後來社會發展過程中所扮演的角色，亦可發掘出隱藏在古物背後的集體知識、美學經驗與社會意義。是以本局於103年委託國立臺南藝術大學盧泰康教授研究團隊，針對本市十三件別具特色的古物辦理「臺南市古物文化資產內涵調查研究計畫」。

　　此十三件古物包括公有古物與私有古物，公有如鄭成功文物館的「清代林朝英書法木刻」與「玉板（傳寧靖王『玉笏』）」、倒風內海故事館的「乾隆乙亥年水堀橋石碑」等；私有如竹溪禪寺的「竹溪寺『了然世界』匾額」與臺灣首廟天壇的「天壇『一』字匾」等。盧老師的調查研究成果，不但在文獻、歷史內涵與文化意義方面均提出詳實豐富的內容，並透過科學與藝術史的專業角度深入分析，提出了具有突破性的見解與辨誤。可以說此研究案不僅是一個古物內涵調查的極佳範例，也足以成為日後文物研究的參考指標。

　　古物本身蘊含著許多信息，必須藉著深入的研究，方能對古物價值進行深層的認識。今盧泰康教授獲得文化部文化資產局補助，將前述研究成果整理出版成冊，相信藉著這本書的印行推廣，除了讓十三件古物與臺南歷史脈絡的聯繫與文化意義更為清晰外，也能促進民眾對文化資產價值的瞭解，並有助益於文化資產保存維護觀念的提升。

臺南市政府文化局
局長　

目　錄

圖版目錄

表與圖表目錄

附錄

壹
前 言

　　自十七世紀以來，臺南即為臺灣歷史時期發展的重要地區，同時也是政治、經濟、宗教信仰與文教中心，而臺南府城所擁有龐大且多樣的文化資產，也成為了反映這座臺灣歷史名城的重要物質文化遺產。但「古物」做為臺南市文化資產的一環，相較於其他文化資產類別，始終缺乏較為嚴謹的調查研究與鑑定、科學檢測分析，而這對後續文化資產的深度理解、文化創意轉化與運用推廣，亦產生了不小的阻礙。

　　本書針對臺南市已登錄文化資產「一般古物」的十三件文物，進行了基礎資料的重新確認與學術研究分析，釐清各件古物的藝術風格與形制特徵、所屬年代、工藝技術、材質與保存現況，同時梳理與考證這十三件古物的相關文獻史料，藉以掌握其與臺南歷史文化發展之脈絡關係，最後具體呈現古物的整體文化內涵、價值與重要性。另一方面，透過本研究成果，也為上述十三件古物日後可能提報「重要古物」或「國寶」的指定工作，建立了完整的學術研究基礎與論證說明。同時可為相關主管單位在文化資產「古物類」業務上，提供後續推廣教育與管理保存之資料依據。

　　整體說來，我國現行法規所定訂之「有形」文化資產共分為九類，其分別是「古蹟」、「歷史建築」、「紀念建築」、「聚落建築群」、「考古遺址」、「史蹟」、「文化景觀」、「古物」、「自然地景與自然紀念物」。而近年中央與地方之文化主管機關，對於其中第八類「古物」事務的日漸重視與相關工作的推動，顯示了吾人開始關注文化資產中有關傳世文物的文化意涵、歷史與科學等多元價值，甚至是相關管理與保存工作的重要性。而本書針對臺南市十三件已登錄「一般古物」的深入研究，則是具體地呈現了此一關注文化資產「古物類」議題的重要努力成果。

　　本書內容主要為2014年7月至2015年9月間，由臺南市文化局文化資產管理處委託，國立臺南藝術大學藝術史學系盧泰康老師所執行之「臺南市古物文化資產內涵調查研究計畫」學術成果。*

*　盧泰康，《臺南市古物文化資產內涵調查研究計畫》期末報告，委託單位：臺南市文化資產管理處，執行單位：國立臺南藝術大學藝術史學系，2015年。

本研究之執行與完成,首先要感謝臺南市文化局文化資產管理處在行政事務與工作協調上的全力支持。感謝國立臺南藝術大學黃翠梅老師、邵慶旺老師、逢甲大學李建緯老師、國立故宮博物院洪順興老師,在文化資產古物研究、文物科學檢測保護上所提供的諸多寶貴意見。感謝維聯科技有限公司楊顯昌先生全力協助文物3D雷射掃描。感謝林仁政老師協助木質文物標本檢測。感謝國防部資源司、澎湖縣文化局、基隆市文化局協助配合相關文物調查與檢視。感謝藝術史學系蔡依倫、吳庭維兩位碩士生擔任研究助理,以及廖伯豪、陳羿錡、吳綺翎、曾鵬璇、吳巧文、溫筑婷、郭于萍等同學,在文物調查與記錄、資料處理、行政與出版業務等,諸多工作的熱情參與協助。最後感謝文化部文化資產局補助出版經費,俾使這本臺灣文化資產古物類的研究成果,最終得以出版付梓。

貳

古物調查程序與步驟

一、十三件古物分類

1　根據我國「文化資產保存法」第65條內容，業經文化主管機關「指定」或「登錄」的「古物」，依其珍貴性與稀有價值，可分為「國寶」、「重要古物」及「一般古物」，共三級。

本書所探討之十三件臺南傳世文物，已屬文化資產保存法登錄公告之「一般古物」，[1]是具有「法定」身份之文物。而所謂的「古物」，在我國「文化資產保存法」第3條的定義說明中，是指「各時代、各族群經人為加工具有文化意義之藝術作品、生活及儀禮器物、圖書文獻及影音資料等」各種文物，而這些文物是「具有歷史、藝術、科學等文化價值，並經『指定』或『登錄』的「有形文化資產」。

上述十三件臺南「古物」依其性質大致可分為藝術作品、生活儀禮用器、圖書文獻共三類，其中藝術作品三件，生活儀禮用器七件，圖書文獻三件。而十三件古物中有七件收藏於臺南市鄭成功文物館庫房內，其餘六件則分別收存於私人廟宇（兩件）、博物館展示空間（一件）、或是陳列於室外開放之公共空間（三件）。

二、確認登錄卡格式

著手進行文物調查之前，應先確認文物相關訊息紀錄之基本原則與登錄內容，備妥符合專業文物調查原則之文物登錄卡（圖2-1）。文物登錄表格所應包含內容依序為：文物名稱、清冊名稱、序號、財產編號、文物所在地、藏品來源、類別、建議級別、建議級別理由、文物正面照片、外觀特徵、製作地點、材質、年款、製作年代、附屬物件、重量、尺寸、用途、作者、製作工藝、文物歷史與文化意涵、參考文獻、保存現況與建議事項、文物「其它面向」、與「特殊銘文、記號」部位照片等各項學術訊息，可做為日後之後續分析研究或展示宣傳之基礎檢索資料，同時亦能有效地管理與保

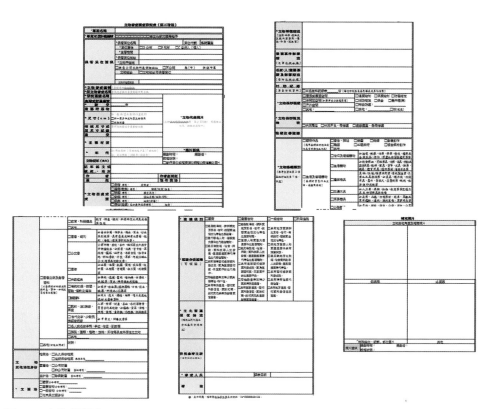

圖2-1　文物登錄卡

存文物。[2]至於調查表格填寫前，則須注意「事先填寫已知資訊」，以避免遺漏過去已累積之既有資料訊息，同時亦應列印紙本，避免已登錄資料之電子檔案遺失。此外，實地填寫文物登錄表格之前，應確認登錄人員工作分工，具體分配工作內容與登錄物件，以避免紀錄不確實或調查資料流失。[3]

2　盧泰康、李建緯，〈臺灣古蹟中既存古物調查的現況與反思〉，《文化資產保存學刊》，第25期，2013年，頁95-115。

3　盧泰康，〈文物普查實地作業：方法與標準程序〉，收於《全國文物普查研習作業手冊》，臺中：逢甲大學歷史與文物研究所，2016年，頁67-117。

三、協調聯繫與實地調查

　　本研究規劃文物調查研究工作的進程，聯繫了臺灣首廟天壇（圖2-2）、臺南竹溪寺（圖2-3）、國防部資源司（圖2-4）、臺南鄭成功文物館（圖2-5），以及倒風內海故事館等相關文物典藏單位，協調後續文物實地調查與檢視紀錄。

圖2-2　首廟天壇文物調查　　圖2-3　臺南竹溪寺文物調查

圖2-4　臺中成功嶺營區文物調查　　圖2-5　臺南鄭成功文物館文物調查

四、文物登錄與測量

　　針對文物之外觀與現況，進行觀察與紀錄，詳盡登載文物之形制、裝飾、製作工藝、年代、產地等等訊息（圖2-6）。同時逐件紀錄文物基本尺寸數據，藉以獲致準確之文物尺寸訊息（圖2-7）。

圖2-6　檢視文物並填寫登錄表

圖2-7　文物尺寸測量與紀錄

五、文物攝影

　　規劃文物攝影流程，逐一進行正確紀錄文物之多角度、多面向特徵與細部特寫。配合高畫素之數位單眼相機、背景設置。拍攝影像亦需注意光線強弱、曝光值、色溫、清晰度，以及各種規格文物專用比例尺之設置（圖2-8、圖2-9）。同時運用不同方向與光源強弱照射，以利拍攝文物各部位與細節（圖2-10、2-11），最後進行數位文物影像調整與建檔。

圖2-8　文物拍攝器材設置

圖2-9　設置比例尺

圖2-10　室外文物拍攝

圖2-11　文物細節拍攝

六、顯微放大儀器檢視

　　針對特定文物表面局部，運用手持式電子數位顯微放大設備，進行文物細節放大影像拍攝（80至200倍），藉以獲得肉眼難以察覺之細節訊息（見

圖2-12、圖2-13、圖2-14、圖2-15）。

圖2-12　數位顯微放大攝影

圖2-13　文物局部顯微放大影像

圖2-14　數位顯微放大攝影

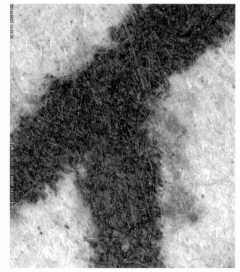

圖2-15　文物局部顯微放大影像

七、不可見光影像紀錄

運用不可見光攝影設備，拍攝紅外線（圖2-16、圖2-17）、紫外線（圖2-18、圖2-19）文物影像，藉以獲致肉眼無法觀察之文物影像訊息。

圖2-16　紅外線攝影檢視文物

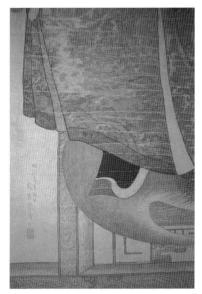

圖2-17　紅外線拍攝文物影像

圖2-18　使用紫外線相機攝影

圖2-19　紫外線相機拍攝文物

八、文物成份檢測分析

　　運用手持式螢光繞射分析儀（XRF），進行非破壞性文物成份檢測（圖2-20、圖2-21），以獲致文物材質與成份訊息。

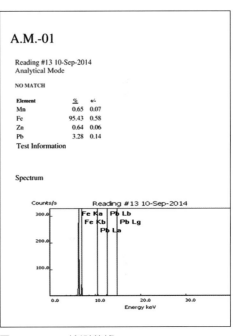

圖2-20　XRF儀器操作　　　　　　　　圖2-21　XRF檢測數據

九、文物結構測繪紀錄

　　針對特殊或重要文物（玉板（傳寧靖王「玉笏」）），進行文物形態與結構斷面測繪（圖2-22、圖2-23）。由於文物攝影雖具有臨場感與真實感，但無法準確反映各個部位具體尺寸和相對空間關係，故援引考古學中使用的器物線圖測繪方式，針對特定重要古物，具體記錄其形態特徵、剖面厚度、

結構細節等關鍵訊息。

　　另運用雷射3D掃描技術，針對兩件清代古砲進行全方位數據測量，藉以獲致文物結構、尺寸、外觀細節等各種精確數位訊息，以利後續學術研究與分析（圖2-24、圖2-25）。

圖2-22　文物結構線圖測繪

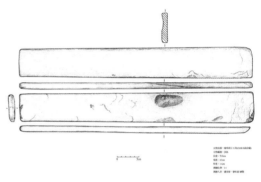

圖2-23　文物測繪圖稿

圖2-24　雷射3D影像紀錄

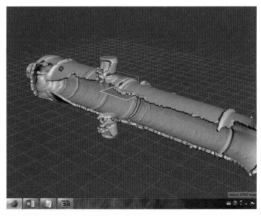

圖2-25　數位處理中的古砲3D影像

十、拓本製作

　　針對不同材質古物進行銘文拓本製作，其一為石質文物（葫蘆埤湖中島石碑、石座）見圖2-26；其二為木質文物（清代林朝英書法木刻）見圖2-27；其三為金屬文物（兩件清代古砲）見圖2-28、圖2-29。同時依照不同文物材質之特性，分別進行「油墨拓本」與「水墨拓本」的製作。

圖2-26　石質文物拓本製作

圖2-27　木質文物拓本製作

圖2-28　金屬文物拓本製作

圖2-29　金屬文物拓本製作

十一、文物資料數位建檔

　　規劃各種紙本登錄資料、數位影像、尺寸數據之資料庫，以利調查所得各類資料，進行數位化整理與歸檔（圖2-30）。

圖2-30　數位化整理與歸檔

十二、文物影像後製

　　本研究計畫之田野調查工作，獲致了各個不同類型文物影像資料，經過數位整理歸檔後，使用Adobe Photoshop CS5軟體將影像進行後製工作。

　　依照拍攝時使用的Kodak Q-14色階卡（Kodak Color Separation Guide and Gray Scale），進行數位化色彩與影像校正（圖2-31、圖2-32、圖2-33、圖2-34）。

圖2-31、圖2-32　使用Adobe Photoshop CS5進行影像後製

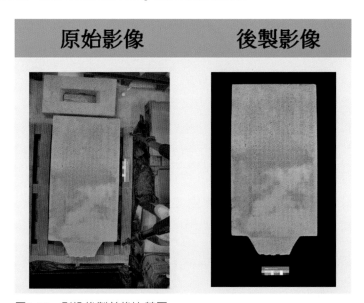

圖2-33　影像後製前後比較圖

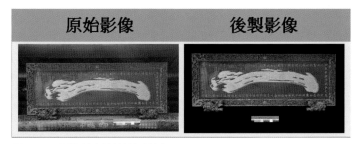

圖2-34　影像後製前後比較圖

十三、相關研究資料收集

　　針對與調查文物相關之歷史文獻紀錄、傳世文物資料，以及歷來文物研究與考古學相關學術成果，進行蒐集整理與建檔，以利後續研究工作之進行。

十四、整合性文物研究與分析

　　展開整合性文物研究分析，所有必須完成的關鍵工作內容依序分別為：「相關歷史文獻梳理」、「文物形態學研究」、「製作工藝研究」、「裝飾內容之理解與識別」、「文物年代與產地考證」、「文物功能理解與分析」，最後確認十三件古物之「歷史、文化脈絡與重要性」。

　　大體說來，上述研究是運用歷史文獻、考古與傳世文物資料、歷來相關研究成果，以及實地田野調查資料，進行全面性探討，藉以獲致文物之形制與風格特徵、紋飾內容、銘文考釋、具體年代與產地、製作工藝技術、歷史與文化脈絡等學術認識，方能針對文物進行客觀分析，最後做出事實判斷，具體呈現這十三件古物與臺南市歷史文化發展之脈絡關係、價值與重要性（圖2-35、圖2-36）。

圖2-35　整合性文物研究分析　　　　　圖2-36　整合性文物研究分析

參

十三件臺南傳世古物研究

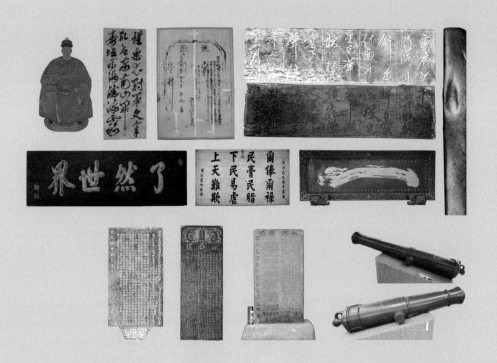

　　以下本章內容逐一針對臺南十三件傳世古物進行分析考證；這十三件古物之舊有登錄名稱，以及經本研究確認後之正確名稱分列如下：

第一件：「鄭成功彩繪圖像」（舊有登錄名稱）；經研究後已正名爲：「鄭成功畫像（那須豐慶摹本）」

第二件：「仿明鄭成功草書」（舊有登錄名稱）；經研究後已正名爲：「鄭成功草書」

第三件：「清代祭孔佾生執照」（舊有登錄名稱）；經研究後已正名爲：「臺灣縣蘇孝銘佾生執照」

第四件：「清代林朝英書法木刻」（沿用舊有登錄名稱）

第五件：竹溪寺「了然世界」匾額（沿用舊有登錄名稱）

第六件：「清代吏治箴言匾」（沿用舊有登錄名稱）

第七件：天壇「一」字匾（沿用舊有登錄名稱）

第八件：「古玉笏」（舊有登錄名稱）；經研究後已正名爲：「玉板（傳寧靖王『玉笏』）」

第九件：「葫蘆埤湖中島石碑、石座」（沿用舊有登錄名稱）

第十件：「蔣公堤功德碑」（沿用舊有登錄名稱）

第十一件：「乾隆乙亥年水堀頭橋石碑」（沿用舊有登錄名稱）

第十二件：「九磅前膛砲」（舊有登錄名稱）；經研究後已正名爲：「英製布隆美菲爾德（Blomefield）九磅前膛砲」

第十三件：「八吋阿姆斯托郎後膛砲」（舊有登錄名稱）；經研究後已正名爲：「阿姆斯壯（Armstrong）五吋前膛砲」

一、鄭成功畫像（那須豐慶摹本）

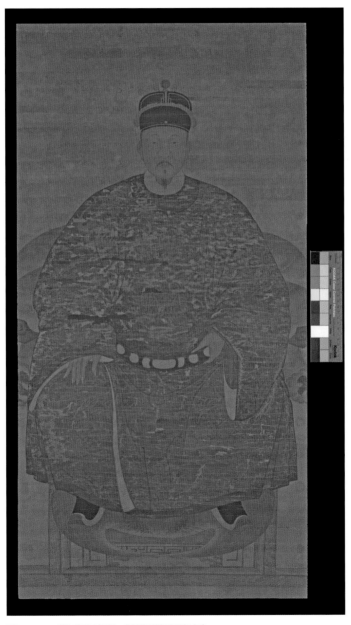

圖3-1-1 鄭成功畫像（那須豐慶摹本）

　　臺南市鄭成功文物館所藏「鄭成功彩繪圖像」（舊有登錄名稱），文物典藏編號2150，已於2007年3月5日公告為臺灣文化資產「一般古物」，公告文號：南市文資字第09618503390號。經本研究後確認其名稱已更正為「鄭成功畫像（那須豐慶摹本）」，以下部份就文物特徵進行觀察描述，繼而分析作品完成時間與背景，判讀比對畫像內容，分析圖像內容所反映之原作年代，最後說明本件文物之重要性，同時檢視其裝禎工藝、繪製技法與保存現況。

（一）文物特徵描述

　　臺南市鄭成功文物館館藏「鄭成功畫像（那須豐慶摹本）」，以下簡稱「鄭成功畫像」，含框總長152公分，寬80.3公分，畫心長103公分，寬57公分，平織絹本設色，文物可見光影像見圖3-1-1，紅外線影像見圖3-1-2、圖3-1-3，文物線繪圖見下文圖3-1-12。畫中鄭成功端坐於畫面正中，頭戴黑色帽冠，冠緣綴有波浪狀冠飾，冠頂有長條形對稱折翅（巾），中有紅色圓球形裝飾。鄭成功面容勾勒細緻，可見眉、眼、鼻端、鬢須、兩耳、法令紋、嘴唇。唇部上下與下巴部份，共有三處短鬚。

　　鄭成功身著圓領青綠地金綉龍紋寬袖袍服，領口處可見白色圓領內搭，衣袍龍紋周邊遍佈流雲紋，上身胸前約略可見一正面蟒首張口露牙，下顎鬚角，兩側寬袖處則蟒紋不甚清晰。畫面刻意增繪並勾勒大量水平橫向的白色線條與暗色長條形色塊，應是作者企圖寫實呈現當時（1911）「鄭成功畫像」原作被發現時（今典藏於國立臺灣博物館），畫面殘破缺損之表面現象。鄭成功腰際繫以革帶（玉帶），革帶內裝飾多種造形玉片。左手提握於革帶之上，右手手掌自然下垂，輕按於下擺處。

　　袍服下擺處兩側可見較為清晰之龍紋，龍紋四周滿佈流雲紋，其中左側龍紋可見側身行龍之龍首與龍鬚；左側行龍則見四指龍爪，向前伸出揚起上舉。下擺正中處，二龍之間，依稀可見火珠紋。龍袍下擺底緣有海浪波濤紋。

圖3-1-2　鄭成功畫像（那須豐慶摹本）紅外線影像　　　　圖3-1-3　署款紅外線影像

　　鄭成功腳著黑色皂靴，白色墊底，靴底面呈褐色，內有細緻刻劃淺色點狀針腳。人物身後之座椅，有高度及胸之圈式靠背、扶手、踏腳，並罩以虎豹之類的動物皮毛。透過紅外線攝影可見畫面左側座椅旁，有清晰的作者署款（圖3-1-3）：兩行豎寫「明治辛亥（西元1911年）秋日 敬寫豐慶之」，款下鈐有方框印章，框內豎寫篆體「源朝臣」三字。

（二）文物研究分析

1. 作品完成背景與時間

　　臺南鄭成功文物館所藏「鄭成功畫像（那須豐慶摹本）」，實為現藏於國立臺灣博物館「鄭成功畫像」原作（該館文物典藏編號AH001613）之臨摹本，其臨摹之時間，根據畫面左下角作者署款內容，可知應為西元1911年。

1　洪順興，劉芳如，《鄭成功畫像修復報告》，臺北市：國立臺灣博物館，2010年，頁46。

2　〈名畫神寶となる〉，《臺灣日日新報》，1911年7月16日，版7。

3　山中樵，〈臺北博物館見物：一二、鄭成功の畫像〉，伊藤憐之助編，《臺灣時報》，1934年2月，頁120-121；中譯文另見廖瑾瑗，《鄭成功畫像歷史調查研究報告》，臺北：國立臺灣博物館，2007年，頁20-21。

　　國立臺灣博物館所藏之「鄭成功畫像」原作，是目前所知傳世時間較早，同時也可能是最接近鄭成功真實面貌的彩繪畫像。這件文物在十九世紀末被發現後，流傳至今，由於長期傳世過程中保存狀況持續惡化，遂於2007年由臺北故宮博物院進行了重新裝裱與修護（圖3-1-4為修護前；圖3-1-5為修護後）。[1]

　　國立臺灣博物館所收藏的「鄭成功畫像」原作，首次被發現於西元1898年，根據1911年7月16日《臺灣日日新報》報導，稱其被發現於臺北廳大加蚋堡後山坡庄（今臺北市南港地區），是鄭維隆家族的傳世舊物。[2]

　　另根據日人山中樵在1934年所記述之發現經過，可知其為明治三十一年（1898），臺北縣知事村上義雄巡視管轄境內，經過後山坡庄拜訪當地望族鄭維隆時，見到此幅鄭成功畫像。村上知事對於此畫大表讚賞，而鄭維隆心喜之餘，乃將此畫呈獻給村上知事，而村上也還以報酬。[3]

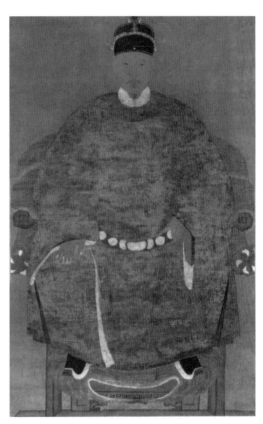

圖3-1-4　鄭成功畫像（原作）修護前（引自洪　　圖3-1-5　鄭成功畫像（原作）修護後（引自同
　　　　　順興，劉芳如，2010）　　　　　　　　　　　　　前）

4 〈鄭成功の像〉，收於臺灣慣習研究會，《臺灣慣習記事》第二卷，第一號，1902年，頁4。引自「日治時期圖書全文影像系統」網址：http://192.192.13.194/cgi-bin/gs32/gswebcgi?o=dbook&s=id=%22jpli2010-bk-sxt_0759_1_1902%22&searchmode=basic（點閱時間：2015.6.2）

5 采訪道人，〈題延平郡王像〉，收於臺灣慣習研究會，《臺灣慣習記事》第二卷，第一號，1902年，頁3。引自「日治時期圖書全文影像系統」網址：http://192.192.13.194/cgi-bin/gs32/gsweb.cgi?o=dbook&s=id=%22jpli2010-bk-sxt_0759_1_1902%22.&searchmode=basic（點閱日期：2015.6.2）

6 山中樵，〈臺北博物館見物：一二、鄭成功的畫像〉，頁120-121；廖瑾瑗，《鄭成功畫像歷史調查研究報告》，頁20-21。

村上義雄獲得此幅畫作之後，隨即命人進行影像拍攝，於是「鄭成功畫像」原作遂在1902年《臺灣慣習記事》第二卷的第一號，首次留下了珍貴的影像紀錄（圖3-1-6）。[4]而該刊物同時也登載了署名「采訪道人」在明治辛丑年（1901）所做〈題延平王像〉一文，扼要說明了此幅鄭氏畫像的流傳經過：

> 嘗聞維隆五世祖鄭長者，延平從父也，奉母王氏，隨延平入臺南，後由鹿港遷至滬尾，遂家焉。子宥遠，復移居於後山坡，因世為臺北人。先是延平之在臺南也，常繪小像，藏之於家，其孫克塽降清時，令鄭長奉其像歸里，未果，乃藏之以傳其子宥遠。茲維隆以獻者即是像也。[5]

待村上義雄回到日本內地數年之後，鄭家卻表示這幅畫作並不是呈贈給村上的，而是遭到欺瞞、被奪走的，因此要求歸還。結果村上只得將畫作送回臺北，而當時的臺灣總督佐久間左馬太也觀覽了這幅畫作，並向臺灣神社的山口宮司徵詢了意見。最終做出決議，可依據國寶之辦理標準，將這幅畫像保存於神社內，並向鄭家表達此項旨意。[6]

就目前所知各項史料紀錄中，皆未記載鄭家傳世「鄭成功畫像」被送回臺北的時間，但根據明治四十三年（1910）12月25日《臺灣日日新報》報導內容，可以確定畫作已在該年底被送回臺灣，並且保管於總督官邸內，而在這篇名為〈豐慶畫家與鄭氏畫

像〉的報導中，也提到了由佐久間總督所促成的畫像臨摹複製工作，業已委託日本旅臺畫家那須豐慶（なすほうけい）積極展開。[7]該報導全文內容如下：

> 那須豐慶之前從臺南御遺跡所的主典鈴村老人那裡聽說，他在清國南部視察途中造訪泉州的鄭成功家廟，拜見觀看了成功畫像，稱該畫像與總督府所保管的鄭成功畫像，共稱爲雙絕，那須豐慶有幸趁著再次航渡清國南部，順便臨摹之。之前因爲那須向臺灣神社捐獻奉納了他的「酒磨之大作」，所以帶著也想奉納開山神社的志願，這次來北部就直接前往總督官邸述說了他的願望，請求一睹鄭氏畫像。佐久間總督閣下深刻感受到這樣的志向，同時也想自己在臺的紀念必須要留下一幅，而官邸也要備份畫一幅之必要，於是總共有兩幅皆屬於這位畫家的揮毫。畫家想來很快地承諾了這項榮譽。最近每日都從朝陽號（筆者按：應爲旅館名）到官邸，從上午九點至下午四點都待在一個安靜的房間裡揮毫作畫。[8]

根據以上報導內容可以確定，畫家那須豐慶總共要臨摹複製「兩幅」鄭成功畫像，這項工作在1910年12月末的總督官邸內開始進行，並一直要持續至1911年。第一幅摹本預計是要奉獻給開山神社，同時也做爲總督治臺的紀念，第二幅摹本則是官邸內保存的備份。

今日收藏於臺南市鄭成功文物館的鄭成功畫像（圖3-1-1），畫面左下有那須豐慶之署款，而臺南延平郡王祠與鄭成功文物館的前身，即爲日治時期的「開山神社」，故可確認兩幅摹本中的第一幅，應該就是現藏於臺南市

7 那須豐慶（なすほうけい；後名那須雅城）：爲日本畫家橋本雅邦的高徒，首次1908年來臺，自1910年代至1930年代之間，那須氏在臺灣舉辦多次畫展並入選「臺展」，廣獲名聲與好評；引自廖瑾瑗，《鄭成功畫像歷史調查研究報告》，附件七年表，頁121-122。

8 〈豐慶畫伯と鄭氏畫像〉，《臺灣日日新報》，1910年12月25日，版7。

鄭成功文物館之摹本。由於本件摹本是在1910年至1911年間寫實而細緻地臨摹「鄭成功畫像」原作，故畫面中所表現畫作破損的狀況，頗能對應1902年原作所留下的影像紀錄（圖3-1-6）。

明治四十四年（1911）2月21日，《臺灣日日新報》再次報導了有關那須豐慶的「畫家消息」，稱：「滯留在朝陽號的那須豐慶，每日在總督官邸臨寫開山神社的鄭成功古圖」。[9]事實上，上述報導中所稱那須豐慶臨寫「開山神社的鄭成功古圖」的說法，甚爲奇怪，應是報導撰寫者的筆誤或認知上的錯誤，並不符合眞實的情況。筆者認爲實際上可能的狀況應是：此項臨摹工作持續至該報導之日，已接近兩個月的時間，此時第一幅摹本業已完成，而這時鄭維隆家族可能也已經從總督官邸將原屬於他們家族所擁有的「鄭成功畫像」原作取回，是故，筆者研判「第二幅摹本」僅能根據「預計要奉納給開山神社的第一幅摹本」，來進行繪製臨寫。

9 〈畫家消息〉，《臺灣日日新報》，1911年2月11日，版7。

同年7月13日的《臺灣日日新報》，以全版篇幅刊載了「朱成功傳」，同時在版面正中刊印了一幅由「那須豐慶筆」之〈朱成功肖像〉（圖3-1-7）。[10]這幅畫像的鄭成功龍袍等各項細節完整，有異於「鄭成功畫像」原作與第一幅摹本（見本研究下文考證），故應爲所謂的「第二幅摹本」。

10 〈朱成功肖像〉，《臺灣日日新報》，1911年7月13日（第四千紀念號），版25。

兩天之後，也就是7月15日的上午九時，鄭維隆家族正式將「鄭成功畫像」原作，奉獻給了臺灣神社。而透過翌日7月16日《臺灣日日新報》的報導可知：

11 〈名畫神寶となる〉，《臺灣日日新報》，1911年7月16日，版7。

總共兩幅摹寫畫作的其中一幅，特別被贈予了鄭家，用以獎賞其篤志，而鄭家也感謝總督之厚意。對於極爲完善精美的這件摹寫畫與華麗的裝裱，表示了大爲滿足之意。[11]

像　の　功　成　鄭

小川一眞製

圖3-1-6　鄭成功畫像（原作）影像紀録（引自臺灣慣習研究會，1902）

鄭家所受贈鄭成功摹寫畫，應該就是所謂的「第二幅摹本」，即爲該報在1911年7月13日第四千紀念號之所刊載之「那須豐慶筆」〈朱成功肖像〉（見圖3-1-7）。

到了1911年的10月13日，《臺灣日日新報》刊登了一段有關畫家那須豐慶的報導：

12　〈無絃琴〉，《臺灣日日新報》，1911年10月13日，版2。	在本島（臺灣）熱衷於創作很長一段時間的那須豐慶，竭力地將上海到長江沿岸的風景畫了下來。此次在他逐漸歸返東京的旅程中，他的旅行感想不久後也會投稿在本報上。[12]

那須豐慶在該年入秋之際，自中國遊歷寫生歸來，準備離臺返日，而也就在此時，他應該已經將其臨摹鄭成功畫像的「第一幅摹本」，依照其初衷之願，奉獻給了臺南的開山神社，故吾人可在臺南市鄭成功文物館所藏「鄭成功畫像」摹本的左下角，看到了那須氏所留下：「明治辛亥（1911）秋日敬寫豐慶之」的落款。

至此，有關鄭成功畫像的傳世、發現、所有權之爭、臨摹複製、捐贈之事，在1911年底大致已告一段落。但是在接下來的時間裡，當上述過程的細節逐漸爲人所淡忘，後人對於鄭成功畫像摹本的認識，遂出現了相當程度的錯誤。例如二十年後的昭和六年（1931），日人在臺南所舉辦的「臺灣文化三百年紀念會」的出版品中，刊印了一幅「臺南 開山神社藏 鄭成功畫像」（圖3-1-8）。[13]事實上，這幅圖像的內容顯示其並非開山神社實際所藏之第一幅摹本，而

13　臺南文化三百年紀念會編，《臺灣史料集成》，臺南：臺南市役所，1931年，頁42。

應該是早已在二十年前已贈送給鄭家的第二幅摹本。

另在1930年代出版的《臺灣文化史說》中，一篇由幣原坦所撰寫的專文〈國史より見たる三百年紀念〉，刊載了一幅被稱爲「開山神社所藏的摹

鄭成功畫像

臺南 開山神社藏

（等慶豐須那）像肖功成朱

圖3-1-7 「那須豐慶筆」〈朱成功肖像〉
（引自《臺灣日日新報》，1911.10.13）

圖3-1-8 「臺南開山神社藏鄭成功畫像」（引
自臺南文化三百年紀念會編，1931）

14 幣原坦，〈國史より見たる三百年紀念〉，收於《臺灣文化史說》，臺南：臺南州共榮會臺南支會，昭和五年正編（1930），昭和十年（1935）合本改版發行，第三圖。

15 山中樵，〈臺北博物館見物：一二、鄭成功の畫像〉，頁120-121；中譯文另見廖瑾瑗，《鄭成功畫像歷史調查研究報告》，頁20-21。

16 引自國立臺灣博物館「典藏資源檢索網」，〈歷史類/AH001386-001鄭成功像（延平郡王）〉，網址：http://collections.culture.tw/ntm_cms/metadata.aspx?GID=27280（點閱日期：2015.6.6）

寫之物」，並稱「原圖爲描寫鄭成功的臺北州七星郡內湖庄鄭維隆氏舊藏」。[14]而透過本研究圖像內容比對之後，可以確定這幅畫同樣應該是上文所述的「第二幅摹本」，而非那須豐慶奉獻給臺南開山神社的第一幅摹本。

此外昭和九年（1934）擔任臺灣總督府圖書館館長的山中樵，在記述鄭成功畫像收藏原委的短文中，也再次出現了錯誤的認識。他指出臺北博物館（今國立臺灣博物館）內所藏的一張成功畫像的照片，是拍攝開山神社的所收藏鄭成功畫像的摹本。[15]但經本研究針對該照片內容進行比對後，可確定其內容依然是所謂的「第二幅摹本」（見圖3-1-9；國立臺灣博物館文物典藏編號AH1386-1）。[16]此外，山中樵在短文最後也提到，日本總督當時要求那須氏摹寫了「共三幅」鄭成功畫，但此一說法並不同於1910年至1911年《臺灣日日新報》所刊載「共兩幅」之報導，但山中氏並未說明其依據爲何。

今日所見臺南市鄭成功文物館藏品中，僅有一件「鄭成功畫像」摹本，而此摹本即爲當年那須豐慶贈予開山神社之物，所謂「開山神社」，即今日臺南市延平郡王祠與鄭成功文物館的前身，此件摹本由日治時期完整保存至今，其內容寫實地描繪了二十世紀初「鄭成功畫像」原作的實際狀況。

此外，鄭成功文物館也保存了一張「鄭成功畫像」照片（圖3-1-10，館方文物典藏編號0-436），而這張照片的內容，則完全同於上述國立臺灣博物館所藏照片（圖3-1-9）。透過本研究考證可知，兩所博物館收藏的鄭成功畫像照片內容，皆爲上文所確認之「第二幅摹本」。

圖3-1-9　國立臺灣博物館藏鄭成功畫像
　　　　照片（圖片提供：國立臺灣博
　　　　物館）

圖3-1-10　臺南鄭成功文物館藏鄭成功畫像照片

2. 畫像內容判讀比對

(1) 人物姿態與面容

　　本幅畫像中的鄭成功，端坐於畫面正中，左手提握革帶，右手輕按於下襬處，雙腳自然垂下，踩於踏墊之上。大體說來，作品中人物的姿態與面容表現手法，屬於人物肖像畫之範疇，而這種肖像畫作為紀念先人或祭祀崇拜的功能，在中國已有相當悠久的傳統，而在繪製時除了重視被描寫對象的面貌神似之外，更希望能將先人的精神與氣度傳達於後世。[17]過去研究曾指出〈鄭成功畫像〉應該介於歷代貴族帝王肖像畫與明清所流行的祖宗肖象畫之間，研判本件文物為鄭成功生前在臺南命人繪製，但〈鄭成功畫像〉的寫實程度稍嫌不足，肖像畫裡各人獨有之特徵與個性表現亦不強烈，相反地卻表現出比較接近類似宗教人物中較常出現的想像的「理想美」。[18]

　　也有研究者推斷「鄭成功畫像」最初的目的，並非全然是做為祭祀使用，其形式要較一般民間的祖先畫像，更接近帝王像的形式。而其最初的繪製目的，亦當含有「寫其容貌、記其身影」的目的。[19]

　　至於〈鄭成功畫像〉原作是否反映了鄭成功的真實面貌？歷來學界意見亦頗為分歧，且各種結論對於〈鄭成功畫像〉原作的年代判定，並無太大助益。例如顏興先生在1932年實地看過泉州南安石井鄭氏後人所保存之「鄭成功肖像畫」、臺北博物館（今國立臺灣博物館）所藏「鄭成功畫像」原作，以及其他雕像或塑像之後，相當肯定臺北博物館所藏畫像，呈現了鄭氏生前的「儒將形象」。[20]而廖瑾瑗女士則是指出過去史料中，對於鄭氏容貌的常見文字描述，基本上皆是配合鄭成功身為歷史偉大人物的寫作而設定，並不涉及真實容貌的記載。是故，「鄭成功畫

17　李麗芳，〈民族所館藏標本圖說——臺灣漢人早期的祖先繪像與其文化意義〉，《民族學研究所資料彙編》，第13期，1999年，頁54-55。

18　鄭明水、蔡育林、林彥良、李朵芳、邵慶旺（鄭明水等），《鄭成功畫像、臺灣民主國旗修復科學檢測報告》，臺北：國立臺灣博物館，2007年，頁25。

19　廖瑾瑗，《鄭成功畫像歷史調查研究報告》，頁68。

20　顏興，〈鄭成功儀容今考〉，《臺南文化》，第5卷1期，1956年，頁2-9。

像」原作中的鄭氏容貌，雖具有較高程度的流佈，但
卻非唯一的樣式，亦非其真實容貌的樣式。[21]

21　廖瑾瑗，《鄭成功畫像歷史調查研究報告》，頁79。

(2) 龍袍特徵

臺南鄭成功文物館所收藏的「鄭成功畫像」摹本，是由日人畫家那須豐慶臨摹於1911年，而此時正是「鄭成功畫像」原件被世人首次發現之初，透過那須氏鉅細靡遺的細微觀察，以及高超的寫實臨摹技巧，真實地保存了「鄭成功畫像」原件在二十世紀初被發現時的原貌。

另一方面，非常可惜的是「鄭成功畫像」原件在歷經了百年收藏之後，保存狀況早已大不如前，透過近年文化部文化資產保存研究中心所製作的文物現況線繪圖可知（圖3-1-11），[22]「鄭成功畫像」原件中的鄭氏身形面貌，除了頭部與身體輪廓線保存尚可之外，大部份的衣飾細節，皆已損壞不存。反觀臺南市鄭成功文物館所保存的「鄭成功畫像」

22　鄭明水等，《鄭成功畫像、臺灣民主國國旗修復科學檢測報告》，2007年，頁42。

1911年摹本，則留下了不少清晰的圖像細節紀錄（見圖3-1-12線繪稿），而這也提供了相當寶貴的機會，讓後人得以透過此件摹本所保留之各種細節訊息，分析探究「鄭成功畫像」原件的可能年代及其成畫脈絡。

那須豐慶摹本中的鄭成功形象，身著圓領青綠地金綉龍紋寬袖袍服（圖3-1-14），領口處可見白色圓領內搭，衣袍龍紋周邊遍佈流雲紋，上身胸前約略可見一正面龍首，張口露牙，下顎鬚角。袍服下擺處兩側，可見較為清晰之龍紋，其中左側行龍之四指龍爪，輪廓以雙線勾勒，龍爪向前伸出，揚起上舉（圖3-1-15）。[23]龍袍下擺底緣處，裝飾海浪波濤紋。

23　明清官服制度中一般稱五爪者為龍，四爪者稱蟒，而蟒之造型與龍接近，故有「蟒龍」之稱，亦可視為龍紋的一種。

鄭成功受唐王賜姓朱，一生受封忠孝伯、漳國公、潮王、延平王，後自稱藩王且以明室遺臣自居；夏琳《閩海紀要》稱鄭成功：

雖位極人臣，猶以未能恢復境土為罪，終世不敢稱其王。將卒之年，謠傳永曆遇害，有勸其改年者，泣曰：「皇上西狩，存亡未

24 夏琳，《閩海紀要》，臺北：大通書局，1984年，頁30。

25 申時行等，《明會典》（萬曆朝重修本），北京：中華書局，1989年，頁376、378。

26 中國社會科學院考古研究所、定陵博物館、北京市文物工作隊（中國社會科學院考古研究所等），《定陵》，北京：文物出版社，1990年，頁85。

27 江西省博物館、南城縣博物館、新建縣博物館、南昌市博物館編（江西省博物館等），《江西明代藩王墓》，北京：文物出版社，2010年，頁135。

28 魯文生主編，《山東省博物館藏珍·服飾卷》，山東：山東文化音像出版社，2004年，頁3。

29 廈門市鄭成功紀念館，《鄭成功文物史蹟》，北京：文物出版社，2004年，頁100。

卜，何忍改年？」終身尊奉正朔，以兩島抗天下全力，威震海內，從古未有也。[24]

鄭成功身著龍袍，象徵其自身所具備明朝藩王的正統身份與地位，而這樣的龍袍特徵，大致上是可以對應明代文獻《明會典》卷六十禮部十八的記載：「親王冠服……盤領窄袖，前後及兩肩各金織蟠龍一」；「親王保和冠服……服用青身青綠，前後方龍補各一，用素地，邊用雲」的紀錄。[25]但是另一方面，透過本研究比對相關考古出土與傳世明代龍袍資料後，可知「鄭成功畫像」中的龍袍特徵，明顯有別於明代龍袍實物，二者之間呈現出了相當程度的差異。

首先是明代龍袍中的正面龍紋裝飾，主要是以「團龍圓形補子」的形式出現，但「鄭成功畫像」中的龍袍並非「團龍補服」。明代龍袍實物例見北京定陵萬曆皇帝陵出土龍紋補服（圖3-1-16、圖3-1-17）、[26]江西城南明代藩王益宣王朱翊鈏墓出土黃錦團龍補服（圖3-1-18、圖3-1-19），[27]以及山東省博物館藏明代茶色綢平金團蟒袍（圖3-1-20、圖3-1-21），[28]皆屬相當典型的案例，龍袍正面胸前與兩肩的龍紋，是以圓形補子縫於素地袍服之上，龍紋周邊未見有雲紋滿佈的做法。而這種團龍圓補的案例，在福建南安覆船山鄭成功墓出土文物中，亦確實可見團龍圓補殘件（圖3-1-22），[29]顯示了鄭成功生前所著龍袍，應為此種團龍補服的形式。

此外，以鄭成功為題材的同時期相關繪畫作品中，亦有類似團龍補服的案例，例如中國國家博物館

所藏「鄭成功奕棋圖」（圖3-1-23），[30]鄭成功身著鎧甲，外罩藍色袍服，袍服兩肩所繡黃色龍紋同樣呈現了圓形團龍的特徵。

　　至於「鄭成功畫像」中袍服下擺處的龍紋裝飾，也與明代龍袍常見的形式不甚相同。目前所見明代龍袍實物的下擺，除見上文所例舉素面無紋者（圖3-1-16、圖3-1-18），或是兩側裝飾團龍補子之外（圖3-1-20），大多以細長帶狀行龍紋與雙龍戲珠為主，例如江西城南明代藩王益宣王朱翊鈏墓出土四爪龍袍（圖3-1-24），[31]龍袍下擺裝飾了細長帶狀龍紋。而山東省博物館所藏明代藍羅盤金繡紋袍，則是裝飾了雙龍戲珠紋（圖3-1-25）。[32]

　　整體說來，明代龍紋裝飾幾乎皆是縫製於素地的衣袍之上，反觀「鄭成功畫像」袍服下擺處龍紋周邊，陪襯了大量雲紋裝飾，而這在明代龍袍中則甚為罕見，反而是在清代的龍袍實物（圖3-1-26），[33]以及像是《皇朝禮器圖式》這樣的清代官方文獻中（圖3-1-27），[34]常見這種龍紋周邊輔以大量雲紋的裝飾手法。

　　總結以上分析可知，鄭成功文物館所藏「鄭成功畫像」摹本所見龍袍細節，與明代龍袍形制相去甚遠，其特徵反而較接近時代較晚的清代龍袍。

　　至於另一幅可能亦應為那須豐慶所臨摹複製的「鄭成功畫像」（圖3-1-7至圖3-1-10，線描圖見圖3-1-13），根據本文上節考證，知其完成時間應稍晚於鄭成功文物館所藏「鄭成功畫像」摹本，故本研究暫稱其為「第二幅摹本」。而就該摹本中所見鄭成功所著龍袍形態，紋飾內容完整異常，觀其袍服各處龍紋形態清晰，周邊間以大量雲紋，但部份細節已明顯不同於鄭成功文物館所藏「鄭成功畫像」摹本（圖3-1-12）。例如「第二幅摹本」龍袍下擺左側行龍之龍爪下伸，掌面朝下，龍爪僅為三指，反觀前者則是四指龍爪，前伸上揚舉起（圖3-1-15）。

30　廈門市鄭成功紀念館，《鄭成功文物史蹟》，頁72。

31　江西省博物館等，《江西明代藩王墓》，頁135。

32　魯文生主編，《山東省博物館 藏珍·服飾卷》，頁10。

33　引同上註，頁26。

34　《皇朝禮器圖式》，收於孟白、劉托編，《清殿版畫匯刊》第8冊，北京：學苑出版社，2008年，頁270。

　　透過以上觀察，吾人可以進一步推測，那須豐慶所複製的這件「第二幅摹本」，儘管形象完整，但其諸多服飾細節，應是那須氏結合了臨摹第一幅鄭成功畫像的經驗，而在複製第二件畫像的過程中，自行「想像添補」畫像原件中殘缺的部份，藉以完成這件圖像內容完整的「第二幅摹本」，而正因為如此，導致了「第二幅摹本」的真實性大為降低，早已有別於「鄭成功畫像」原件的實際面貌。

(3) 帽冠特徵

　　「鄭成功畫像」中的鄭氏，頭戴黑色帽冠，冠緣綴有波浪狀冠飾，冠頂可見長條形對稱折翅（巾），中有紅色圓形裝飾（圖3-1-28、圖3-1-29）。透過比對考古出土與相關圖像資料後，可知「鄭成功畫像」的帽冠形態，亦頗異於明代實物，呈現出所屬年代較晚的特徵。

35　周汛、高春明，《中國古代服飾風俗》，臺北：文津出版社，1988年，頁186；孫機，〈從幞頭到頭巾〉，收於《中國古輿服論叢》，北京：文物出版社，2001年，頁216。

36　（清）張廷玉，《明史》第六冊，北京市：中華書局，1974年，頁1620、1626。

　　明代文武官吏在常朝視事的公務場合中，頭戴「烏紗帽」以為冠。所謂的烏紗帽，其實是一種繼承唐代「幞頭」形式的圓頂帽冠。[35]明代皇室貴族著常服視事時，同樣也會配戴類似形式的帽冠。《明史》「卷六十六，志第四十二，輿服二」條稱：

> 皇帝常服。洪武三年定，烏紗折角向上巾，盤領窄袖袍，束帶間用金、琥珀、透犀。永樂三年更定，冠以烏紗冒之，褶角向上，其後名翼善冠。……（皇太子）其常服，洪武元年定，烏紗折上巾。永樂三年定，冠烏紗折角向上巾，亦名翼善冠，親王、郡王及世子俱同。[36]

　　藉由上引文內容可知，明朝皇室貴族所佩戴的常服冠，亦稱為「烏紗帽」同時又被稱為「翼善冠」，以烏紗為之，冠後的兩巾（翅），折角向上。就結構特徵來說，這種帽冠的形態為前低後高，前部稱為「前屋」，後部稱為「後山」；「前屋」與「後山」交接處的鑲條邊飾，稱之為「橋」；

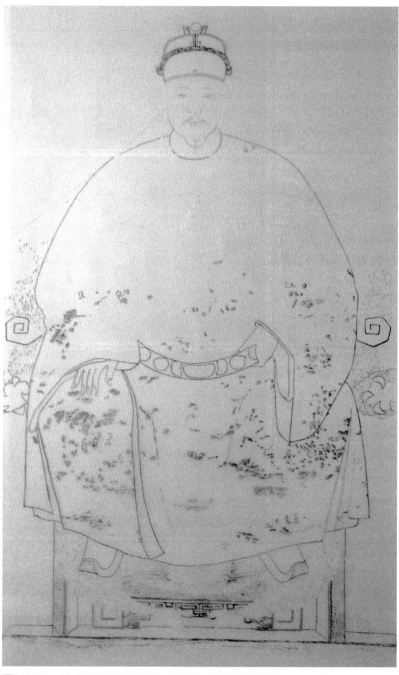

圖3-1-11　鄭成功畫像（原件）線繪圖（引自鄭明水等，2007）

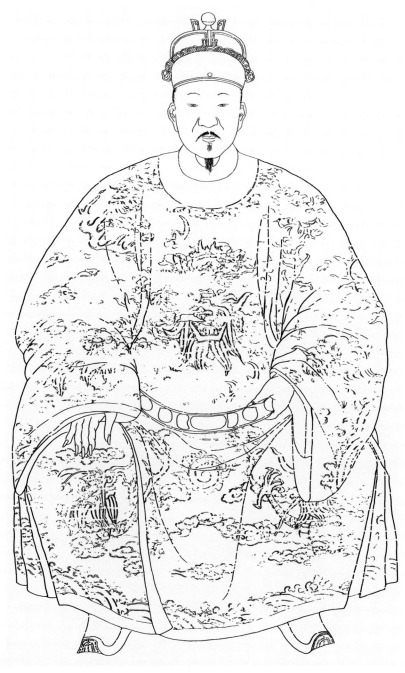

圖3-1-12　鄭成功畫像（那須豐慶摹本）（第一摹本）線繪稿

圖3-1-13　鄭成功畫像（第二摹本）線描圖

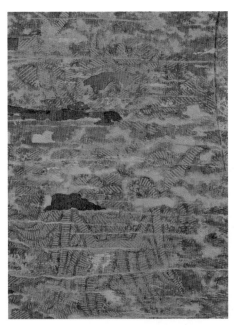

圖3-1-14　鄭成功畫像（那須豐慶摹本）局部　圖3-1-15　鄭成功畫像（那須豐慶摹本）局部

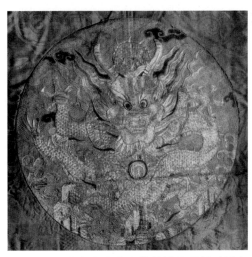

圖3-1-16　北京定陵出土龍紋補服（引自中國社　圖3-1-17　北京定陵出土龍紋補服局部（引自
　　　　　會科學院考古研究所等，1990）　　　　　　　　同前）

圖3-1-18　江西城南明代藩王益宣王朱翊鈏墓出土黃錦團龍補服（引自江西省博物館等，2010）

圖3-1-19　團龍補服局部（引自同前）

圖3-1-20　山東省博物館藏明代茶色綢平金團蟒袍（引自魯文生主編，2004）

圖3-1-21　蟒袍局部（引自同前）

圖3-1-22　福建南安覆船山鄭成功墓出土團龍圓補殘件　　圖3-1-23　鄭成功奕棋圖局部（引自同前）
　　　　　（引自廈門市鄭成功紀念館，2004）

圖3-1-24　明藩王益宣王朱翊鈏墓出土四爪龍　　圖3-1-25　山東省博物館藏明代藍羅盤金綉紋袍
　　　　　袍（引自江西省博物館等，2010）　　　　　　　（引自魯文生主編，2004）

圖3-1-26　清代龍袍實物（引自魯文生主編，2004）

圖3-1-27　《皇朝禮器圖式》中清代龍袍（引自孟白、劉托編，2008）

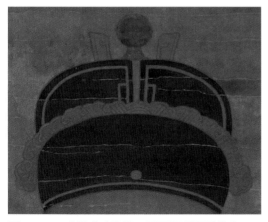

圖3-1-28　「鄭成功畫像」冠頂紅色圓形裝飾

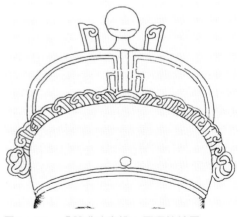

圖3-1-29　「鄭成功畫像」冠頂線繪圖

37 賈璽增、崔圭順，〈明代烏紗帽及楊氏墓出土實物研究〉，收於寧夏文物考古研究所、中國絲綢博物館、鹽池縣博物館編著，《鹽池馮記圈明墓》，北京：文物出版社，2010年，頁191-208。

38 中國社會科學院考古研究所等，《定陵》，頁203。

39 引同上註，頁205。

40 魯文生主編，《山東省博物館藏珍・服飾卷》，頁3。

後山中央豎向的鑲條則稱爲「樑」；冠後有兩帽翅對稱插置，從後山背面豎起。[37]

有關明代貴族「翼善冠」的考古出土實例，可見北京定陵萬曆皇帝陵出土的金翼善冠（圖3-1-30），全器以金絲編結而成。[38]萬曆皇帝陵另出土烏紗翼善冠（圖3-1-31），[39]冠面敷以雙層黑紗，「橋」部爲鏤空金帶鑲嵌玉飾，「後山」正面裝飾二龍戲珠，龍身以金絲編結鑲嵌寶石而成，翼善冠背面下部有長方形「翅管」，用以插置一對長橢圓形向上折伸的金框紗翅（圖3-1-32）。山東明初魯王朱檀墓出土的烏紗折上巾（圖3-1-33），[40]「前屋」與「後山」皆素面無紋，槽狀「樑」中分「後山」，是一件相當樸素的烏紗翼善冠。

本研究根據以上明代帽冠訊息，審視「鄭成功畫像」中鄭氏所戴黑色帽冠特徵，可確認其大致「類似」於明代烏紗翼善冠的形式。「前屋」冠額處有圓形珠飾，「橋」部有相當醒目之波浪狀邊飾，「後山」以「樑」中分，且邊緣有條狀線框。冠頂有兩個對稱豎起的長方形條飾，研判其應爲折上之巾翅，只是其尺寸比例，已較上述明代實物縮小許多。

「鄭成功畫像」帽冠最奇特之處，是位於帽頂正中的帶座紅色圓球形裝飾，而這從未見於明代的翼善冠或烏紗帽，細觀其結構特徵，反倒是像清代官帽上的「頂帶」。另一方面，像這種在明代帽冠上裝飾紅色圓球的做法，頗見於清代民間戲曲中漢唐人物的形象。以十九世紀的清代晚期外銷畫爲例，圖3-1-34是繪製於十九世紀中期的中國外銷畫，標題爲「唐代的皇帝」，[41]描繪了戲曲場景中演員身著黃色龍袍，端坐於椅上，扮演的唐代帝王的角色。演員

41 王次澄等，《大英圖書館特藏中國清代外銷畫精華》（第壹卷），廣州：廣東人民出版社，2011年7月，頁124。

圖3-1-30　萬曆帝陵出土金翼善冠（引自中國社會科學院考古研究所等，1990）

圖3-1-31　萬曆帝陵出土烏紗翼善冠（引自同前）

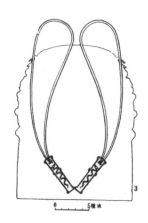

圖3-1-32　烏紗翼善冠線繪圖（引自同前）

圖3-1-33　魯王朱檀墓出土烏紗折上巾（引自魯文生主編，2004）

圖3-1-34　「唐代的皇帝」外銷畫（引自王次澄等，2011）

頭上所戴裝飾華麗的翼善冠，頂部就裝飾了紅色圓形的絨球。圖3-1-35為繪製於1800年至1805年左右的紙本水彩中國外銷畫，標題為「齊王哭殿」，現仍存於閩西地區傳統戲劇曲目，劇情為春秋時期齊國景公事蹟。[42] 畫面中扮演齊王的演員，身著黃袍，頭戴裝飾藍色邊框的翼善冠，「前屋」冠額有圓形珠飾，「橋」部有波浪狀邊飾，冠後兩根細長呈條狀的上折巾翅，至於冠頂處亦可見紅色與黃色的圓形絨球，前後分列豎起。

透過上文所舉圖像資料可知，滿清統治中國之後，業已消失的明代漢人男性帽冠，卻在民間戲曲演員服飾中被保存下來，但是其部份裝飾細節，早已不同於明代原物，而鄭成功畫像中所見的紅色圓球形帽飾，就極為類似這樣的清代帽冠特徵。

此外，另一個具有紅色圓形絨球的帽冠實例，則是見於二十世紀初越南國阮朝皇帝影像資料中（圖3-1-36）。[43] 明清時期始終做為中國藩屬的越南，在中國入清受滿族統治之後，越南官方正式場合的服飾穿戴，卻仍然保持了漢式的明代服裝傳統，並明令刊載於章典規制之中，一直延續至近代，如維新三年（1909）《大南典例撮要新編》所載皇帝大朝冠服特徵為：

> 大朝冠九龍通天釘黃金龍形、火焰，前後博山花朵、雲朵並線結，嵌飭火齊金剛珍珠各項。袍用正黃色紗緞，繡大小龍雲波並福壽四字樣。……兩翼、兩袖繡萬壽字及龍形……。[44]

圖3-1-36所見越南阮朝維新小皇帝頭上所戴帽冠，形制頗為類似明朝的翼善冠，但冠頂正中有圓形球狀裝飾，兩側尚可見對稱的細小長條形物，可能是

已經縮小簡化的上折巾翅（巾）。至於「前屋」與「後山」交接處的「橋」部，則有相當繁複的波浪狀邊飾。而這些帽冠上的形態特徵，皆相當類似於「鄭成功畫像」的帽冠。

　　至於臺灣所見清代彩繪圖像中，也可見到類似帽冠特徵的案例，例如修建於十九世紀的臺中霧峰林家宮保第，門廳右次間左側門神（圖3-1-37），[45]門神手上所捧帽冠，「前屋」與「橋」部有繁複的波浪狀邊飾，而冠後可見上舉的細小折翅（圖3-1-38），相當接近「鄭成功畫像」的帽冠形態。

　　綜上所述，「鄭成功畫像」中鄭氏所戴帽冠，雖在形制上大致符合明代帽冠的特徵，但在細節上則與明代實物差異甚大，例如帽頂紅色圓形絨球、細小上舉的折翅，以及誇張繁複的「橋」部邊飾，反倒是在十九世紀的戲曲人物繪畫、清代晚期臺灣門神彩繪，以及二十世紀初越南皇帝影像中，發現相當類似的帽冠形態。

45　王鴻楷，《臺灣霧峰林家——建築圖集下厝篇》，臺北：自立報系，1988年，頁10、38；圖4-1-37感謝國立臺南藝術大學博物館與古物維護研究所邵慶旺老師提供。

(4) 革帶（玉帶）特徵

　　「鄭成功畫像」中的鄭氏腰際繫革帶，革帶呈深褐色，帶緣為淺棕色，帶內裝飾多種造形的淺白色塊狀裝飾，所欲表現應是玉片，故可判定此革帶應為玉帶（圖3-1-39）。這種革帶上的塊狀裝飾稱為「帶板」，又稱「帶銙」，為中國古代服飾中繫於腰間革帶之裝飾配件，縫製於絲緞或皮質革帶之上。明代規制之帶板，以二十塊為一組，全組帶飾各部之外形特徵與名稱分別為：三台（由一方形或長方形主銙、兩件長方條形跨組成）、圓桃（一側圓弧，一側尖形之銙，左右各三，共六件）、輔弼（長方條形銙，左右各一，共兩件）、鉈尾（長方形單側圓弧，左右各一，共兩件）、排方（方形銙，共七件）（圖3-1-40）。[46]

　　明代皇室貴族或高級官宦服飾所用革帶，以玉帶為主，目前所知完整的考古出土實物，業已累積了

46　白甯，〈汪興祖玉帶研究〉，《故宮文物月刊》，1998年3期，第15卷12期，頁118-128。

圖3-1-35 「齊王哭殿」外銷畫（引自王次澄等，
　　　　 2011）

圖3-1-36 越南國阮朝皇帝影像（引自註44
　　　　 網址資料）

圖3-1-37 臺中霧峰林家宮保第門廳右次間左側門神
　　　　 （圖片提供：邵慶旺老師）

圖3-1-38 門神所捧帽冠局部

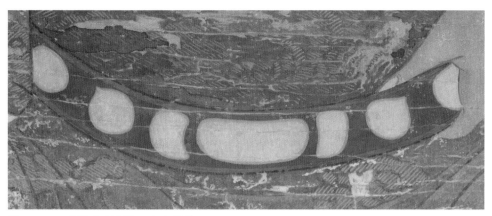

圖3-1-39 「鄭成功畫像」中之玉帶

相當數量，例如北京定陵萬曆皇帝陵出土素面碧玉帶板，一組共二十件，背面有墨書編號，標明玉版的排列次序（圖3-1-41）。[47]萬曆皇帝陵另出土素面羊脂白玉帶板，保存狀況甚佳，可與革帶穿繫完整恢復其原貌（圖3-1-42）。[48]另例舉江西南城明益宣王朱翊鈏元妃李氏墓出土的素面玉帶板，共二十件，[49]全組玉板與襯帶保存完整，亦可恢復其原貌（圖3-1-43）。[50]

鄭成功畫像中的革帶細節，可以明確辨識出中央部份的「三台」，「三台」主銙呈扁長橢圓形，左右兩側為圓弧狀橢圓形銙。「三台」兩側各有兩件「圓桃」，尖部朝外。整體看來本畫像的玉帶形態符合明制，而各件玉銙緣明顯皆有顏色較深之邊框，可見其描繪細節相當仔細。

最後值得附帶一提的是，過去在福建南安覆船山的鄭成功墓中，亦曾出土龍紋玉帶板，帶板殘存數量為十七件（圖3-1-44），[51]經筆者比對後可知應是三

47　中國社會科學院考古研究所等，《定陵》，頁207。

48　中國社會科學院考古研究所等，《定陵》，頁207。

49　江西省博物館等，《江西明代藩王墓》，北京：文物出版社，2010年，頁136。

50　古方主編，《中國出土玉器全集9江西》，北京：科學出版社，2005年，頁134。

51　廈門市鄭成功紀念館編，《鄭成功文物史跡》，北京：文物出版社，2004年，頁100。

52　圖3-1-45為筆者改繪自上引書，頁100附圖。

53　北京市文物局、北京市文物研究所編著，《北京奧運場館考古發掘報告》，北京：科學出版社，2007年，頁519。

件「排方」遺失（圖3-1-45）。[52]鄭成功墓出土的玉帶以鏤空龍紋做為裝飾，而這種裝飾手法的玉帶板在晚明墓葬中已出現多次相同案例，例如近年北京奧運場明墓所發現的整組二十件鏤空玉帶，出土時完整排佈於死者腰際（圖3-1-46、圖3-1-47），[53]該墓下壙時間為明末崇禎年間，與鄭成功生存時代重疊，可知這種鏤空玉帶裝飾在當時甚為流行。

3. 圖像內容所反映之原作年代

臺南鄭成功文物館所收藏的「鄭成功畫像」摹本，真實地保存了「鄭成功畫像」原件在二十世紀初的面貌。這件那須豐慶在1911年所繪製的摹本，呈現了頗多清晰而寫實的圖像細節，使吾人得以進一步分析探究「鄭成功畫像」原件的可能年代及其成畫脈絡。

整體說來，畫像中鄭成功所穿戴之龍袍、帽冠、玉帶，大致類似明代漢人的服裝形式。但在不少的細節特徵上，則與明代實物不符，例如畫作中的龍袍紋飾與明代龍袍形制相去甚遠，其特徵反而較接近時代較晚的清代龍袍。至於畫中鄭氏所戴帽冠，也與明代實物差異甚大，例如帽頂紅色圓形絨球裝飾、過於細小的折翅，以及誇張繁複的「橋」部邊飾等，皆屬年代較晚的特徵，相同型式的帽冠可見於十九世紀至二十世紀初的繪畫與影像資料中。

另一方面，以上針對畫像內容進行比對分析，所得出畫像原作所屬年代較晚的判讀結果，也對應了過去科學檢測分析的認識。2007年由文化資產保存研究中心所進行的檢測分析結果，研判畫像之藍色袖口部份之表層顏料應為普魯士藍（Prussian blue）。[54]到了2010年，國立故宮博物院再次針對「鄭成功畫像」原件進行材質檢測，同樣測出鐵元素的存在。這種又稱為「鐵藍」的普魯士藍，為十八世紀初期（約1704）由德國狄斯巴赫意外發現，化學名稱亞鐵氰化鐵，其分子式為 $Fe_4[Fe(CN)_6]_3$，簡稱PB，是三價鐵二價鐵氰化鉀的錯

54　鄭明水等，《鄭成功畫像、臺灣民主國旗修復科學檢測報告》，臺北：國立臺灣博物館，2007年，頁50。

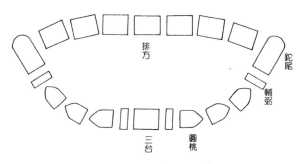

圖3-1-40 明代帶板（引自白甯，1998）

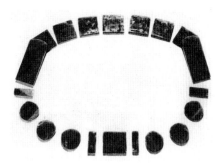

圖3-1-41 北京定陵出土素面碧玉帶板
（引自中國社會科學院考古
研究所等，1990）

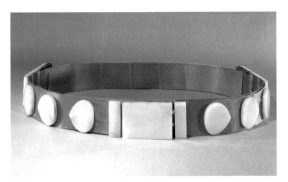

圖3-1-42 萬曆皇帝墓出土素面羊脂白玉帶板（引
自同前）

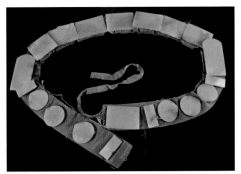

圖3-1-43 益宣王妃李氏墓出土的素面玉帶板
（引自江西省博物館等，2010）

圖3-1-44 鄭成功墓出土鏤空龍紋玉
帶板（引自廈門市鄭成功
紀念館編，2004）

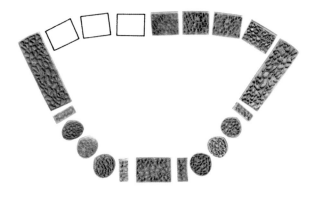

圖3-1-45 鄭成功墓出土玉帶板遺失三件「排方」（改繪
自廈門市鄭成功紀念館編，2004）

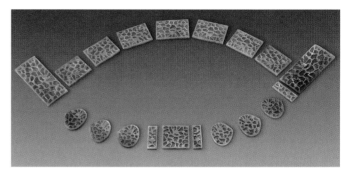

圖3-1-46　北京奧運場明墓出土
玉帶（引自北京市文
物局、北京市文物研
究所編著，2007）

圖3-1-47　北京奧運場明墓出土鏤空玉帶（引自同前）

合物，為深藍色有點帶紅的顏料，常用於油漆、墨水、印刷油墨、複寫紙油墨、蠟筆、圖畫和青花瓷器等。過去普遍認定「鄭成功畫像」原件繪製於鄭成功（1624-1662）在世之時，而檢測結果卻顯示畫作中出現了十八世紀以後所生產的顏料，使得該畫繪製年代將有所爭議，必須往後定論。[55]

55 洪順興，劉芳如，《鄭成功畫像修復報告》，頁10-11。

綜上所述，透過藝術史針對文物的圖像與風格的分析與鑑定，輔以科學成份檢測結果，顯示了「鄭成功畫像」原件的具體成書年代，應置於十八、十九世紀的清代為宜。

（三）本件文物之價值與重要性

透過以上研究分析，可大致將本件文物的重要性分為以下三點：

其一：由於二十世紀初所發現的「鄭成功畫像」原件，在歷經了百年收藏之後，保存狀況早已大不如前，絕大部份的畫面細節已經遺失，反觀臺南鄭成功文物館所收藏的「鄭成功畫像」那須豐慶摹本，則是忠實而完整地保存了該件原作在1910年至1911年之間的真實原貌。

其二，透過本研究針對那須豐慶摹本所見圖像細節的觀察與比較分析，可以清楚判定「鄭成功畫像」原作（今藏於國立臺灣博物館）的具體成

畫年代，並非十七世紀的明末清初，而應置於十八、十九世紀的清代爲宜。

其三：臺南鄭成功文物館所收藏的「鄭成功畫像」摹本，是目前所知唯一具有日人畫家那須豐慶簽名與年份落款的「鄭成功畫像」重要摹本。

最後，透過全面的研究與分析，本件文物的正式名稱已由原先意涵較不明確之「鄭成功彩繪圖像」，更正爲「鄭成功畫像（那須豐慶摹本）」，藉以完整呈現本件文物的重要性及其眞實價值。

（四）文物裝禎、繪製技法與保存現況檢視

「鄭成功畫像（那須豐慶摹本）」裝裱形式爲爲畫心絹綾，裱紙小托應爲作品完成後裝禎，以現代無酸卡紙爲裱板。

整幅作品之人物身形輪廓、衣折邊線、五官與手部，以墨線勾勒。衣袍紋飾細節則運用青綠設色勾染，袍服內龍紋與雲紋等細節，則大量運用泥金或金箔描繪平行短線（50倍顯微放大見圖3-1-48；200倍顯微放大見圖3-1-49），藉以表現衣紋金質繡線的外觀與質感。人物輪廓內所見大量淺淡的水平線條與不規則塊面（50倍顯微放大見圖3-1-50、圖3-1-51），透過電子顯微放大觀察後，可知作者運用遮蓋性較強之淺白偏紅色顏料，進行勾塗覆蓋，試圖呈現出二十世紀初「鄭成功畫像」原作表面大量龜裂破損之特徵。畫面背景呈現淡黃色調，推測全幅施染淡彩作色。另見人物之座椅、椅罩已超出畫面兩側，推測應爲之前裝裱裁切所導致。

畫面左下角作者署款部份，採用可見光檢視時，色澤較爲淺淡而不明顯，但運用紅外線影像僅行檢視，則可明顯得知其字體形貌，另又透過顯微放大觀察，可知其所使用顏料運用了泥金表現（50倍顯微放大見圖3-1-52；200倍顯微放大見圖3-1-53）；另透過紫外線光放大觀察，則呈現出相當清晰的筆跡與內容（圖3-1-54、圖3-1-55）。

圖3-1-48　袍服內細節50倍顯微放大圖

圖3-1-49　袍服內細節200倍顯微放大見圖

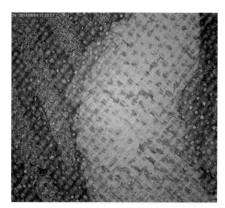

圖3-1-50　人物輪廓50倍顯微放大圖

圖3-1-51　人物輪廓50倍顯微放大圖

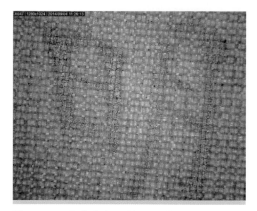

圖3-1-52　署款部份50倍顯微放大圖

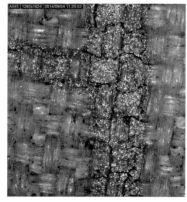

圖3-1-53　署款部份200倍顯微放大圖

圖3-1-54　紫外線光放大影像之筆跡　　圖3-1-55　紫外線光放大影像之筆跡

　　鄭成功人物衣袍下擺部份可見兩條垂直不規則墨線（黑色線條），疊壓
於畫作內容之上（可見光影像見圖3-1-56、紅外線影像見圖3-1-57）。由於
此二條墨線與畫作內容毫無關聯性，故研判其應非畫作原始內容，可能為後
世的添加覆蓋，出現原因不明，或人為誤畫，因紅外線拍攝影像呈現吸收反
應，故推測其應為含碳之硬筆所繪。

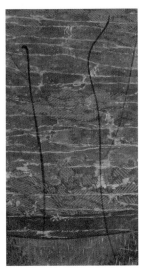 

圖3-1-56　兩條垂直不規　　圖3-1-57　兩條垂直不規
　　　　　則墨線可見光　　　　　　　則墨線紅外線
　　　　　影像　　　　　　　　　　　影像

二、鄭成功草書

圖3-2-1　鄭成功書法可見光影像

臺南市鄭成功文物館藏「仿明鄭成功草書」（舊有登錄名稱），文物典藏編號2149，2007年3月5日公告爲「一般古物」，公文文號：南市文資字第09618503390號。經本研究後確認古物名稱已更正爲「鄭成功草書」。

（一）文物特徵描述

「鄭成功草書」，紙本，長196公分，寬78公分。書體爲草書或行書接近草體，全幅由右至左，三行豎寫，所書內容爲五言絕句：「禮樂衣冠第，文章孔孟家，南山開壽域，東海釀流霞。」共二十字，字幅中行「開」字的長筆拉下處，鈐印二方，上印爲方框白文豎寫篆體二行「鄭森私印」、下印爲方框朱文篆體橫寫「成功」。一色裱條裝裱，木質外框，透明壓克力外罩。圖3-2-1、圖3-2-2爲可見光文物影像；圖3-2-3、圖3-2-4爲紅外線不可見光影像；圖3-2-5、圖3-2-6、圖3-2-7爲紫外線不可見光影像。

圖3-2-2　可見光影像
局部

（二）文物研究

1. 鄭成功書法風格特徵

對於鄭成功書法的認識與討論，歷來始終存在鄭成功傳世作品可信度不足，或者是僞造的問題，連橫先生就曾在《雅言》中提及所謂「僞造鄭成功遺物」，稱：

> 比年以來，頗多贋品，素縑不點、朱印爛然，有署「大目」者、有鈐「敕封延平郡王」者，作僞之跡，見之可哂，夫賜姓初名森，字大木，非「大目」也，永曆朝雖封延平郡王，未曾一用；移文答書，但稱「招討大將軍」，豈有平常縑素而蓋王章，且有「敕封」二字？是作僞者不知史事，昭然若揭。[56]

56　連雅堂，《雅言：臺灣掌故三百篇》，臺北市：實學出版有限公司，2002年，頁86。

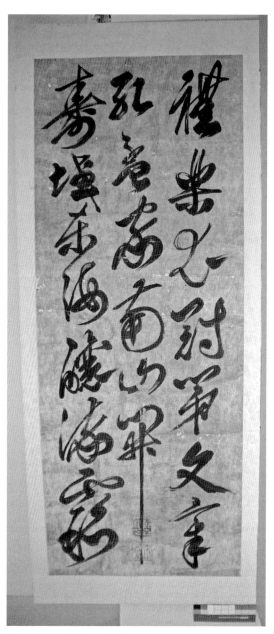

圖3-2-3　紅外線不可見光影像　　　　　　圖3-2-4　紅外線不可見光影像

圖3-2-5　紫外線不可見光影像

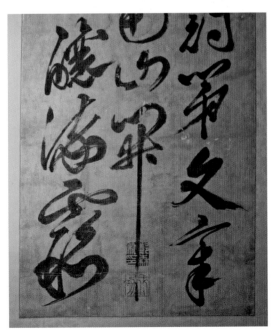

圖3-2-6　紫外線不可見光影像

圖3-2-7　紫外線不可見
光影像

西方學者R.A.B.Pensonby Fan亦曾在其1937年所著「Koxingi Chroniclos of the Tci Family leyal servants of Ming」（明忠臣鄭氏記）一文中，提到鄭成功筆蹟的確認，是一非常困難的問題。他例舉四件歷來被視為鄭成功墨跡的作品（一件日本水戶家藏品、一件臺南開元寺藏品、兩件臺南延平郡王祠藏品），指出這四件作品：

57 轉引自楊雲萍，〈鄭成功的墨蹟〉，《臺灣的文化與貢獻》，臺北：臺灣風物，1990年，頁169-173。

> 筆法和圖章頗不相同。無可疑問的，各件墨蹟是由精熟的書法家所寫的，可是，也無可疑問的，各件不是由同一人所寫的，我想要說那一件是真的，假使萬一可以說，是很不容易的事情，因為支那人是偽造的能手（Pastmaster）。[57]

歷史學者楊雲萍先生，也抱持相同的看法，認為鄭成功的筆跡，是一件不容易解決的問題。但他指出臺南開元寺的藏幅，十之八九為鄭成功之真蹟，而水戶家的藏幅與延平郡王祠的藏幅（即本研究

58 引同上註。

之「明鄭成功草書」），則似有疑問之處，只是不敢做確定的判斷。[58]

至於有關鄭成功書法風格的討論，近年則有研究者收集比對十餘件作品後，得到了一些具體的認識。就這些鄭成功傳世書跡形式來看，主要以「詩作聯對」為主，透露出這些作品是以文藝活動為導向的產物，而大有抽離實用性目的的傾向。而從書寫的內容來看，則可分為兩類；一類是抄錄古人詩句或書辭；第二類則應是鄭成功則為自行創作撰寫之詩句。[59]

59 鄭國瑞，〈明鄭時期臺灣的書法〉，《應華學報》，第二期，2007年6月，頁196-197。

60 引同上註。

在鄭成功書法作品的具體風格特徵上，上述十餘件作品中，至少有四件風格較為一致，皆以行草或接近草書寫成，整體筆意奔放，如狂飆突起，信筆揮就，圓轉生動，青藤筆法濃厚，整體說來，具有晚明時期自由抒寫個性化的書風，明顯烙印著時代特徵。[60]

這四件鄭成功傳世書跡作品分列如下：

（1）臺南開元寺收藏，行草書「太極圖說」辭句：「無極而爲太極，太極動而生陽，動極而靜，靜而生陰，靜極後動，動靜互爲其根，分陰分陽，兩儀立焉。陽變陰合，而生水火木金土，五氣順布」，落款「鄭成功」。（圖3-2-8）[61]

（2）福建安海鄭成功紀念館藏，草書詩軸：「劉琨吹觱篥，數感胡人心，縱然日本地，豈乏漢家香」。落款「鄭森」。（圖3-2-9）[62]

（3）福建安海鄭成功紀念館藏，草書刻本詩軸：「昨夜承恩宿未央，羅衣猶帶御爐香；黃蓉帳小雲屏暗，楊柳風多水殿涼」。落款「朱成功」。（圖3-2-10）[63]

（4）臺南鄭成功文物館藏，行草詩軸（即本研究之「鄭成功草書」）：「禮樂衣冠第，文章孔孟家。南山開壽域，東海釀流霞」。（見上引圖3-2-1至圖3-2-7）

至於其他被歸於鄭成功書跡的作品，差異就顯得非常懸殊，一件一個面貌，[64]在此就暫不多做討論。

2. 作品研究分析

有關本件「鄭成功草書」的分析討論，以下則就作品自身的藝術風格特徵、相關史料紀錄、複本問題、印章款式，以及裝裱工藝，共五個議題分述之：

(1) 作品藝術風格特徵

首先透過前節討論可知，目前可以較爲確定的鄭成功書法風格特徵，是以草書或行草爲代表，筆意自由，帶有晚明個性化書風的特質，而本件「鄭成功草書」正是具有此一特徵的代表性文物，過去研究者對於本作品的具體看法，大多抱持正面意見。例如鄭國瑞（2007）稱此幅作品的「青藤筆法

61　本文物影像資料感謝臺南開元寺與王麗芬女士提供。

62　2007年筆者攝於福建安海鄭成功紀念館陳列室。

63　2007年筆者攝於福建安海鄭成功紀念館陳列室，墨拓刻本另見南安市人民政府編，《民族英雄鄭成功》，福州：海風出版社，2002年，頁21。

64　鄭國瑞，〈明鄭時期臺灣的書法〉，頁196-197。

圖3-2-8　臺南開元寺藏
　　　　行草書「太極
　　　　圖說」（圖片
　　　　提供：臺南開
　　　　元寺）

圖3-2-9　安海鄭成功紀念館藏草
　　　　書詩軸

圖3-2-10　安海鄭成功紀
　　　　　念館藏草書詩
　　　　　軸

濃厚」，「間用章草筆意，筆力流暢，勁道十足」。[65]而蕭瓊瑞（2008）則指出本件書法作品：

筆力圓中帶勁，流轉暢快，點頓轉折之間，力道十足，頗能表達一代儒將，滿懷大志、熱血填膺，卻又壯志難深伸、卓絕自守的悲壯氣度。其中如「衣」字之流轉上撇，「開」字之筆力直下，兩方印章「鄭森私印」與「成功」，就鈐在直下的筆劃之中，再加上「流

霞」二字之婉轉餘韻，堪供觀者反覆玩味。[66]

66 蕭瓊瑞，〈「閩習」與臺風──對明清臺灣書畫美學的再思考〉，收於林明賢編，《臺灣美術研究論文選集I》，臺中市：國立臺灣美術館，2008年，頁108。

　　從本件「鄭成功草書」的結字與用筆觀之，全幅行筆氣勢連貫，字字獨立分離，但筆意連貫、一氣呵成。本件作品在寫法的筆劃與結體上，頻繁地運用了快速波浪式的橫拉與回旋，最後收筆帶出飛白筆鋒，例如「第」字的「竹」首（圖3-2-11）、「東」字的下半（圖3-2-12）、「開」字的「門」首（圖3-2-13）、「海」字的右半（圖3-2-14），以及「霞」字的下半（圖3-2-15）等等，呈現出蓬勃矯健的氣勢。此外，在個別字體的筆法上，又有特異變化的表現手法，例如「衣」字（圖3-2-16）與「釀」（圖3-2-17）字的撇筆，快速上揚撇出，筆鋒飛

圖3-2-11　書法局部　　圖3-2-12　書法局部　　圖3-2-13　書法局部　　圖3-2-14　書法局部

圖3-2-15　書法局部　　圖3-2-16　書法局部　　圖3-2-17　書法局部

白，不僅帶出了畫面線條韻律的視覺焦點，同時也鮮明地體現了作者自信堅韌，自創新局的精神面貌。

(2) 相關史料紀錄

有關本件「鄭成功草書」之相關史料紀錄與來源，可見於十九世紀前半日人著述。日本江戶時代在水戶藩擔任彰考館總裁的川口長孺，在其1822年所撰之《臺灣割據志》這本記錄明末清初臺灣明鄭史事的專書中，提及：

> 成功詩，本藩所藏五言絕句，其所自書詩曰：禮樂衣冠第，文章孔孟家。南山開壽域，東海釀流霞。其詩不書題，蓋似賀日本人詩，書法亦飄逸可觀矣。成功之詩，世所傳者稀矣；然就此二首，而可知其概略。[67]

可見至少在十九世紀，位於日本水戶藩（今日本北關東的茨城縣），曾經藏有與本件文物內容相同之鄭成功書法作品。而在日人石原道博探討「鄭成功之文藻」一文中，也肯定這件藏於「臺灣開山神社（現延平郡王祠）的寶物」，是被評為「書法亦飄逸可愛」的「真跡」。[68]

透過上引紀錄可以得知，具有日本血統的鄭成功撰寫此詩的目的，是做為祝賀酬贈日本友人之用。至於這首五言絕句的內容，應是鄭成功受到明代初年日本使節嗏哩嘛哈（答黑麻）所作詩句之啓發，自行創作而成。嗏哩嘛哈所做〈答大明皇帝問日本風俗〉詩云：

67 川口長孺，《臺灣割據志》，臺北：臺灣銀行，1957年，頁49。另在文政十一年（1828）成書之川口長儒《臺灣鄭氏紀事》，則是以《臺灣割據志》為底稿，加以增損而成者，其中有關上引內容為：「本藩所藏期自書詩曰：『禮樂衣冠第，文章孔孟家。南山開壽域，東海釀流霞。』其詩不書題，蓋似賀本邦人詩，書法亦飄逸可愛。觀此二首詩，亦可以知其槩略」；引自川口長儒，《臺灣鄭氏紀事》，臺北：臺灣大通書局，1984年，頁42。

68 石原道博，〈鄭成功の文藻〉，《臺灣風物》，第5卷1期，1955年，頁14。

國比中原國，人同上古人，衣冠唐制度，禮樂
漢君臣，銀甖芻清酒，金刀繪紫麟，年年二三
月，桃李自陽春。[69]

鄭成功草書詩文中「禮樂衣冠第」一語，即連繫了日
本使節詩句之中，「衣冠唐制度，禮樂漢君臣」的敘
事內容。

　　至於這件鄭成功書法作品是在何時，且透過何
種途徑傳入臺灣？目前並未有任何線索或相關文獻證
據。而過去在臺灣歷史學者的論述中，曾提出本件文
物為「鄭成功真筆」，「原存鄭成功出生地平戶，大
戰後由歷史館購藏，今移鄭成功文物館收藏。」[70]但是這樣的說法，並未見
於臺南市鄭成功文物館的原始文物登錄資料中。

(3) 複本問題

　　由於歷來傳世的鄭成功墨跡，始終存在複本或偽作的問題，所以複數
作品的內容與書法形態相同，也成為了鑑別作品真偽的難題之一。例如現藏
於臺南開元寺，被認為是鄭成功傳世的重要墨跡（見圖3-2-8，以下簡稱開
元本）：行草「太極圖說」，亦可在鄭成功家族故鄉的福建安海鄭成功紀念
館（圖3-2-18，以下簡稱安海本），見到特徵完全相同的藏品。這兩件作品
相較之下，應為同一來源的稿本，但安海本的「太極圖說」書寫用筆較為呆
滯，較像是刻意摹寫。另就開元本「太極圖說」墨跡
所見，筆劃內存在多處蟲蛀痕跡，而安海本的「太極
圖說」則是故意用筆蓋過。

　　至於鄭成功文物館藏「鄭成功草書」，是否也有
相同複本傳世？2008年11月11日，日本九州長崎縣平
戶市松浦史料博物館岡山芳治學藝員，赴臺南市鄭成
功文物館庫房進行參觀，筆者曾與岡山先生實地就府
城所藏數件明鄭時期相關文物進行實地討論，從而確
認了松浦史料博物館亦存有與本件作品相同的藏品。[71]

69　朱彝尊編，《明
詩綜》，卷九十五，
收於《景印 文淵閣
四庫全書 集部》，
臺北：臺灣商務印書
館，1986年，頁1046-
891。

70　石萬壽，《臺南
市民族文物館文物調
查與解說計畫》，委
託單位：臺南市政
府，1997年，頁145。

71　盧泰康，《府城
登錄古文物研究計
畫──明鄭時期文物
清查與分級建議期末
報告》，委託單位：
臺南市政府文化觀
光處，執行單位：國
立臺南藝術大學藝術
史學系，2009年，頁
24-25。

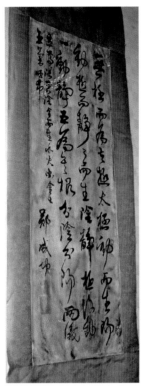

圖3-2-18　福建安海鄭成功紀念館藏「太極圖說」

圖3-2-19　松浦史料博物館藏墨拓刻本（引自註72網址資料）

圖3-2-20　福建安海鄭成功紀念館藏墨拓刻本

現就該館文物陳列櫃中所見者，可確定是一幅墨拓刻本（圖3-2-19）。[72]而除了日本之外，福建安海鄭成功紀念館亦藏有與本件文物相同之作品（以下簡稱「安海刻本」），其形式同樣爲墨拓刻本（圖3-2-20）。[73]而就書法線條的品質來看，「安海刻本」的字形粗肥模糊，不少筆鋒飛白處皆已消失，可確定「安海刻本」應爲品質較差的仿品。

(4) 印章款式

本件作品共有鈐印兩方，而鈐印的位置，也顯示出作者在整體書法佈

72　「松浦史料博物館」，網址：http://www.matsura.or.jp/mov03/index.html（點閱日期2016.12.12）

73　筆者於2007年訪察安海鄭成功紀念館實見。

局的用心。全幅三行豎寫，中行僅寫至三分之二處，「開」字末尾以長筆直拉，而鈐印之處，正好位於長筆拉下的位置。二方對印之上印爲方框白文豎寫二行篆體「鄭森私印」，下爲方框朱文篆體橫寫「成功」，字體細瘦圓勁。相同的方框「成功」朱文印，亦曾見於福建安海鄭成功紀念館藏「劉琨吹觱篥」草書詩軸（圖3-2-21、圖3-2-9），儘管二印字形不甚相同，但「功」字偏旁「工」字排佈的方式，皆爲縮小後旁置於「力」邊起筆處。

　　本件作品的鈐印方式，可對應於臺南開元寺所藏鄭成功墨跡行草「太極圖說」，署名款下的一組對印（圖3-2-22）：上爲方框白文豎寫二行篆體「鄭成功印」，屬於「漢印風格」，下爲方框朱文橫寫「森□」，其形式在明代中葉閩南地區則有此印風。[74]以上兩件作品的鈐印內容，皆爲第一印白文姓名印，第二印爲朱文字號印，屬於較爲常規之作法，有別於其他鄭氏書法傳世作品中，出現「敕封延平王」（圖3-2-23）、「御賜國姓」（圖3-2-24），[75]這樣的張揚

74　簡英智，〈臺灣明鄭時期，清朝時期文人用印初探〉，《「孤山證印」西泠印社國際印學峰會論文集》，杭州，西泠印社，2005年，頁148。

75　福建安海鄭成功紀念館所藏，傳鄭成功印鑑二方。

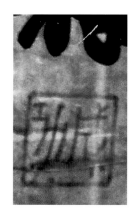

圖3-2-21　「劉琨吹觱篥」草書詩軸朱文鈐印

圖3-2-22　「太極圖說」署名款下鈐印

圖3-2-23　「敕封延平王」印

圖3-2-24　「御賜國姓」印

外露的印文內容，而後者屬偽印的可能性極高，也相對映證了連橫所稱：鄭氏「永曆朝雖封延平郡王，未曾一用」，且「豈有平常縑素而蓋王章，且有『敕封』二字？」的看法。

(5) 裝裱

本件作品以一色裱條裝裱，天頭、地頭與兩邊，皆為米白色花草紋綾絹，畫心周圍局條呈黃褐色。本研究委請國立故宮博物院登錄保存處洪順興老師檢視作品後，指出此件書法作品之裝裱部份，應為近二、三十年前重新修改，並非原裝。而就作品畫心部份的紙質老化狀況，具有民國以前的清代作品的特徵，且非雙勾摹本，筆跡墨痕亦相當明顯。

3. 作品重要性

透過以上研究分析，可總結歸納出以下數點，說明臺南市鄭成功文物館所藏「鄭成功草書」的重要性。首先是本件文物為目前所見多件傳世鄭成功書跡之中，少數經研究後被確認，可歸於具有鄭成功典型書風的重要文物，而其書法用筆與結字，亦相當具有自身特色。

其二，本件書法之文字內容，可明確對應十九世紀日人川口長孺所著《臺灣割據志》、《臺灣鄭氏紀事》內容記載，知其應屬鄭成功酬贈日人之書法作品。

其三，本件文物雖有相同複本傳世，但皆為刻本墨拓，故其可被為現存唯一的紙本墨書之作。

其四，本件書法之鈐印，為鄭成功之姓名與字號，其內容與形式亦存在相當之可信度，有別於其他明顯可疑之鄭成功偽印。

其五，本件文物雖曾歷經近代修復重新裝裱，但紙質仍呈現了民國以前的清代作品特徵。

綜上所述，本件文物舊有登錄名稱「仿明鄭成功草書」，已修改為「鄭成功草書」，以彰顯其所具有之重要性及真實價值。

（三）保存狀況檢視

本件作品以一色裱條裝裱，天頭、地頭與兩邊皆爲米白色花草紋綾絹，畫心周圍局條呈黃褐色，外框爲木質，覆以透明壓克力外罩。畫心部份整體呈現灰黃色調，透過不可見紫外光檢視後，可見畫心破劣化損修補處，呈現明顯螢光反應（圖3-2-25、圖3-2-26），顯示修復補紙材應爲現代紙質。另在印款處則呈現出不激發現象，可能是印泥（辰砂）內之硫化汞（HgS）的重金屬反應。

再以紅外線不可見光檢視文物，可見明顯水漬痕，另也顯示畫心部份可能有刻意「舊化」的不規則刷墨染色痕跡，應與裝裱修復時刻意做色有關。另一方面，透過紅外線檢視書法線條，可見書法用筆之墨色之濃淡變化，以及筆勢拖動現象（圖3-2-27、圖3-2-28），可確定本件書法作品並非「雙勾塡墨」之摹本。

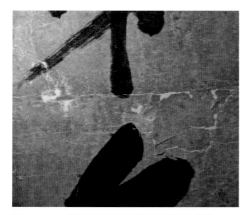
圖3-2-25　鄭成功草書紫外線影像局部

圖3-2-26　鄭成功草書紫外線影像局部

圖3-2-27　鄭成功草書紅外線影像局部

圖3-2-28　鄭成功草書紅外線影像局部

三、臺灣縣蘇孝銘佾生執照

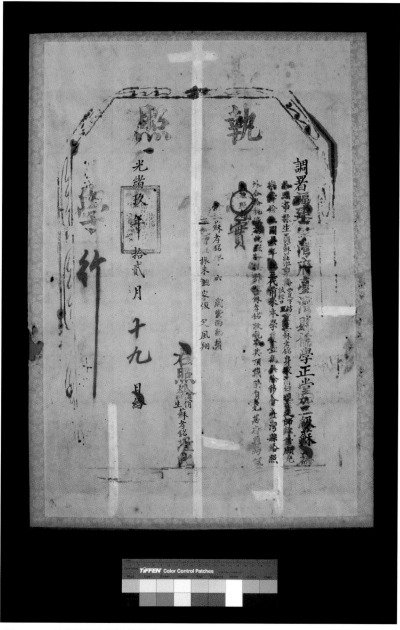

圖3-3-1　臺灣縣蘇孝銘佾生執照正面

　　臺南市鄭成功文物館藏「清代祭孔佾生執照」（舊有登錄名稱），2007年3月5日公告為「一般古物」，公文文號：南市文資字第09618503390號，經本研究後確認其名稱已更正為「臺灣縣蘇孝銘佾生執照」。以下分述其文物特徵描述、文物研究分析（執照格式、執照內容分析），以及保存現況檢視與建議。

（一）文物特徵描述

　　臺灣縣蘇孝銘佾生執照（圖3-3-1、圖3-3-2），紙質，紙幅全長61公分，寬45.2公分。已裝裱加框，含框全長80.5公分，寬65.5公分，厚5公分，外框與執照間距11公分。執照形式為長方梯形外框，上部梯形內有橫式標題「執照」二字，雙線外框，框內飾有簡筆龍紋裝飾。執照文字內容主要以木刻雕版印刷而成，但部份版印文字暈染模糊，以致難以辨識其內容。另有部份內容是以墨書書寫，或朱筆紅字；執照內所見文字內容如下：

調署福建臺灣府臺灣縣儒學正堂加三級蘇為

給照事□生員蘇莊泚稟稱西定下坊童生蘇孝銘身家清白現在從師肄業願充
　　　試經口里

樂舞佾生開具年紀三代前來本學覆查無異除移會臺灣縣給照

外合給執照為此照給樂舞生蘇孝銘收執准其頂戴榮身免其府縣兩試

須□照者實

　計開

佾生蘇孝銘年 六 歲紫面無鬚

　　三代曾祖振來 祖家俊 父鳳翔

　　　　　　　　右照給佾生蘇孝銘准此

光緒玖年拾貳月 十九 日給

學　行

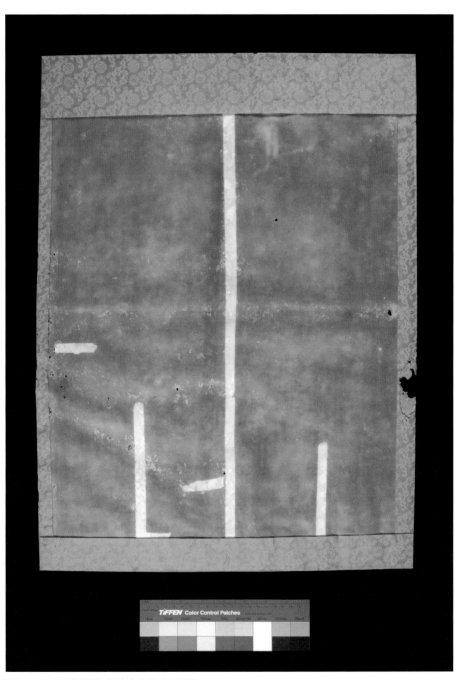

圖3-3-2　臺灣縣蘇孝銘佾生執照背面

76 「光緒四年（1878）范錦光戶部執照」，收於劉澤民編著，《關西坪林范家古文書集》，南投市：臺灣文獻館，2003年，頁171。

77 「光緒元年（1875）林乞食功牌」，收於高賢治編著，《大臺北古契字四集》，臺北市：北市文獻會，2007年。

78 「光緒四年（1878）范錦光監照」，收於劉澤民編著，《關西坪林范家古文書集》，南投市：臺灣文獻館，2003年，頁169。

79 「乾隆五十三年（1788）福建巡撫徐嗣曾給戴華元義民箚付」，收於吳學明、黃卓權編著，《古文書的解讀與研究（上篇）》，竹北市：新竹縣文化局，2011年，頁64。

80 吳學明，黃卓權編著，《古文書的解讀與研究》，竹北市：新竹縣文化局，2012年，頁90。

（二）文物研究

1. 執照格式分析

本件臺南市鄭成功文物館所藏「臺灣縣蘇孝銘佾生執照」，以下簡稱「佾生執照」，採用木刻雕版印刷製成，屬清代之制式憑證文書，就此種文書之外框形式，以及執照內文字之排列方式，大致同於清代其他類型官方憑證文書。例如清朝戶部賑災或捐職所用的執照（圖3-3-3）、[76]兵部發給軍功頂戴的功牌（圖3-3-4）、[77]禮部所發給的監照（圖3-3-5），[78]以及做為義民憑證的箚付（圖3-3-6）。[79]由於上述各件文書的性質大致相同，皆為版框印刷的制式公文格式，[80]所以大致在結構形式上也相當類似，皆為長方梯形外框。

本件「佾生執照」內的文字構成，共有四種形式，分別為木質雕版印墨、黑色墨書、紅色朱書，以及紅色陽文鈐印。整張執照使用木板印刷，構成飾有簡筆龍紋裝飾的外框，以及大部份之執照內文。接著再以黑色墨書方式，在預留空白處書寫，墨書內容主要為人名（圖3-3-7）、年歲（圖3-3-8）、地名（圖3-3-9）、年份日期（圖3-3-10）。

執照內紅色朱書包含批示題字、校點圈畫、日期數字，例如執照上的朱批圈點與「實」字（圖3-3-11）、日期「十九」（圖3-3-12），以及最左側的「行」字（圖3-3-13）。至於在執照左方有一長方框朱文關防戳印，則因字跡過於模糊，呈現的資訊太少，以致無法釋讀其內容（圖3-3-14）。

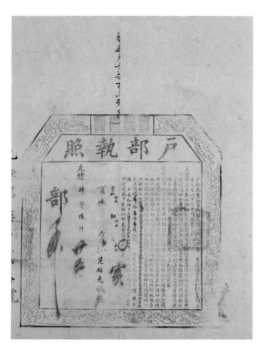

圖3-3-3 光緒四年（1878）范錦光戶部執照
（圖片提供：國史館臺灣文獻館）

圖3-3-4 光緒元年（1875）林乞食功牌
（圖片提供：國立臺灣博物館）

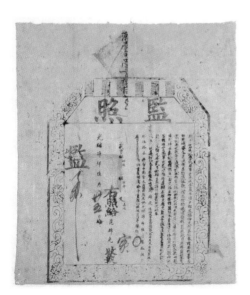

圖3-3-5 光緒四年（1878）范錦光監照
（圖片提供：國史館臺灣文獻館）

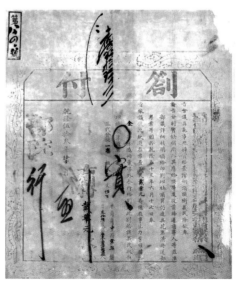

圖3-3-6 乾隆五十三年（1788）福建巡撫
徐嗣曾給戴華元義民箚付（圖片提
供：戴建藏先生

圖3-3-7　執照局部　　　圖3-3-8　執照局部　　　圖3-3-9　執照局部　　　圖3-3-10　執照局部

圖3-3-11　執照局部　　圖3-3-12　執照　圖3-3-13　執照　圖3-3-14　執照局部
　　　　　　　　　　　　　　局部　　　　　　局部

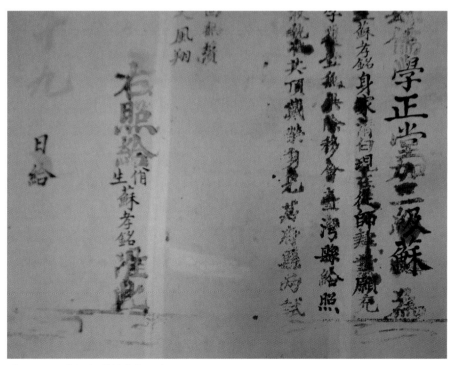

圖3-3-15　執照紅外線影像局部

圖3-3-16　執照紅外線影像局部　　圖3-3-17　執照紅外線　　圖3-3-18　執照紅外線影像
　　　　　　　　　　　　　　　　　　　　　　影像局部　　　　　　　　　局部

　　另一方面，本件「佾生執照」在品質上存在著相當明顯的缺陷，顯示其
製作技術不佳，像是部份版印文字的品質太差，字跡暈染模糊不清，造成了
內容閱讀上的困難，透過紅外線影像觀察（見圖3-3-15至圖3-3-18），可見
此件執照中有不少暈染模糊的版印文字處，出現手寫墨書，二次填補筆畫的
現象。

2. 執照內容分析

　　本件佾生執照為光緒九年（1883）12月19日，福建臺灣府臺灣縣儒學
正堂，發給童生蘇孝銘所收執，執照內文敘述發照過程，以下分別考辨執照
內文中有關佾生戶籍住在、佾生資格，以及身份之確認。

(1) 佾生戶籍住在

　　執照內容稱童生蘇孝銘，家住「西定下坊 試經口里」。

　　道光十五年（1835），臺灣、諸羅二縣調整縣界時，由於臺南府城的
人口成長與市區發展，乃擴建東、西兩外城，將大西門與大東門之外的市街
也納入城區。此外，也將原來府城的四坊，再行細分成：東安上坊、東安下

坊、西定上坊、西定下坊、西定下保、寧南坊、鎮
北上坊、鎮北下保等共八坊，[81]位於「西定下坊」
的「試經口里」，之後被稱爲「試經口街」，其確
切位置應在現今臺南市西區普濟里海安路二段與郡
緯街口。

　　「試經口」爲臺南普濟殿之七合境之一，又
稱七角頭之一，爲「試經口境」。現臺南市普濟里
「試經口集和堂」內，仍然保存了一件清代「試經
口境公圖記」的木質印章（圖3-3-19），[82]圖章上額
橫刻「試經口境」，中刻豎寫大字「公圖記」（圖
3-3-20），[83]此章即爲試經口境當時對外出示的文書
證明章記。[84]

　　另在大正十二年（1923）「普濟殿重興碑記」
（圖3-3-21）碑文中，也記載了濟殿七角頭的捐獻
紀錄：「試經口角衆弟子等五拾元」。[85]

　　自清代以來，臺南市西區始終爲臺南的重要工
商業活動區塊，透過《臺灣地名辭書》中所述臺南
市各里沿革可知，清代之「試經口」位於西定坊；
到了明治二十九年（1896）屬臺南廳所轄第三區；
至大正九年（1920），則歸於永樂町、福住里範圍
內，1946年以後屬普濟里。[86]

81　范勝雄，〈臺南市區里變革初探〉，《臺灣文獻》，第34卷第3期，1983年，頁28；黃雯娟，〈命名的規範：臺南市街路命名的文化政治〉，《臺灣史研究》第21卷第4期，2014年，頁154。

82　謝奇峰，《臺南府城聯境組織研究》，臺南市：南市文化局，2013年，頁165。

83　臺灣最早的王爺廟 - 普濟殿文史會，「試經口境公圖記」，https://www.facebook.com/221509457978760/photos/pcb.460205504109153/460205480775822/?type=1&theater（點閱日期：2015.8.10）

84　謝奇峰，《臺南府城聯境組織研究》，頁164。

85　何培夫主編，《臺灣地區現存碑碣圖誌：臺南市》，臺北市：國立中央圖書館臺灣分館，1992年，頁439。

86　施添福總編纂，《臺灣地名辭書》卷廿一，臺南市，南投市：臺灣省文獻委員會，1999年，頁191、193。

圖3-3-19　試經口境公圖記章（圖片提供：謝奇峰先生）

圖3-3-20　試經口境公圖記朱印（圖
　　　　　片提供：普濟殿文史會）

圖3-3-21　「普濟殿重
　　　　　興碑記」拓
　　　　　本（引自何
　　　　　培夫主編，
　　　　　1992）

(2) 佾生資格

　　根據本件執照內容可知，佾生蘇孝銘具有「童生」身份；清代應考士子初階考試之中，尚未取得府縣學「生員」資格者，曰「童生」，[87]而清代各州縣文童、武童應試時，必由廩生領保，謂之「認保」。[88]本執照可見其擔保人為生員蘇莊淤，[89]用意即在確保執照持有者之身家清白，以防頂冒。

　　佾生又名「佾舞生」，亦曰「樂舞生」，亦名「舞生」，[90]在陳文達《臺灣縣志》卷二「建置志 學校」稱：

> 樂舞生：額數八十六名。康熙二十六年（1687年），頒行直省府、州、縣學，遴選青年無過俊秀子弟補充，學樂習舞。每遇春秋丁祭之日，大合樂以祀先聖。免其差徭，優之以禮。遇歲科考，教官造冊報府，送道應試。[91]

　　有關佾生考選之法，不同於參加學術及其他考試，是由親族鄉人及廩生推薦，而經由各縣儒學正堂詮考任命者，其詮考條項，僅須身家清白，通曉音律，嫻熟禮儀等數項而已，故佾生之中，無學者往往有之。然而佾生為神聖之釋典，故為保持其清廉，官府頗優遇之，凡其待遇，略與秀才不異，如其服裝戴帽均與秀才相同。[92]

87　商衍鎏，《清代科舉考試述錄》，北京：三聯書店，1958年，頁1-18。

88　（清）徐珂，《清稗類鈔》「第二冊考試類」，北京：中華書局，1984年，頁599。

89　清代通過「院試」錄取者稱「秀才」，可入學府縣學署，稱之為「生員」，秀才階段之生員共有數種，其中藉由歲考向上遞陞者，依序稱之為附生、增生、廩生，另外尚有五貢與監生，見劉兆璸，《清代科舉》，臺北：東大圖書有限公司，1975年，頁12-20。

90　齊如山，《中國的科名》，臺北：新聞出版公司，1956年，頁19。

91　（清）陳文達，《臺灣縣志》卷二「建置志學校」，南投市：臺灣省文獻委員會，1993年，頁82。

92　臺灣慣習研究會原著，臺灣省文獻委員會譯編，《臺灣慣習記事》中譯本，第壹卷下，臺灣省文獻委員會，1984年，頁33。

本件佾生執照由「福建臺灣府臺灣縣儒學正堂」所頒給。清代各府、州、縣學宮皆設有教官，府學曰「教授」，州學曰「學正」，縣學曰「教諭」，其官則稱爲「儒學正堂」。[93]

本件執照中言明對於佾生所給予之禮遇爲：「准其頂戴榮身，免其府縣兩試」。「頂戴」爲清代用以區別身份的冠飾，也常賜給無官職者做爲獎勵嘉勉，清代自雍正朝起，帽頂制度大抵確定，而在嘉慶時期，各式銀座金頂或素銀頂則爲舉人、監生、生員等階級所使用。[94]在清代科舉制度中，新入學之秀才，在學署大堂行「簪花禮」，均穿戴藍衫雀頂（穿藍袍青邊，戴銀雀頂高4公分）。[95]例如在民初劉成禺在其著作《世載堂雜憶》中就曾提到：清末院試錄取後的秀才，「入學簪花，年少富有者皆著襴（藍）衫，戴飛絨帽，金雀頂。」[96]

清代佾生所能穿著之服裝戴帽，大抵同於秀才，根據《欽定大清會典事例》卷三百九十二「禮部・學校・挑選佾舞」稱：「文廟舞樂生，較之太常寺應加區別，除祭丁仍用藍衫雀頂外，其常服帽頂，但許用銀盤起花銀頂。」[97]是故，所謂「頂帶榮身」之冠服，應該是具有「藍衫銀雀頂」之類的特徵。

至於「免其府縣兩試」之意，根據《安平縣雜記》記載：

> 臺灣府學：本學之佾生、講生、禮生，須由給照。凡佾生要考秀才者，由本學徑送學政，不必應府、縣兩試。[98]

93 劉兆璸，《清代科舉》，頁4-20。

94 廖伯豪，《清代官帽頂戴研究：以臺灣考古出土與傳世文物爲例》，國立臺南藝術大學藝術史學系與藝術評論碩士班碩士論文，2014年，頁48。

95 劉兆璸，《清代科舉》，頁11。

96 劉成禺，《世載堂雜憶》，臺北市：秀威資訊科技，2010年，頁34。

97 （清）崑岡等，《欽定大清會典圖事例》，臺灣中文書局影本，臺北：啓文出版社，1963年，頁10288。另有相關紀載可見（清）索爾納等纂修，《欽定學政全書》卷七十九，文海出版社，頁1615。

98 臺灣銀行經濟研究室，《安平縣雜記》，南投：臺灣省文獻委員會，1993年，頁42。

所謂「府、縣兩試」，其實就是清代童生考試過程中的前兩個階段，「童試」俗稱「小考」，共有三階段，一、縣試，二、府試，三、院試。三試通過錄取者稱為「秀才」，得入學府縣任生員，至於佾生則可不經府、縣兩試，逕送院試，列於點名冊之首。[99]

(3) 身份之確認

為了防止他人違法冒用，清代官方憑照文書常會明載持有人的三代祖先名字，以及本人的外貌特徵、年齡與籍貫。本件執照稱佾生蘇孝銘「年六歲，紫面無鬚，三代曾祖振來，祖家俊，父風翔，右照給 佾生蘇孝銘 准此」。

執照內文中「紫面無鬚」之語，便是對本執照持有人外貌特徵之描述。類似描述例見光緒五年（1879）山西省五臺縣所頒之「五臺學約」（性質同「佾生執照」：圖3-3-22），[100]稱收執人面貌為「面方白色無鬚」。故其形容語句會隨持有人面貌外觀不同而有所差異。

另一方面，所謂「紫面無鬚」這樣形容面貌的描述方式，在臺灣清代文獻史料中，經常是做為描述原住民外貌特徵的用語。例如日本學者伊能嘉矩在討論清代臺灣番社屯丁名冊史料時，即曾指出：「紫面，即指稱赫臉（帶褐黃色）；無鬚，即鬚髯稀少者。蓋紫面與無鬚，乃特意留意番人體質上之一特徵。」[101]

而就臺灣目前現存清代佾生執照文物內容中，實不乏具有原住民身份之佾生，例如國立臺灣博物館所藏「嘉慶陸年（1801）臺灣府彰化縣佾生潘承恩證書（圖3-3-27），持證佾生潘承恩，屬中部巴則海族原住民，面容特徵即為「紫面□鬚」。

清代臺灣原住民擔任文廟祭孔佾生，不少清代文獻皆有述及，例如清初黃叔璥《臺海使槎錄》卷八「番俗雜記 馭番」條，稱：

102 黃叔璥,《臺海使槎錄》,南投市:臺灣省文獻委員會,1996年,頁171。

肄業番童,拱立背誦,句讀鏗鏘,頓革咮離舊習。陳觀察大莘有司教之責,語以有能讀四子書、習一經者,復其身,給樂舞衣巾,以風屬之。102

清乾隆朝朱景英《海東札記》亦稱:「近時各社均延師課讀番童,出就道試,錄取樂舞生,給予頂戴,與新生一體簪掛。」

而在清末《安平縣雜記》中,則是提到了臺南地區的西拉雅族四社番,雖有佾生員額,但卻經常是由別處的番童取佔:

103 不著撰人,《安平縣雜記》,南投市:臺灣省文獻委員會,1993年,頁63。

四社番本蒙清廷准與閩人互相考試,無進秀才,有取佾生。四社中應額每科、歲考定取一名,無如四社番中少有讀書之人;即有讀書者,無乃識學粗略文字,故自有四社番迄今,不能得取佾生。其應有之額,輒被別處番童所取耳。103

以上各筆史料紀錄皆顯示出,祭孔佾生的選取,亦成為清朝政府教化臺灣原住民的措施之一,官方主動選取原住民中有能力讀書者為佾生,或刻意保留固定名額之原住民佾生。至於在學習程度與選取資格上,清廷雖給予了原住民較為寬鬆的挑選標準,但是原住民想要繼續向上發展,仍有較高的難度,故清末擔任福建巡撫的丁日昌在光緒三年(1877)的奏摺中提到:

在臺番童,向有應試者,不過取充佾生而止。該番童登進無路,難期鼓舞奮興。此次臣仰體皇仁,無分畛域:將淡水廳番童陳寶華一名取進府學、鳳山縣番童沈紹陳一名取充佾生,均勉以讀書向上為

諸番倡。該番童等無不動色相告，咸喜功名有
路。[104]

104　丁日昌：〈閩撫丁（日昌）奏臺灣府屬歲試竣摺〉，收於莊金德編：《清代臺灣教育史料彙編》，臺中市：臺灣省文獻委員會，頁117-118。

丁日昌以其位高權重之力，提取一名原住民番童「取
進府學」，另一名則是「取充佾生」，採取了直接拔
擢原住民的作法，再次重申清朝政府對於臺灣原住民
教化工作的重視。

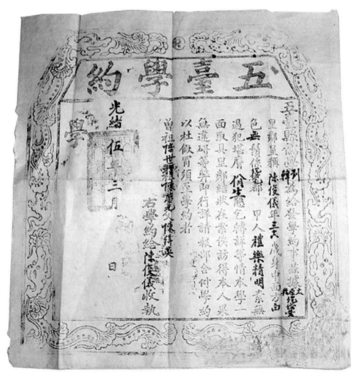

圖3-3-22　山西省五臺縣所頒「五臺學約」（引自註100網頁資料）

3. 臺灣現存相關佾生執照

　　除了臺南市鄭成功文物館所藏佾生執照之外，臺灣目前所見相關佾生執
照文物，至少有五件之多。以下即針對此批文物進行編年排比，並討論其形

式與內容之異同。五件佾生執照相關文物之年代分別爲乾隆時期一件、光緒時期三件、另有一件嘉慶時期之佾生證書。以下分述各件文物：

105　國立臺灣博物館藏品，館藏編號AH2279，網址：http://newnrch.digital.ntu.edu.tw/prototype/query.php?keyword=%E7%85%A7%E7%89%8C&advanced=（點閱時間：2015.8.4）

(1)乾隆八年（1743）彰化縣儒學藍、胡給岸裡社潘敦仔准充六佾樂舞生執照

　　現藏於國立臺灣博物館，執照外框呈長方梯形，上部梯形內有橫式標題「執照」二字，外框飾有簡筆龍紋裝飾，執照爲木刻版壓印藍色文字，內容以黑色墨書書寫，另有朱紅題字；執照內容如下（圖3-3-23）：105

　　照牌
福建臺灣府彰化縣儒學左堂加一級胡 正堂加一級藍爲通行事。案准本縣牒開蒙
本府信票奉
欽命提督學院楊　憲牌承准
禮部箚開儀制司案呈准本部禮書館移稱照得本館進
呈學政全書奏招內開各省府州縣學樂舞生每學遵例每用六佾照佾舞之數三十六名外
加四名以備更替之用務令考選俊秀通曉音律嫻習禮儀者方准充補遇有缺出另行考選足
數不許浮充造冊申報遇歲科兩試免其府縣考錄造冊送府敘入考案之後申送
學憲憑文錄取等因具題奉
旨依議欽遵通行遵照等因遵行在案茲據本縣屬岸裡社審敦仔呈充樂舞生名缺現在驗明准充詳請外合就給牌爲此牌給該生務宜勤力供事照例蔭免仍候彙齊詳請文到日將原
牌繳換須至牌者 實

右牌給樂□審敦仔准此

乾隆捌年玖月廿二日給

學行 限文到日繳

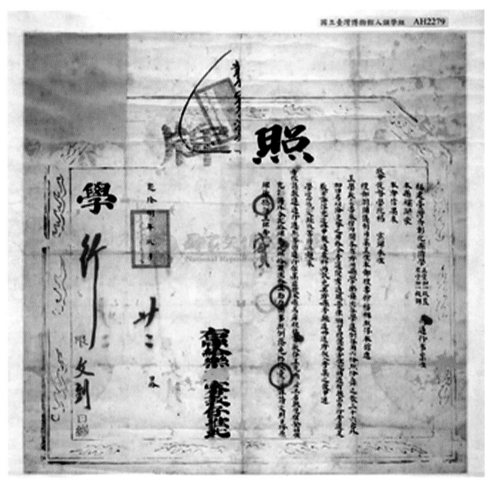

圖3-3-23　乾隆八年（1743）彰化縣儒學藍、胡給岸裡社潘敦仔准充六佾樂舞生執照（圖片提供：國立臺灣博物館）

　　本件「乾隆八年（1743）彰化縣儒學藍、胡給岸裡社潘敦仔准充六佾樂舞生執照」，為福建臺灣府彰化縣儒學，發給岸裡社原住民潘敦仔所收執，由提督學院楊憲牌承准，內文詳述地方省府州縣學樂舞生之數量，並務令考選俊秀，通曉音律，嫻習禮儀者，不許浮充造冊申報，且選送者免其府歲科兩試考錄。

　　透過此件執照形式可知，乾隆時期佾生身份的取得，必須經過官方一定的程序冊報後，方能取得憑證，而此件執照不僅為臺灣現存相關佾生執照中年代最早者，且其內容顯示臺灣自乾隆時期以降，佾生執照已有既定格式。

　　再由內文訊息來看，本件乾隆時期執照所呈現之佾生考選制度訊息，如佾生之考選數額，以及必須通曉音律、嫻習禮儀等，遠多於臺南「佾生蘇孝銘執照」內容。

　　另一方面，有關持有執照的佾生個人資訊，則是臺南「佾生蘇孝銘執照」所呈現的訊息相對較多，後者清楚記載了持有人之年歲面容、三代祖先姓名，反觀乾隆八年（1743）執照中卻完全未見，唯一可知其執照持有人潘敦仔，籍貫為彰化縣岸裡社，屬平埔族原住民，而這也呼應了上文所述，清朝政府提選臺灣原住民擔任佾生，做為治理與教化原住民的手段。

　　(2) 光緒二年（1876）淡水廳佾生簡而文執照

　　臺北秋惠文庫收藏，執照外框呈長方梯形，上部梯形內有橫式標題「執照」二字，框內有捲草紋裝飾。本執照之標題、外框與部份文字，以木刻版壓印而成，印文呈淺藍色調。其他內容則為黑色墨書，另有朱紅題字與鈐印；執照內容如下（圖3-3-24）：[106]

106　感謝秋惠文庫提供實物，並同意本研究進行文物影像攝製。

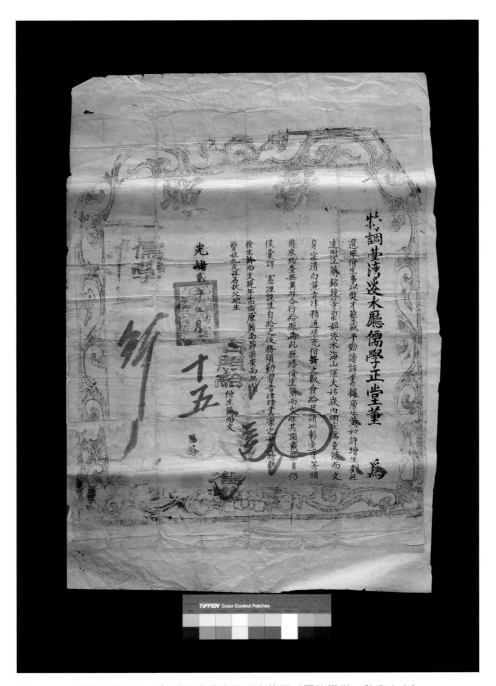

圖3-3-24　光緒二年（1876）淡水廳佾生簡而文執照（圖片提供：秋惠文庫）

執照

特調臺灣淡水廳儒學正堂董　　　　　　　　　　　　　為

選舉佾生事以獎才藝盛平勤讀詩書據廩生黃如許增生劉廷

達附生簡銘鐘等稟稱淡水海山保大姑崁內柵庄儒童簡而文

身家清白兼音律精通堪充佾舞之數會給呈請以彰逸才等情

前來飭查無異外合行給照為此照給佾生簡而文准其頂戴榮身乃

候彙詳　憲准該生自給之後務須勤習音律讀書凜之毋違特照

佾生簡而文現年十四歲原籍南靜縣紫面無鬚

曾祖九定祖名秋父地生　右照給佾生簡而文　　　　　准此

光緒貳年伍月十五日給

儒學　行

　　本執照為臺灣淡水廳儒學正堂，發給佾生簡而文收執，照文內詳述：該廳儒學生員三人稟稱，淡水海山保大姑崁內柵庄的儒童簡而文，身家清白，兼音律精通，堪充佾舞之數，經飭查無異，准其頂戴榮身，並明示自給照後該生務必要勤習音律讀書，執照中清楚記載持人之年歲、祖籍、面容、三代祖先姓名，給照時間為光緒二年（1876）5月15日。

　　本件執照木刻版壓印品質及紋飾精美程度，皆優於臺南「佾生蘇孝銘執照」，顯示當時臺灣各處執照印刷品質不一。此外，本件執照之落款朝號年月，原為預先版印預留，依稀可見「同治　年　月」藍色印文，可見此執照印版為同治年間所製，但此照填寫時已是光緒朝，故以墨書「光緒」二字覆蓋其上。

　　本件「簡而文佾生執照」內文格式，大致同於臺南「佾生蘇孝銘執照」，皆載明持有人之年歲、面容、三代祖先姓名。但前者所言佾生考選資格訊息中，未見「免其府縣兩試」等語。

(3) 光緒八年（1882）新竹縣佾生王式金執照

執照外框呈長方梯形，上部梯形內有橫式標題「執照」二字，框內有捲草紋裝飾。執照內容如下（圖3-3-25）：[107]

執照

欽加光祿寺署正銜調授新竹縣儒學正堂

劉　　　　　　　　　　　　為

循例給充佾生以重典禮事照得

例載各省府縣學春秋丁祭額設佾生由府州縣會同教官考選本籍俊秀通曉音

律嫻習禮儀者取具族鄰甘結給予執照充補供事註冊申報學政查核如遇歲科

兩考免其府縣試由學官備造親供廩保冊結申送

院考憑文錄取等因今據廩生陳吉祥等稟稱本域庄民人王式金身家清白通

曉音律嫻熟禮儀堪以充補佾生額缺伏乞 恩准充等情據此本學覆查無異除

批示註冊外合行給照此照給佾生王式金收執准其頂戴榮身以襄

祀典該佾生自給照後務宜勤習禮儀毋得怠忽視事湏至執照者

今閱佾生年二十一歲面無鬚原籍安溪縣三代曾祖有德祖福保父如左鄰林成

　　　　　　　　　　　　　　　　　　龍右　孫葳

　　　　　　　　　右照給佾生王式金　准此

光緒捌年貳月　初九　日給

儒學　行

107　光緒八年（1882）新竹縣佾生王式金執照，見臺灣慣習研究會原著，臺灣省文獻委員會譯編，《臺灣慣習記事》，頁34。

　　本件執照是由新竹縣儒學正堂，發給佾生王式金所收執，照文內首先述明佾生考選程序與資格，後敘明該縣儒學生員稟稱，王式金身家清白、通曉音律、嫻熟禮儀，堪以充補佾生額缺。經覆查無異，照給佾生王式金收執，准其頂戴榮身，以襄祀典，同時訓勉該佾生自給照後，務宜勤習禮儀，

毋得怠忽。最後標明佾生年歲、面容及祖先三代，發給執照日期爲光緒八年
（1882）二月初九。

　　本件佾生執照爲《臺灣慣習記事》中之影本，照文內容堪稱完整詳盡，
可惜已非執照原物，無法得知其木刻板印內容與墨書內容之間的對應關係。

圖3-3-25　光緒八年（1882）新竹縣佾生王式金執照（引
　　　　　自臺灣省文獻委員會譯編，1984）

(4) 光緒二十年（1894）臺北府儒學佾生周咸熙執照

現藏於國立臺灣博物館，執照外框呈長方梯形，上部框內有橫式標題「執照」二字，外框單線無紋飾，內容文字豎寫，木刻版壓印，文字呈淺藍色，部分內容爲墨書書寫，另有紅色朱批題字、鈐印兩方；執照內容如下（圖3-3-26）：[108]

108　感謝國立臺灣博物館提供文物影像資料，李子寧老師教示其內容訊息。

　　署理臺北府儒學正堂王　　　爲
　　給照事照得臺北
　　文廟應備樂舞暨執事禮生業已奉文教導
　　成就詳請破格獎勵在業茲查有該生
　　學業已成堪以充補臺北府儒學
　　文廟習舞佾生除造冊呈送
　　學撫憲外爲此填發即照頒給承領須
　　至執照者
　　右給臺北府儒學佾生　周咸熙　准此
　　計開
　　周咸熙年拾貳歲係福建臺灣臺北府淡水縣人民籍
　　三代　曾祖春龍　祖振宗　父惟源
　　光緒二十年貳月十五日給
　　學　行

　　本件佾生執照爲臺北府儒學正堂，發給臺北府淡水縣民周咸熙收執。照文內記述文廟所需樂舞生與執事禮生，是由學業已成的在學學生，破格獎勵充補擔任。本照發給日期爲光緒二十年（1894）2月15日，是目前已知年代最晚的清代佾生執照。

　　本件執照的格式相較於其他傳世佾生執照，屬相當簡略之單線邊框。木刻版印品質頗佳，印字清晰，未見墨書補寫的狀況。

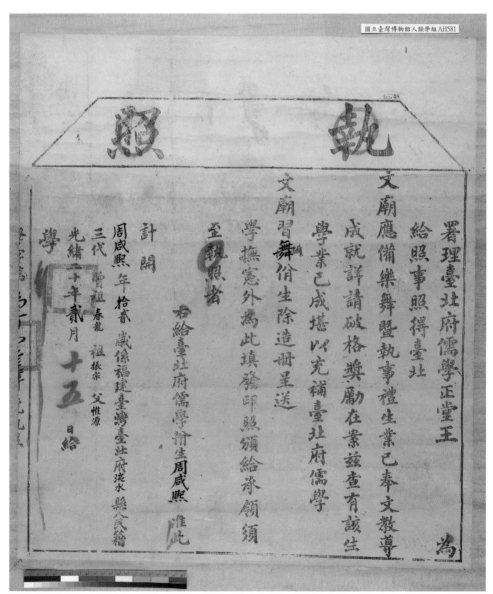

圖3-3-26　光緒二十年（1894）臺北府儒學佾生周咸熙執照（圖片提供：國立臺灣博物館）

(5) 嘉慶六年（1801）臺灣府彰化縣佾生潘承恩證書

現藏於國立臺灣博物館，證書外框呈長方梯形，外框內四邊各飾有一組雙龍搶珠紋，內容文字豎寫，主要爲木刻版印藍色文字，部份內容爲墨書塡寫，另有紅色朱批題字，長方框鈐印一方；執照內容如下（圖3-3-27）：[109]

109　感謝國立臺灣博物館提供文物影像資料，李子寧老師敎示其內容訊息。

臺灣府彰化縣儒學爲遵照選舉佾生以重
祀典事今據俊秀童生潘承思相公年　歲身中
面紫　鬚係彰化縣　保民籍充補　部
佾生業經本學驗外先給學照付本生收執
以杜假冒遵照在學悉心學習務令威儀嫻熟
春秋祭祀得預
文廟駿奔榮以衣頂與生員一體供事以示鼓勵
須至照者　三代曾祖　祖　父
　　　　右照付本生潘承思相公　准此
嘉慶陸年伍月　初九　　　　　日給
學　行

本件佾生證書是由臺灣府彰化縣儒學所頒，先給學照付童生潘承恩收執，令其在學悉心學習，務令威儀，嫻熟春秋祭祀，並榮以衣衫頂戴，與生員一體供事之待遇。

本件證書之格式與內容，頗異於其他傳世的佾生執照，首先是文件上部並無「執照」二字，而做爲辦認佾生身份的年齡、容貌、住家地址與三代祖先名字，皆空白未塡，民籍充補於何部，亦未塡空白，故可能僅是充做憑據文件，以茲證明，並非正式的佾生執照。

本證書的木刻版印文字方式，大致與清代祭孔佾生執照相同，證書外框飾具有龍紋裝飾，顯示其應屬於固定格式的文書公憑。至於文字內容，

110 嘉慶陸年（1801）臺
灣府彰化縣佾生潘承恩證
書，國立臺灣博物館藏，
國立臺灣博物館典藏資源
檢索系統，網址：http://
collections.culture.tw/ntm_cms/
metadata.aspx?GID=13047，
（點閱日期：2015.8.5）

亦可見印製品質不佳，須以筆墨再次書填補寫的
現象。

　　本證書之持有人潘承恩，屬平埔族巴則海族
原住民，[110]執照內對其容貌特徵之處，可見「面
紫□鬚」之版印文字，而這項特徵則再度反映了
本文前述清朝政府提選臺灣原住民擔任佾生，做
為治理與教化原住民的政策。

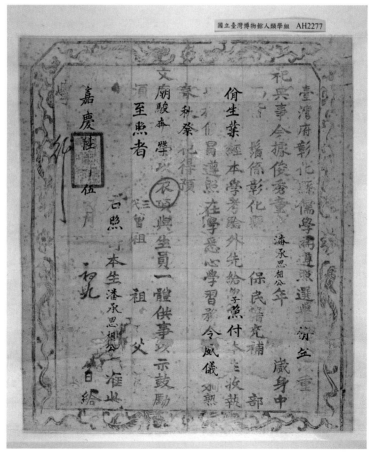

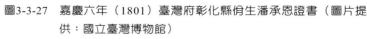

圖3-3-27　嘉慶六年（1801）臺灣府彰化縣佾生潘承恩證書（圖片提
　　　　　供：國立臺灣博物館）

（三）文物重要性

臺南鄭成功文物館所藏清代祭孔佾生執照，爲光緒九年（1883）臺灣縣儒學發給佾生蘇孝銘收執，執照保存大致完整，外框形制與內文文字亦可辨識，是反映清代臺灣祭孔佾生選用制度以及儒學教育的重要文物。

根據本研究分析成果可知，臺灣目前現存之數件佾生執照及證書，分別屬於臺北、淡水、新竹、彰化、臺南等地儒學所頒給，而臺南市鄭成功文物館所藏清代臺灣縣祭孔佾生執照，雖非年代最早，記載內容豐富程度與品質，亦未超越其他同類文物案例，但卻爲臺南現存唯一傳世清代佾生執照，仍具有相當之珍貴性及重要歷史與文化價值。

綜上所述，由於本件清代佾生執照並非臺灣唯一傳世的佾生執照，因此將目前已登錄臺南市「一般古物」之文物原有名稱：「清代祭孔佾生執照」，修改爲「臺灣縣蘇孝銘佾生執照」，藉以彰顯其所具有之重要性及眞實價值。

（四）保存現況檢視與建議

本件執照以一色裱條裝裱，天頭、地頭與兩邊的裝裱鑲料，皆爲花草交織紋全紙鑲，呈黃褐色。畫心部份整體呈現灰黃色調，文物正面及背面皆可見黏補破損的白色紙條（圖3-3-1、圖3-3-2），透過紫外線不可見光檢視後，可見黏補紙條及其周邊呈現明顯螢光反應（圖3-3-28、圖3-3-29），顯示修補紙材應爲現代紙質。

執照表面外觀可明顯看出其多種損壞狀況。第一種爲蟲蛀所造成之孔洞與破損（圖3-3-30、圖3-3-31），並可見明顯生物排遺（圖3-3-32）。第二種爲紙質老化所產生的褐斑（圖3-3-33），同時可見此文物托裱不佳，之後因老化或受潮而變形，導致執照與托紙剝落分離的狀況（圖3-3-34、圖3-3-35），建議盡快重新裝裱，並進行文物保護工作。

圖3-3-28　執照紫外線影像局部

圖3-3-29　執照紫外線影像局部

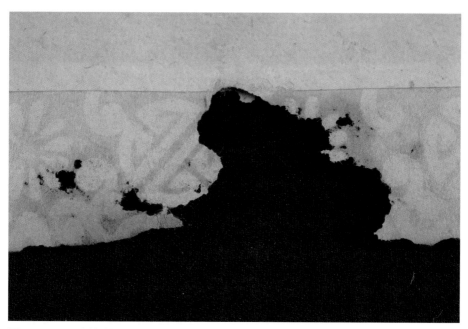

圖3-3-30　因蟲蛀所造成之孔洞與破損

圖3-3-31　因蟲蛀所造成之孔洞與破損

圖3-3-32　執照表面所見生物排遺

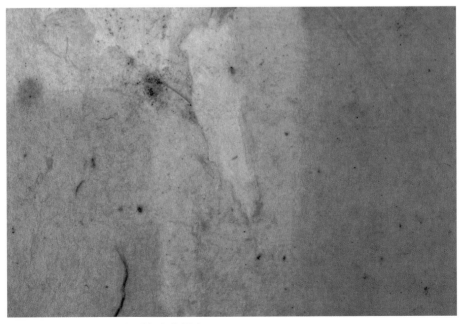

圖3-3-33　執照紙質老化所產生的褐斑

圖3-3-34 執照與托紙剝落分離

圖3-3-35 執照與托紙剝落分離

四、清代林朝英書法木刻

圖3-4-1　林朝英書法木刻「書杜甫秋興詩八首其二」正面

圖3-4-2　林朝英書法木刻「書杜甫秋興詩八首 其二」正面（拓本）

圖3-4-3　林朝英書法木刻「書杜甫秋興詩八首 其二」反面

圖3-4-4　林朝英書法木刻「書杜甫秋興詩八首 其二」反面（拓本）

　　臺南市鄭成功文物館所藏「清代林朝英書法木刻」，共一組兩件，2007年3月5日公告爲「一般古物」，公文文號：南市文資字第09618503390號。以下分述其文物特徵、影像紀錄、文物研究，以及保存現況。

（一）文物特徵描述

　　第一件文物編號5040107-序號9，「書杜甫秋興詩八首之二」，以長方形整塊木質板材製作，板長117公分，寬33公分，厚1.9公分，重3.8公斤，雙面陰刻行書，板面刻有細線勾欄，將畫面均分爲五份，以便字體排佈。木刻正面豎寫十行，共二十八字，部份行書內容因木板朽壞導致模糊不清。板面右上角鈐印長方框朱文「引首章」，篆書豎寫二行：「一峯亭外有峻峯」。書法內容釋文：「夔府孤城落日斜，每依南斗（按：原詩亦有稱「北斗」者）望京華。聽猿實下□（三）聲□（淚），□□□□□（奉使虛隨八）月□（槎）」。

　　木刻反面豎寫十行，共三十字，部份行書內容，因木板朽壞模糊不清。書法內容釋文：「畫省□□（香爐）違□□（伏枕），山□（樓）粉堞□（隱）悲笳。請看石上藤蘿月，已映洲前蘆荻花。其二」。之後鈐印兩方，上爲方框白文「林朝英」，下爲方框朱文「伯彥」。正、反面影像紀錄（見圖3-4-1至圖3-4-6），以及各面書法內容前、後鈐印之局部影像與拓本。

　　第二件文物編號5040107-序號10，爲「書杜甫秋興詩八首之三」，以長方形整塊木質板材製作，板長118公分，寬35公分，厚1.7公分，重2.4公斤，雙面陰刻行書，板面刻有細線勾欄，將畫面均分爲五份，以便字體排佈。

圖3-4-5 「其二」木刻正面　　圖3-4-6 「其二」木刻反面鈐印
　　　　　鈐印

　　木刻正面豎寫十行，共三十字，行書內容大致皆可以辨識。板面右上角鈐印橢圓形朱文引首章，篆書豎寫三行：「晚院華留醉春窗月伴眠」。書法內容釋文：「千家山郭靜朝暉，日處（按：原詩爲「日」字）江樓坐翠微，信宿漁人還泛泛，清秋雁子故飛飛，匡衡（未完，接木刻反面）」。

　　木刻反面豎寫十行，共二十八字，部份行書內容，因木板朽壞模糊不清。書法內容釋文：「□□（抗疏）功名簿，劉向□（傳）經心事違，□（同）學少年多□（不）賤，五□（陵）裘馬自輕肥。其三」。之下鈐印兩方，上爲方框白文「一峯亭林朝英」，下爲方框朱文「伯彥家居東寧」。木刻正、反面影像紀錄見圖3-4-7至圖3-4-10，以及各面書法內容前、後鈐印之局部影像與拓本見圖3-4-11至圖3-4-13。

圖3-4-7 林朝英書法木刻「書杜甫秋興詩八首其三」正面

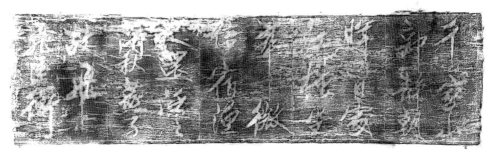

圖3-4-8 林朝英書法木刻「書杜甫秋興詩八首其三」正面（拓本）

圖3-4-9 林朝英書法木刻「書杜甫秋興詩八首其三」反面

圖3-4-10 林朝英書法木刻「書杜甫秋興詩八首其三」反面（拓本）

圖3-4-11 「其三」木
刻正面鈐印

圖3-4-12 「其三」木刻反面鈐印（上）

圖3-4-13 「其三」木刻反面鈐印（下）

（二）文物研究分析

1.作者藝術成就

林朝英，諱名耀華，字伯彥，號一峯（亭），又號梅峰、鯨湖英，諡號尊謙。依據現陳列於臺南市鄭成功文物館之道光二年（1822）磚胎「顯考諡尊謙林府君墓誌銘」所載內容（圖3-4-14、圖3-4-15），林氏原籍福建省漳州府海澄縣坂尾錦里社，生於乾隆乙未年（乾隆四年；1739）生，卒於嘉慶丙子年（嘉慶二十一年；1816），享年七十八歲。

有關林朝英的書畫藝術成就，在清代臺灣藝壇頗具代表性，林朝英墓誌銘稱林氏「少負奇才，耽詩書」。[111]而根據林朝英後人所述〈一峯府君行略〉記載，稱：

> （林朝英）筆墨之工，尤世所希有。書法則真草篆隸，無美不臻，畫本則濃淡深淺，無奇不有，珍玩則奇精古奧，無所不備。購得隻字尺幅，如獲重寶。[112]

後世景仰林氏藝文成就，有尊稱其為「海外碩儒」、「海外才子」者。[113]日治時期連橫《臺灣通史》則是述及林朝英在藝術上的多種成就：

> 朝英工墨畫，瀟洒出塵，書亦奇秀，多作竹葉形。善雕刻，竹頭木瘦，一經其手，靡不成器。家建小

[111] 林朝英墓誌銘共四件一組，為低溫素燒紅磚所製。本墓誌銘於1934年在臺南新化的林朝英墓遷葬時被發現，之後林朝英墓改葬於臺南市南門外時，墓誌銘再次被埋入墓中。時至1971年，林氏墓碑被盜，林氏家族後人決定二次改葬，本墓誌銘遂再次出土；見黃天橫，〈林朝英墓重修勘考記〉，《臺灣風物》，26卷2期，1976年，頁31-36；黃天橫，〈林朝英之墓志銘〉，《臺灣風物》23卷2期，1973年，頁51。本組文物於1976年6月28日移至臺南民族文物館保存，現為臺南市政府典藏文物；見《一峰亭林朝英行誼錄》編輯委員會，《一峰亭林朝英行誼錄》，高雄：美育彩色印刷，林氏族譜編輯委員會印行，1980年，頁116。

[112] 林朝英諸子撰述〈一峯府君行略〉，收於《一峰亭林朝英行誼錄》編輯委員會，《一峰亭林朝英行誼錄》，頁107。

[113] 盧嘉興，〈清代臺灣藝術家林朝英〉，《雄獅美術》，第28期，1973年6月，頁105。

圖3-4-14　林朝英磚胎墓誌銘（第一塊）

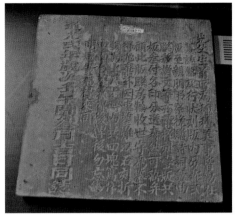

圖3-4-15　林朝英磚胎墓誌銘（第四塊）

114　連橫，《臺灣通史》，臺北市：衆文圖書公司，1979年，頁977-978。

亭，言曰「一峯」。亭額三字大徑尺，筆力勁秀，悉爲朽木所成。[114]

日治時期日籍文人尾崎秀眞，在〈清朝時代の台灣文化〉一文中，對林朝英之藝術成就評價甚高，力言臺灣清代的藝術家，僅有林氏一人可稱代表：

清朝時代的兩百五十年之間，生於臺灣的臺南藝術家有無足以稱道的人物？今日舉出可稱做藝術家之人物，兩百五十年之間幾乎沒有，若勉強爲之，林朝英又稱『一峰亭』者，僅以舉出其一人而已。也許因爲本人孤陋寡聞亦未可知，但大體言之，做爲藝術家之

115　尾崎秀眞，〈清朝時代的臺灣文化〉，《臺灣文化史說》，臺南市：臺南州共榮會臺南支會，昭和十年（1935），頁259-260。

詩人或書家、畫家之性質而爲代表者，唯有稱『一峰亭』的林朝英一位而已。二百五十年之間僅產出一位藝術家，不是太過貧弱了嗎？一定有其他無論是詩人或書家者，但殘留下可供陳列於史料展覽會程度的作品，而達到這種程度的有名人物，在兩百五十年的長時間裏，則僅有一人……。[115]

2. 林朝英書法特色

林朝英是清代臺灣極爲重要之書法家，有關林氏之書法特色，後世多以其書法結字奇秀之「竹葉體」書風爲代表。二十世紀初日人伊能嘉矩在《臺灣文化志》中，稱林朝英嗜書畫，而其書畫風格之源頭可上溯至宋代：

> 書則多倣宋代雷簡夫，骨法爲竹葉形。畫則取範南宗，尤善山水，中國大陸本土之文人，亦珍愛不措，因此，所傳之贋品漸多。[116]

臺南文史研究先驅盧家興先生，亦曾專文讚譽林氏筆墨精鍊風雅，實爲臺地所稀有，並稱他的書法「行楷善於竹葉體，草書長於鵝羣體，佳妙絕倫，純以神勝，獨成一體。後人倣他的字體做竹葉形，都未能學到他的神韻。」[117]

至於近代書畫研究者對於林朝英書法成就所體現之價值，則各自看法略有不同：崔詠雪（2004）談到早期臺人書法中的「閩習風尚」時，特以林朝英爲例，指出林氏書風之形成，與其往來臺海兩岸，經營商務，走遍大江南北的豐富閱歷有關，認爲林氏並非處於昇平安樂，終日詩書的科舉文人，故其除了具備文人飽學的才華藝術修爲之外，同時亦因披荊斬棘渡海開荒，或奔走臺海間，而具備了精鍊沉穩的氣度豪情。[118]崔詠雪認爲所謂臺人書法的「閩習」風格，實與晚明醜怪書風不甚相同，其間似乎還包含了臺灣本地的草根性格特質，是一種移民豪情辣腕，強悍的海洋民族習性，是外拓的狂怪表現。[119]

麥墀章（2008）則是指出，根據林氏後人紀錄：「林朝英家擁商船，往返海峽兩岸貿易，因此他能直接從內地取得書畫及資料」。故推測林朝英往返內地經商時，有機會鑑賞書畫名品，進而收藏作品的數量必不在少

116 伊能嘉矩著，臺灣省文獻委員會編譯，《臺灣文化志》，臺中市：臺灣省文獻委員會，1991年，頁61。

117 盧嘉興，〈清代臺灣藝術家林朝英〉，頁100。

118 崔詠雪，《翰墨春秋——1945年以前的臺灣書法》，臺中市：國立臺灣美術館，2004年，頁31。

119 引同上註。

120 麥墀章〈臺灣地區三百年來書法風格之遞嬗（一）〉，收於林明賢編，《臺灣美術研究論文選集1》，臺中市：國立臺灣美術館，2008年，頁20。

121 引同上註。

數。[120]至於林朝英著名之「竹葉體」書風之形成，麥墀章認為其應受到宋、明以來文人主觀寫意思想影響，除了林氏個人所具備的典型風雅文士作風之外，更因稟賦優異，故集眾家之長後，自能無所妨礙地發展出自我情感之線條。而其書法表現方式，則是類似蘇東坡所作朱竹，柯九思以草書畫竹枝，或更接近山谷道人以畫竹法作書、米芾之「蘭葉刷」，同樣屬於主觀性書寫胸中逸氣的創作態度。[121]

　　至於王耀庭（2012）在探討林朝英書畫之專書中，則認為林氏的行草書法，應該是晚明清初的「怪風」遺緒。他的書法結體充滿著浪漫情趣，獨抒性靈、不拘格套，大有一股表現主義的狂潮。而這種特徵，可以上溯晚明時期徐渭的狂放奇崛、張瑞圖的尖峭奇逸，還有倪元璐的渾深遒媚、王鐸的意古奇偉，一路發展而來。再者，林氏在地緣上受到福建泉州的張瑞圖（1570-1641年）影響最大，同時也加入了臺灣特有的移民風格。[122]而透過林朝英與張瑞圖作品比較可知，林氏與晚明狂逸筆畫一脈相承。而林朝英大膽而粗獷的「飛白」用筆，更是發揮到了極致。[123]

122 王耀庭，《林朝英：雙鵝入群展啼鳴》，臺南市：臺南市政府出版，2012年，頁20。

123 引同上註。

124 林朝英諸子撰述〈一峯府君行略〉，頁107。

125 引同上註。

3. 作品分析及其重要性

　　本組林朝英書法作品為木質刻板，根據林朝英後人所述〈一峯府君行略〉記載內容可知，林朝英的傳世書畫作品中，材質屬木質刻板者，包含了「秋興法帖一、鵝群法帖一、真草篆隸四、草書八、鵝群書八、四時花鳥四、竹四」，[124]故其數量至少有三十二組或件，而這些木刻作品皆屬相當受到重視的林氏佳作，所以是在書法完成「脫稿後再加點校」，進而「付之梓所成」。[125]

　　上述「秋興法帖」，全名應為〈書杜甫秋興詩八首〉，每首詩以兩面刻板完成，全組作品共八塊十六面。根據第八塊最後跋文內容：「嘉

慶十年歲在乙丑之秋七月暨望 東寧一峯亭林朝英書」
（圖3-4-16），[126]可知林氏作品書寫完成時間為西元
1805年，時年六十七歲。本組文物現已遺失一塊（第
五塊），而第一、四、六、七、八塊，曾經收藏於屏
東縣林氏後裔處，[127]現今上述五塊木刻板保存狀況不
明，僅有拓本影像資料流傳於世，故臺南市鄭成功文
物館收藏之第二塊與第三塊木刻，實為後世一睹林朝
英「書杜甫秋興詩八首」木刻作品原貌的重要實物。
至於本研究針對上述兩件木刻所製作之拓本，則為首
次呈現該作品書法細節之清晰影像資料。

〈書杜甫秋興詩八首〉具有典型的竹葉體風格，書體介於楷、行之
間。林朝英的字體筆畫，下筆與收筆皆露出尖銳的筆鋒，細瘦銳利，撇捺之
間運用畫竹葉的筆意寫字，而在〈書杜甫秋興詩八首〉木刻中，所呈現出
結字鋒利跳蕩的線條，則形成了一種尖利而「逼人咄
咄」的意態。[128]以秋興詩木刻〈其三〉中之「多」字
為例（圖3-4-17），起筆尖鋒狀如竹葉，收筆快速粗
曠，展現「飛白」用筆。幾近相同的書寫風格，亦見
於林朝英在嘉慶十二年（1807）成書的〈行書〉作品
中（圖3-4-18）。[129]

此外，林朝英在此作品中，亦重視字與字之間靈活呼應的效果，例如秋
興詩木刻〈其二〉中的「花」字（圖3-4-19），草頭起筆畫於上一「荻」字
收筆處，由右上向左下撇，構成了兩字的呼應關係，
而此一特徵即與林朝英其他作品中的「花」字（圖
3-4-20、圖3-4-21），[130]表現出截然不同的形態。

另就〈書杜甫秋興詩八首〉木刻的字體布局而論，各字結體大小不一，
林朝英在個別字體上，純熟運用了「長腳直下」的手法，使整幅字面呈現
寬緊交錯的畫面，例見秋興詩木刻〈其二〉的數例；第一例（圖3-4-22），

126 王耀庭，《林
朝英：雙鵝入群展啼
鳴》，頁33。

127 盧嘉興，〈清
代臺灣藝術家林朝
英〉，頁102；《一峰
亭林朝英行誼錄》編
輯委員會，《一峰亭
林朝英行誼錄》，頁
29-34。

128 王耀庭，《林
朝英：雙鵝入群展啼
鳴》，頁20、36。

129 引同上註，
頁37。

130 引同上註，頁
37、38。

131 簡英智，〈臺灣明鄭時期、清朝時期文人用印初探〉，《「孤山證印」西泠印社國際印學峰會論文集》，杭州，西泠印社，2005年，頁151；蔡孟宸，〈清領至日治的臺灣文人書法用印〉，收於蔡明讚編，《書法·跨域2011臺灣書法史學術研討會論文集》，臺北市：臺灣中國書法學會，2011年，頁19。

132 林朝英書〈一峯亭〉匾額拓本；現藏於臺南市鄭成功文物館。

「斜」字長筆直拉，收筆飛白輕淺勾起。第二例的「洲」字亦爲長筆拉下，最後快速弧線輕提，連續寫下一「前」字（圖3-4-23）。第三例的「落」字收筆長腳圓弧，斜拉飛白，連筆下一「日」字（圖3-4-24）。

另一方面，〈書杜甫秋興詩八首〉木刻的用印，也呈現相當的特色，且與其他林朝英書法作品頗有聯繫。就秋興詩木刻〈其二〉與〈其三〉所見實例，首先是「引首章」的內容，像是字數較多，不同於過去常見的三字或四字者，[131] 像是朱文長方章，篆書豎寫二行七字：「一峯亭外有峻峯」，即爲林朝英書畫作品中較爲特殊的引首章，其印文實可呼應林朝英在其宅第「蓬臺書室」所懸掛「一峯亭」匾額的跋文內容（圖3-4-25）：[132]

山之高峻者爲峯，太岳三峯、武夷三十六峰，而余獨有一峯，無太岳之高，武夷之峻，環堵之外，熟視之，若無見也，而予徙倚於亭，獨旦暮遇之，巍然聳出，歸然特存，蓋自有此峯而高山仰止，不待求之名勝之區矣，余既觴而樂之，遂取以名吾亭。蓬臺朝英

133 王耀庭，《林朝英：雙鵝入群展啼鳴》，頁41。

另一朱文橢圓章，以篆書豎寫三行十字：「晚院華留醉春窗月伴眠」，傳達了作者感性的詩意情懷。完全相同字款的用印，可見於林朝英於1815年所做草書〈群鵝書〉（圖3-4-26）。[133]

至於詩文之末作者姓名鈐印亦有特色，就秋興詩木刻〈其二〉與〈其三〉所見，方框朱文「伯彥家居東寧」印，自言作者家居臺灣臺南，卻甚愛使用前朝明鄭時期之府城舊名，流露濃厚懷舊氛圍，類似的作法亦曾見於林

朝英其他書法作品的引首章，例如〈一峯亭〉匾額拓本中所見之「家在東寧」（圖3-4-27），以及草書〈群鵝書〉的「家住東寧；齋號桑軒」（圖3-4-28）。[134]

134　王耀庭，《林朝英：雙鵝入群展唳鳴》，頁45。

　　秋興詩木刻〈其三〉文末的兩方姓名章，運用了六字三行豎寫的布局方式，亦是林朝英作品中相當罕見的案例。最後值得一提的是，秋興詩木刻〈其二〉所鈐姓名章，為方框朱文「伯彥」二字，雖為相當常見的林朝英書畫用印，但仔細觀察「彥」字最後一筆的篆字寫法，卻與其他作品明顯不同，例見〈群鵝書〉（圖3-4-29）與〈一峯亭〉匾額拓本（圖3-4-30），不知是刊刻工匠之失誤，或是作者刻印時有意識的變化調整。

（三）作品保存狀況檢視

　　本研究於2014年8月間，針對這兩件林朝英書法木刻，進行了文物保存狀況的檢視；第一件「書杜甫秋興詩八首－其二」木刻，板身略有變形，正面保存狀況較差，表面無透明保護漆料，板面左側邊緣缺損，（圖3-4-31）左半部木質遭蟲蛀侵蝕嚴重，導致詩文內容無法辨識，板面右側與中部可見零星白色髒污、淡青色塊狀點狀油漆覆蓋（圖3-4-32、圖3-4-33）。木刻反面殘留較多保護漆塗層，但板面左側保存狀況較差，蟲蛀侵蝕嚴重，導致了詩文內容無法辨識（圖3-4-34）。

圖3-4-16　書杜甫秋興詩八跋文書杜甫秋興詩八跋文（改繪自王耀庭，2016）

圖3-4-17　其三木刻「多」字

圖3-4-18　林朝英〈行書〉「多」字（改繪自王耀庭，2016）

圖3-4-19　其二木刻中「花」字

圖3-4-20　林朝英其他作品中的「花」字（改繪自王耀庭，2016）

圖3-4-21　林朝英其他作品中的「花」字（改繪自王耀庭，2016）

 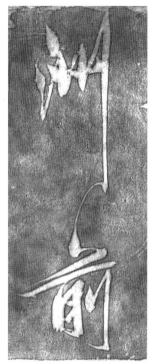 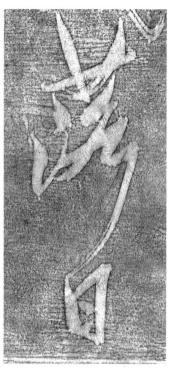

圖3-4-22　其二木刻「斜」、　　　圖3-4-23　其二木刻「洲」、　　　圖3-4-24　其二木刻「落」、
　　　　　「每」二字「長　　　　　　　　　「前」二字　　　　　　　　　　「日」二字
　　　　　腳直下」手法

圖3-4-25　林朝英書〈一峯亭〉匾額拓本

圖3-4-26 「晚院華留醉春窗月伴眠」鈐印（改繪自王耀庭，2016）

圖3-4-27 「家在東寧」鈐印

圖3-4-28 「家住東寧齋號桑軒」鈐印（改繪自王耀庭，2016）

圖3-4-29
林朝英其他作品「伯彥」鈐印（改繪自同前）

圖3-4-30
林朝英其他作品「伯彥」鈐印

圖3-4-31　木刻邊緣缺損

圖3-4-32　板面白色髒污

圖3-4-33　板面淡青色塊狀油漆點狀覆蓋

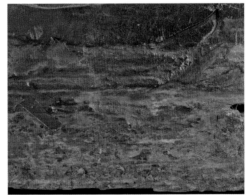

圖3-4-34　板面蟲蛀侵蝕痕跡

　　第二件「書杜甫秋興詩八首：其三」木刻，板身略有變形，正面保存狀況較差，表面無透明保護漆料，板面左側邊緣缺損，板面左上緣與可見右緣白色塊狀點狀髒污覆蓋（圖3-4-35），部份區域區域木質龜裂（圖3-4-36），另有部份可見蟲蛀痕損害字跡（圖3-4-37）。木刻反面殘留較多保護漆塗層，但板面上緣與左緣保存狀況較差，蟲蛀侵蝕嚴重，導致詩文內容無法辨識（圖3-4-38）。

圖3-4-35　木刻邊緣缺損與白色髒污

圖3-4-36　木質龜裂

圖3-4-37　蟲蛀侵蝕痕跡

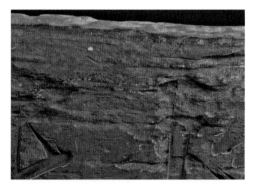

圖3-4-38　蟲蛀侵蝕痕跡

　　本研究另運用色差儀（NR12A攜帶型色差計），紀錄兩件木刻板之色彩檢測數據，檢測位置與所得數據見表3-4-1至表3-4-3。

表3-4-1　色差儀所紀錄兩件木刻板之色彩檢測數據

林朝英書法木刻(其三反面)

NO.3	色差儀測量數據	NO.4	色差儀測量數據
L＊	18.08	L＊	24.58
a＊	1.78	a＊	10.16
b＊	1.90	b＊	10.31

表3-4-2　色差儀所紀錄兩件木刻板之色彩檢測數據

林朝英書法木刻(其二反面)

NO.1	色差儀測量數據	NO.2	色差儀測量數據
L＊	21.02	L＊	30.58
a＊	0.38	a＊	4.19
b＊	1.81	b＊	4.92

表3-4-3　色差儀所紀錄兩件木刻板之色彩檢測數據

林朝英書法木刻(其三正面)

NO.5	色差儀測量數據	NO.6	色差儀測量數據
L*	39.18	L*	33.6
a*	6.91	a*	9.50
b*	13.88	b*	15.91

135　吳盈君，《臺南市政府文化局（鄭成功文物館）一般古物「林朝英墨寶木刻」兩件修復計畫案報告書》，執行單位：國立臺南藝術大學，2015年。

　　2015年9月，本案所執行研究工作告一段落，臺南市政府文化局有鑑於文物保存狀況不佳，故隨即委託文物保護專家針對本組書法木刻進行修復，[135]遂使這兩件重要的林朝英書法木刻得到完整修護，並可永續保存。

五、竹溪寺「了然世界」匾額

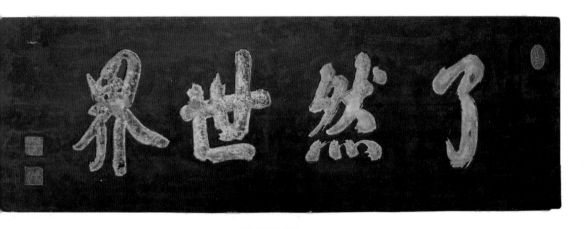

圖3-5-1 「了然世界」正面

（一）文物特徵描述

臺南市竹溪寺所藏「了然世界」匾額，2009年2月5日公告爲「一般古物」，公文文號：南市文資字第09818543330號。匾額板面由四塊橫板拼接而成，無邊框，長192.5公分，寬3公分，高65公分，額面正面中央部份，由右至左刻有「了然世界」四字（圖3-5-1至圖3-5-5），字面爲陰刻，以「覆竹式」技法雕成，字內貼金，板面鬃黑漆。額面右上角鈐印橢圓框引首章，豎寫篆書陽文「兆兮」二字（圖3-5-6）。額面右下方鈐印兩方，上爲方框篆書陰文「郭興□印」四字（圖3-5-7），下爲方框篆書陽文「界仁」二字（圖3-5-8）。匾額正面鬃黑漆，四字貼金，三個鈐印處則爲紅漆地，印面貼金。

匾額背面可見兩條垂直平行長樺，用以固定四塊拼版，防止其走位變形，樺條成梯形，厚度至上、下兩端逐漸斜減（圖3-5-9、圖3-5-10、圖3-5-11）。

圖3-5-2 「了」字

圖3-5-3 「然」字

圖3-5-4 「世」字

圖3-5-5 「界」字

圖3-5-6　引首章「兆　　圖3-5-7　方框章「郭興□印」　　圖3-5-8　方框章「界仁」
　　　　　兮」

圖3-5-9　「了然世界」反面

圖3-5-10　匾額背面垂直平行長榫　　圖3-5-11　匾額背面垂直平行長榫

（二）文物研究

1. 文物內容分析

匾額板面所刻「了然世界」四字，以楷書寫成，略帶行書筆意，四字的間距與布局均勻，天地預留空間得當。各字筆法之中，如撇、勾轉、折等用筆，多處可見行筆快速，帶出筆鋒飛白的效果。

「了然世界」之意，是指盡觀大千，洞悉萬物之後，了然於心，最後達到徹悟真理、明心見性的佛學境界。而「了然」一語，一般皆稱其借引自唐代文人白居易詩句「了然此時心，無物可譬喻」一語。

一般說來，中國古代匾額的構詞內容，大體可分為六大類；分別是(1)標示名號；(2)證明資格；(3)旌表殊榮；(4)誌謝隆恩；(5)寄跡高情；(6)宏揚

教義。[136]而竹溪寺的「了然世界」匾額，應屬於第五
種，是透過簡明語詞，勸諭宣揚佛教教義，教化世人
透悟眞理。

本件匾額除「了然世界」四字外，無任何自銘紀
年文字，亦無其他贊助者題字。至於額面鈐印形式，
則常見於一般的書畫作品，儘管「了然世界」匾額右
上側的鈐印內容意涵無法被完全理解，但應可確定爲
「引首章」，故其內容所見「兆分」二字，可能爲齋
館印或閒章。至於右下側落款鈐印內容，同樣也無法
完全釋讀與辨識，但應可研判其可能爲作者之姓名字
號，即上印爲白文（陰文）姓名印，下印則爲朱文
（陽文）字號印。

2. 文物製作工藝分析

匾額板面所刻「了然世界」四字，運用陰刻「覆
竹式」技法雕成（圖3-5-12），所謂「覆竹式」，是指
陰刻槽內的字體所呈現浮雕效果，特徵類似覆瓦，其施
作方式是以刻刀沿文字邊緣垂直刻下，字內則是以兩側
較低（刻去部份較多），中央較高（刻去部份較少），
從而形成陰刻字內的立體浮雕效果（圖3-5-13）。[137]
本件匾額刻工堪稱精湛，書跡摹刻細緻，各字書法用
筆所呈現的破筆、飛白效果，亦相當忠實地呈現於陰
刻細節之中（圖3-5-14）。

至於整件匾額是以四塊橫板拼組而成，背面無
髹漆，就肉眼判斷其木質紋理，可能爲樟木，匾額背面兩條垂直平行的長
樺（又稱閂樺），樺面與四塊額板拼接處，是以所謂的「鳩尾樺」拼合
（圖3-5-15），本件匾額頂面雖曾歷經多次髹漆覆蓋，但仍然依稀可觀察二
者接合狀況（圖3-5-16）。透過目前已知的調查與研究資料可知，臺灣清代

136 黃典權，「文
物專刊」《臺南文
化》，4(2)；轉引自林
明德，《臺澎金馬地
區匾聯調查研究》，
主辦單位：行政院文
化建設委員會，委託
單位：財團法人中華
民俗藝術基金會，
1994，頁10-11。

137 萬煜瑤，《傳
統木雕圖稿工法研
究——施鎭洋藝師鹿
港施鎭洋木雕傳習計
畫（第一至四期）全
集》，委託單位：國
立傳統藝術中心籌備
處，執行單位：國立
彰化師範大學、財團
法人施金山文教基金
會，2000年；另見林永
欽，《匾額的修護與
保存－以三級古蹟鹿
港文開書院「萬世師
表」匾爲例》，國立
臺南藝術大學古物維
護研究所碩士論文，
2005年，頁18-19。

138　李建緯，〈臺灣媽祖廟現存「御匾」研究：兼論其所反映的集體記憶與政治神話〉，《民俗曲藝》185期，2014年9月，頁8-10。

139　諸葛正〈臺灣木工藝產業的生根與發展過程解讀(1)：文獻中清治時期（1985年以前）所呈現的場景〉，《設計學報》，第10卷4期，2005年，頁113-115。

140　李建緯，《彰化縣古蹟中既存古物登錄文化資產保存計畫》，彰化：彰化縣文化局，2012年，頁294-296。

141　李建緯，〈臺灣媽祖廟現存「御匾」研究：兼論其所反映的集體記憶與政治神話〉，頁9。

142　林永欽，《匾額的修護與保存 —— 以三級古蹟鹿港文開書院「萬世師表」匾為例》，國立臺南藝術大學古物維護研究所碩士論文，2005年。

的匾額，大多以拼接方式製作，其原因實與當時木材原料進口、開採的使用狀況有關，大致可做為判別匾額年代的重要參考依據。[138]清代臺灣使用的木料，以進口福州杉木為大宗，隨著時間的遞移，島內居民也逐漸開始注意到臺灣內山中也深藏著良好木材，其中以樟木、楠木為主，而肖楠、檜木的數量則甚為稀少。[139]

整體說來，竹溪寺「了然世界」匾的拼接方式，應屬於典型清代匾額的作法，但其文字雕刻方式則又屬相當少見的作法。如欲就目前已知的類似案例，用以研判「了然世界」匾所屬可能年代，可舉彰化縣元清觀所藏「慈航慧照」匾為例（圖3-5-17），該匾以三塊橫板拼接，中行四字運用「笑竹式」凹面陰刻而成，製作年代為乾隆二十三年（1758）。[140]到了日治時期，因為臺灣已開始大量開採針葉樹材，像是杉木、檜木等大型巨木，因此有了較多整塊木料切割製成的匾額。[141]以鹿港文開書院所藏「萬世師表」匾為例（圖3-5-18），製作年代為大正三年（1914）。其雕刻方式雖與竹溪寺「了然世界」匾相同，採用「覆竹式」陰刻技法，但匾板則是以整塊樟木製成。[142]

此外，本件匾額之懸掛結構，是以匾額頂部左、右兩處分別釘入鐵環（圖3-5-19），上圖左側所見鐵環形式具有清代構件特徵，而右側鐵釘則為現代製品。另在匾額背面兩側長樺之上，亦分別釘入鐵環（圖3-5-20），然後穿鉤鐵絲，藉以吊掛固定。

覆竹式

平面

圖3-5-12　「覆竹式」技法示意圖

圖3-5-13　立體浮雕效果

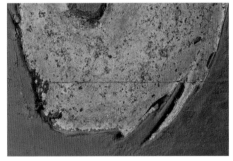

圖3-5-14　書法用筆的飛白效果

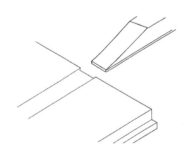

圖3-5-15　「鳩尾榫」拼接示意圖

圖3-5-16　「鳩尾榫」接合狀況

圖3-5-17　彰化縣元清觀所藏「慈航慧照」匾（引自李建緯，2012）

圖3-5-18　鹿港文開書院所藏「萬世師表」匾（圖片提供：李建緯老師）

圖3-5-19　匾額頂部所見鐵環

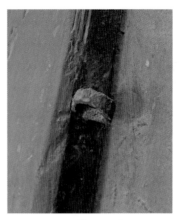

圖3-5-20　長榫側面所見釘環

「了然世界」匾的髹漆應有數層，在木質底以上有一灰白色底漆，第二層應爲紅漆，第三層是灑螺鈿的黑色漆，最後才是一層比較晚的黑色漆（圖3-5-21、圖3-5-22）。至於貼金可能不只一次，除了表層可見貼金外（圖4-5-23），部份較早的貼金上可見有黑漆覆蓋（圖3-5-24）。另有一些金漆塗畫的現象，可能是部份曾經脫落，之後再以金漆塗補。

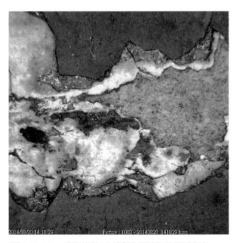

圖3-5-21　顯微放大所見匾額多層髹漆

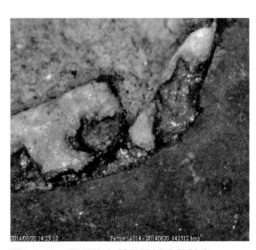

圖3-5-22　顯微放大所見匾額多層髹漆

圖3-5-23　顯微放大所見表層貼金

圖3-5-24　顯微放大所見金漆塗補現象

143　洪敏麟，《臺南市市區史蹟調查報告》，臺中：臺灣省文獻委員會，1979年，頁136。

144　盧嘉興，〈臺灣的第一座寺院──竹溪寺〉，《古今談》，第九期，1965年，頁32-37；盧嘉興，〈竹溪寺沿革誌要〉，《臺南文化》，新二期，1976年，頁68-72。

145　如釋慧嚴，〈臺灣佛教史前期〉，《中華佛學學報》，第八期，1995年，頁273-314；釋自憲，〈府城竹溪寺創建年代之考察〉，《世界宗教學刊》，第19期，2012年，頁167-197。

146　楊惠南，〈竹溪寺創建年代的再商榷〉，《臺灣文獻》，第53卷2期，2002年，頁99-112。

3. 從相關史料推估匾額年代

　　竹溪寺位於臺南市南郊，為臺南市重要史蹟，寺內祀奉三寶佛、釋迦摩尼佛，屬臨濟宗一大寺院。[143]有關竹溪寺興建年代的考證與研究，以臺南盧嘉興先生為代表，盧氏指出竹溪寺應為臺灣第一座佛寺，創建於1660年代的明鄭時期，原稱為「小西天寺」。[144]之後臺灣佛教史研究大多肯定上述一認識，[145]但亦有學者提出質疑，認為明鄭時期沈光文詩文中所提到的「竹溪寺」，或者是有關該寺最早名稱的推斷，皆須再做商榷或提出更多史料論證。[146]

　　至於文獻史料中所見有關竹溪寺的明確紀錄，本研究列舉以下九筆方志紀錄，透過其內容梳理勾勒竹溪寺之發展歷程，同時藉此推估「了然世界」匾額所屬可能年代：

　　康熙三十四年（1695）高拱乾《臺灣府志》，卷九「外志 寺觀 附宮

廟」條載：「竹溪寺：在府治東南數里許，其間林木蒼鬱，溪徑紆迴，最爲勝景，良辰佳節，騷客遊人多會於此。」[147]

關於竹溪寺所附書院之記錄，見於高拱乾《臺灣府志》卷二「規制志 書院」條載：「竹溪書院：爲郡首吳國柱（第二任臺灣知府）建，肖像把焉。守惠政在人，士庶輦石輸材，諭禁不能止，康熙三十二年建（1693）。」[148]

康熙五十九年（1720）陳文達《臺灣縣志》，卷九「雜記誌 寺廟」載：「竹溪寺：距邑治二里許，徑曲林茂，溪流環拱 竹木花果，堪稱勝致，匾其山門曰小西天。」[149]

乾隆十二年（1747）范咸《重修臺灣府志》，卷十九「雜記 寺廟」：「竹溪寺：距邑治二里許。徑曲林幽，清溪環拱，竹木花果，頗稱勝概，顏其山門曰：小西天。寺田，在尖山莊一十二甲；年收租粟爲香火。」[150]

乾隆十七年（1752）王必昌《重修臺灣縣志》載：「竹溪寺：在永康里。康熙三十二年（1693）建，顏曰小西天，徑曲境幽，清溪環抱，有林木花果之勝，香燈田（坐尖山莊）計一十二甲。」[151]

乾隆三十九年（1774）余文儀《續修臺灣府志》，卷十九「雜記 寺廟」：「竹溪寺：距邑治二里許。徑曲林幽，清溪環拱，竹木花果，頗稱勝概；顏其山門曰：小西天。寺田，在尖山莊一十二甲；年收租粟爲香火。」[152]

道光二十二年（1822）《清一統志臺灣府》，「寺觀」載：「竹溪寺：在臺灣縣治東南二里，本朝康熙二十二年（1683）建；林木蒼鬱，溪澗紆迴，遊人多集於此。董天工見聞錄：寺旁門榜曰：小西天。」[153]

147　（清）高拱乾，《臺灣府志》，臺北：臺灣大通書局，1984年，頁221。

148　（清）高拱乾，《臺灣府志》，頁33。

149　（清）陳文達，《臺灣縣志》，臺北：臺灣大通書局，1984年，頁212。

150　（清）范咸，《重修臺灣府志》，臺北：臺灣大通書局，1984年，頁545。

151　（清）王必昌《重修臺灣縣志》，臺北：臺灣大通書局，1984年，頁196。

152　（清）余文儀，《續修臺灣府志》，臺北：臺灣大通書局，1984年，頁645。

153　（清）《清一統志臺灣府》，臺北：臺灣大通書局，1984年，頁32。

154　杉山靖憲，《臺灣名勝舊蹟志》，臺北：臺灣總督府，1916年，頁139。

大正五年（1916）杉山靖憲《臺灣名勝舊蹟志》則說：該「寺距今凡二百三十年，係清康熙二十年代〔二十三年（1683）起至二十八年（1689）間〕臺灣府知府蔣毓英所建。」[154]

155　連雅堂，《臺灣通史》，臺北：眾文圖書公司，1994年，頁587。

大正八年（1918）連雅堂《臺灣通史》卷二二，「宗教志」：「竹溪寺：在大南門外，康熙三十年（1691）建，徑曲林幽，清溪環拱，頗稱勝概，顏其山門曰：小西天。乾隆五十四年（1789），里人蔡和生倡修，嘉慶元年（1796）重修。」[155]

　　藉由以上史料紀錄可知，早在十七世紀末的1690年代中期，位於府城南側的竹溪寺早已頗具盛名，寺院周邊環境清幽，山門有稱「小西天」者，且該寺也成立了相關學術機構「竹溪書院」。而在上述史料中，僅有清末道光年間《清一統志臺灣府》與日治初期《臺灣名勝舊蹟志》這兩筆紀錄，提出了竹溪寺初建於1680年代的說法，但未援引任何具體佐證。

　　至於清代竹溪寺的重修紀錄，則大致集中在十八世紀晚期至十九世紀晚

156　盧嘉興，〈臺灣的第一座寺院——竹溪寺〉，頁36。

期，共歷經四次修建，分別是乾隆五十四年（1789）里人蔡和生倡修；嘉慶元年（1796）黃鍾岳等再募捐重修；嘉慶二十三年（1818）董事劉廷貴復修；最後是光緒十二年（1886）候補通判鮑復康重修。[156]

　　有關竹溪寺「了然世界」匾額年代，如整合前節針對竹溪寺「了然世界」匾額製作工藝的研判，確認其具有清代匾額工藝特徵，再配合上文所述竹溪寺發展歷程與修建紀錄，可以確定「了然世界」匾額的具體年代上限，不會早於十七世紀末，而該寺頻繁重修的時間則在十八世紀晚期至十九世紀晚期，故匾額製作完成並懸掛於寺內的年代下限，自然應是十九世紀晚期的清代末期。

（三）文物重要性

竹溪寺「了然世界」匾額，爲歷來臺南民間所推崇之三大名匾之一，但在過去針對臺南地區匾額文物的調查中，對於「了然世界」匾額的討論，[157]多僅爲簡單一筆帶過。現今透過本研究可知，「了然世界」匾額的製作工藝，具有清代特徵，且額面文字意涵深遠，雕刻形式特殊，技法堪稱精湛。

另一方面，竹溪寺所藏本件傳世匾額，不僅可對應臺南竹溪寺做爲臺灣早期佛教名剎之一的悠久歷史，同時也側面體現了竹溪寺在臺灣佛教史的重要地位。

157 杉山靖憲，《臺灣名勝舊蹟志》，頁139；石陽睢，〈臺南市中、東、南三區的匾聯〉，《臺南文化》，五卷二期，1956年，頁58；桐蜂，〈臺南市廟宇的匾額調查〉，《臺南文化》，新六期，1979年，頁155。

（四）保存現況檢視與建議

「了然世界」匾額原本高懸於竹溪寺主祀三寶佛的正殿之上，近年（本研究2014年於調查時）因竹溪寺寺院主體建築工程整修，故暫移至竹溪寺旁的竹溪會館大廳內懸掛（圖3-5-25、圖3-5-26、圖3-5-27）。

「了然世界」匾額經文物現況檢視後，發現額面第二塊拼板與第三塊拼板之間，有明顯的修補痕，應是拼板日久變形錯位，傷及刻字，故曾經進行了修補加固處理。圖3-5-28爲不可見光紅外線影像，可見「了」（圖3-5-29，紅外線影像見圖3-5-30）、「然」（圖3-5-31，紅外線影像見圖3-5-32）、「世」、「界」（圖3-5-33，紅外線影像見圖3-5-34），各字中段皆有灰色塗層修補痕。圖3-5-35爲顯微放大觀察所見灰色塡補塗層質地。另以不可見光紅外線觀察匾額背面，明顯可見多道深色塡補塗層修復痕（圖3-5-36、圖3-5-37）。

以上所述第二塊拼板與第三塊拼板之間字體修補塗層，仍見龜裂狀況持續出現，故建議日後應著手進行更爲科學性的文物保護與修復。此外，本件匾額之懸掛結構，是以匾額頂部釘入兩處鐵環、匾額背面兩側長榫釘入鐵環，然後穿鉤鐵絲，藉以吊掛固定。由於匾額重量頗大，故應注意懸掛結構之穩固與安全性，以避免匾額掉落損毀。

圖3-5-25、圖3-5-26　竹溪會館大廳與匾額懸掛位置　　　　圖3-5-27　拆卸匾額工作

圖3-5-28　「了然世界」正面紅外線影像

圖3-5-29　「了」字細部　　　圖3-5-30　「了」字紅外線　　圖3-5-31　「然」字細部
　　　　　　　　　　　　　　　　　　　　影像

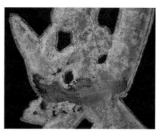

圖3-5-32　「然」字紅外線影像　　圖3-5-33　「界」字細部　　圖3-5-34　「界」字紅外線影像

圖3-5-35　顯微放大下可見灰色填補塗層　　圖3-5-36　反面填補塗層修復痕（紅外線影像）

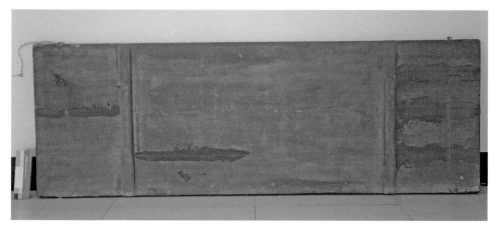

圖3-5-37　「了然世界」反面紅外線影像

六、清代吏治箴言匾

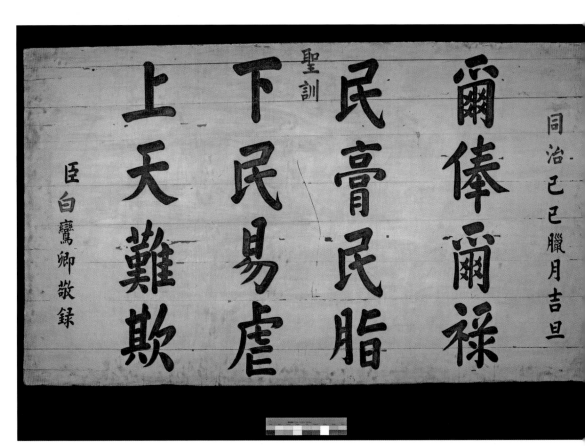

圖3-6-1 「吏治箴言匾」正面

　　臺南市鄭成功文物館藏「清代吏治箴言匾」，鄭成功文物館館藏序號
1096，財產編號504103。2007年3月5日公告為「一般古物」，公告文號
09618503390。以下則就文物特徵描述、文物內容考證（白鷺卿治臺事蹟與
相關文物、吏治箴言匾之由來）、文物形制分析、文物傳世過程、文物重要
性，以及保存現況檢視與建議，共六節內容分述。

（一）文物特徵描述

匾額呈長方形，由九塊長方木板拼接而成，全長276.8公分，寬146.7公分，厚2.4公分，板面由右至左，以「覆竹式」技法陰刻豎寫楷書，共四行十六字，內容爲：「爾俸爾祿，民膏民脂，下民易虐，上天難欺」。板面正中上方有陰刻豎寫「聖訓」二字。匾板正面髹白色漆料，箴言字內髹黑漆，「聖訓」二字髹紅漆（圖3-6-1；紅外線影像見圖3-6-2）。

板面右側上款署：「同治己巳（1869）臘月吉旦」。左側下款落：「臣 白鸞卿敬錄」。款文中「同治」與「白」字髹紅漆，其餘髹黑漆。

匾額背面可見四條條形長樺（閂樺），樺接固定各板，兩側樺條上有多處鐵環，各板上下以梯形結構樺接（圖3-6-3）。

（二）文物研究與考證

1. 白鸞卿治臺事蹟與相關文物

白鸞卿，字仲安，河南懷慶府河內人。咸豐七年6月（1857）任臺灣嘉義縣笨港縣丞。白鸞卿上任後，即於該年同月獻贈新港奉天宮「福庇雁行」匾（圖3-6-4），匾額下款題稱：「昔松溪先兄即眞於斯卿，現蒙憲署理斯篆，仰叩神佑，綏我雁行，不僅造萬民已也，咸豐七年六月吉旦，署笨港縣丞白鸞卿題」。

咸豐十年2月（1860）白鸞卿調升臺灣縣知縣，後於同治元年（1862）調署嘉義縣知縣。時值彰化發生戴潮春事變，嘉義縣城兩次遭圍，團練賴時輝率義勇，協助知縣白鸞卿、參將高得陞守城。[158]白鸞卿與當地仕紳詣城隍廟，矢志守城，神示戴匪之圍可解，已而果然。事後白鸞卿就向城隍廟敬獻了「至誠前知」匾額（圖3-6-5）。[159]匾額下款特述其事緣由：

158 趙璞主修，《嘉義縣志》，嘉義縣：嘉義縣政府，1977年，頁161。

159 洪波浪、吳新榮主修，《臺南縣志》「卷八人物志」，臺北：成文出版社，1983年，頁57。

壬戌三月，彰邑倡亂，我邑民心莫定，因率在城紳商禱於神，蒙賜籤詩云：有禍不成殃，嗣果被圍，至七月之久，辛獲保全，益信神

圖3-6-2　「吏治箴言匾」紅外線影像

圖3-6-3　「吏治箴言匾」反面

靈，前知其默佑爲不爽也。署嘉義縣知縣白鸞卿敬立，同治三年仲春月穀旦。

戴潮春之亂平息後，沈葆楨於同治十三年（1874）十二月初五日，奏請加封嘉義城隍神，以感其祐護城池之恩，在當時所上奏之〈請加封嘉義城隍神摺〉中，詳述了該事之始末：

> 同治元年彰化戴逆倡亂，圍撲嘉城，紳士等恭請神位於城樓，虔誠籲禱，五月十一夜，地忽大震，雉堞傾頹而城垣無恙，兵民得以保全，咸稱神佑；九月間，戴逆復撲嘉城，眾心驚慌，告廟敬占休咎，蒙神默示平安，人心遂定，兵民竭力誓守，復保危城：此皆該令署事任內所目擊者。[160]

白鸞卿在戴潮春之亂中，守城有功，受到清廷的褒獎。《清實錄》同治四年（1865）正月內容載：「以福建台灣府境肅清。予知縣白鸞卿以同知直隸州知州用。與都司傅廷玉等均賞花翎。」[161]隨後在同治五年1月（1866），白鸞卿再任臺灣知縣，白氏在其任內主動：「懸匾於縣署，文曰：『爾俸爾祿，民膏民脂；下民易虐，上天難欺。』以爲自鍼」。[162]而白氏所懸掛之「匾」，即爲臺南鄭成功文物館所收藏的這件傳世古物－「吏治箴言匾」。

　　另有一件製作年代同於上述「吏治箴言匾」的「樑籤」（圖3-6-6），同樣爲鄭成功文物館所收藏文物，籤面提字：「大清同治己巳年（1869）臘月吉日，賞戴花翎，補用知府即補同知直隸州，知臺灣縣事，白鸞卿重建」。[163]可知白鸞卿曾在這件「樑籤」

160　（清）沈葆楨，《福建臺灣奏摺》〈請加封嘉義城隍摺〉、〈補請義民潘締等卹典片〉，臺北：臺灣銀行經濟研究室，1959年，頁19-20。

161　《清實錄》第四八冊，〈穆宗毅皇帝實錄〉卷一二七，北京：中華書局，1987年，頁24。

162　張子文、郭啓傳、林偉洲，《臺灣歷史人物小傳——明清暨日據時期》，臺北：國家圖書館，2003年，頁85。

163　「樑籤」籤面題字之中，「同治」、「賞」、「鸞卿」五字爲朱書，其餘文字爲墨書。

上，署明自己在1865年所受之獎賞與官銜榮職。

　　所謂的「樑籤」，是一種記銘題字的長條木板，上端籤頭呈葫蘆形，塗刷朱色；中、下端爲籤身，多塗刷白色。板身以毛筆書寫宮廟新建或重建年代，以及捐獻者姓名和金額。在古代官衙、宮廟以及公共場所新建或修告竣時，會將「樑籤」橫釘於樑木之下，流傳後世，以資紀念。[164]根據朱鋒先生研究可知，鄭成功文物館所收藏之「樑籤」，爲今日臺南市成功國小（原清代臺灣縣衙遺址）在民國十八、九年間（昭和四、五年；1929-1930）建蓋教堂（筆者按：應爲「教室」之誤植），將原有縣衙殘餘房舍拆毀時，取下「樑籤」，並將其轉贈予臺南市歷史館（即今鄭成功文物館前身）。

164　朱鋒，〈臺灣的樑籤〉，《臺灣風物》，第15卷1期，1965年，頁23-24。

　　鄭成功文物館所藏「樑籤」，爲白鷺卿擔任臺灣縣知縣的第四年，即同治己巳年臘月（1869年12月）重建臺灣縣衙時所製作，而「吏治箴言匾」之署款時間，同樣爲：「同治己巳（1869）臘月」，故兩件文物相當有可能爲同一時間所製作，並在臺灣縣衙重建完成之後，前者釘於建築樑木之下，後者則「懸匾於縣署」之內。

　　有關於白鷺卿在臺灣知縣任內的治蹟，以及白氏最後被革職撤任之事，可見於大正八年（1918）連橫《臺灣通史》卷十二「刑法志」：

165　連橫，《臺灣通史》（上冊）「卷十二刑法志」，臺北：臺灣大通書局，1984年，頁288。

　　光緒初，白鷺卿爲臺灣知縣，善治盜，又設各種刑具，輕者斷指，重則殛斃，群盜屏迹。鷺卿以皀總李榮爲耳目，盜莫得逃。榮遂怙權納賄，攬詞訟。巡撫丁日昌諗其惡，誅之，一時吏治整肅。[165]

白鷺卿採用嚴刑重典治理臺灣縣，致力於肅清盜患，但另一方面，他卻又縱容下級屬吏，怙權納賄，造成了當時相當大的民怨。

光緒元年（1875）丁日昌任福建巡撫兼福州船政大臣，當時的臺灣仍屬福建省管轄，故丁日昌於任職期間的1875年冬和1876年冬，兩次赴臺巡視，[166]他認為當時的臺灣吏治黑暗，故在其上呈光緒皇帝的奏稿中提到：「台灣吏治黯無天日，牧令能以撫字教養爲心者不過百分一二，其餘非耽安逸，即剝削膏脂」。[167]丁日昌遂藉其赴臺巡視之時，銳意針對臺灣吏治進行了整頓，例如光緒三年（1877）他就在視察臺南途中，懲辦了白鸞卿轄下的「蠹役」林陞：

> 臣項巡視臺南回郡，沿途訪聞臺灣縣役林陞，從前本系賊黨，充役後遇事索詐，眾怨切齒；當飭該縣密拘到案訊辦。旋據臺防同知兼理臺灣府事孫壽銘稟覆：以林陞充役有年，鄉民被詐者指不勝屈；且查其家資頗富，自系索詐民財，以填慾壑。應即儘法懲辦，以儆其餘。

丁日昌在查知實際情況後，批飭臺灣道夏獻綸提訊審明，隨即做出了明快處置：「即將蠹役林陞一名，立斃杖下，其時萬眾聚觀，咸謂地方從此除一巨害，無不同聲稱快。」[168]

　　而在此次事件中，丁日昌認為白鸞卿身為臺灣縣父母官，卻放縱屬下差役，[169]橫行妄爲，索詐民財，故將白鸞卿立即撤任，丁日昌極度氣憤地在上陳慈禧太后與光緒皇帝的奏稿中提到：

> 臺灣知縣白鸞卿，蒞任十有餘年，一任差役妄爲，毫無聞見；實屬

166　林其泉，〈略論丁日昌在臺灣的吏治整頓〉，《廈門大學學報：哲社版》，1992年第2期。

167　（清）丁日昌，〈撫閩奏稿〉卷三「參撤嘉義縣片」，收於《丁中丞（日昌）政書》，臺北：文海出版社，1980年，頁481-482。

168　（清）丁日昌，〈撫閩奏稿〉卷三「懲辦蠹役片」，《丁中丞（日昌）政書》，臺北：文海出版社，1980年，頁518-519。

169　連橫所稱白鸞卿轄下皂吏為「李榮」，而丁日昌則稱該差役為「林陞」，二人所記罪吏姓名有異，但所述應為同一事件。筆者認為應以當事人丁日昌所言為準。

170 （清）丁日昌，〈撫閩奏稿〉卷三「懲辦蠹役片」，頁518-519。

171 （清）朱壽朋，《光緒朝東華續錄選輯》，卷十五（光緒十五），1997年，頁24。

不勝首要之職！應即一併撤任；如查有故縱情弊，再行嚴參。[170]

另在《光緒朝東華續錄選輯》中，也記載了光緒三年白鸞卿遭革職查辦之事：「辛巳（二十五日），丁日昌奏懲辦蠹役，並將台灣縣知縣白鸞卿撤任；報聞。」[171]

白鸞卿自1857年至臺任官，至1877年遭撤職，歷任嘉義縣笨港縣縣丞、嘉義縣知縣、臺灣縣知縣，時間長達二十年。白氏任職嘉義縣期間，守城有功；而治理臺灣縣時，採用嚴刑肅清盜患，同時又於衙署懸掛「吏治箴言匾」，藉以自我警惕。但最後卻因為縱容所屬縣役，橫行虐民，妄為索詐，最後遭到撤職，官譽盡失。

白鸞卿相關文物內容	年代	任官
圖3-6-4　嘉義新港奉天宮「福庇雁行」匾（圖片提供：李建緯老師）	咸豐七年六月（1857）	笨港縣丞
圖3-6-5　嘉義城隍廟「至誠前知」匾（圖片提供：李建緯老師）	同治三年仲春月（1864）	嘉義知縣

白鷺卿相關文物內容	年代	任官
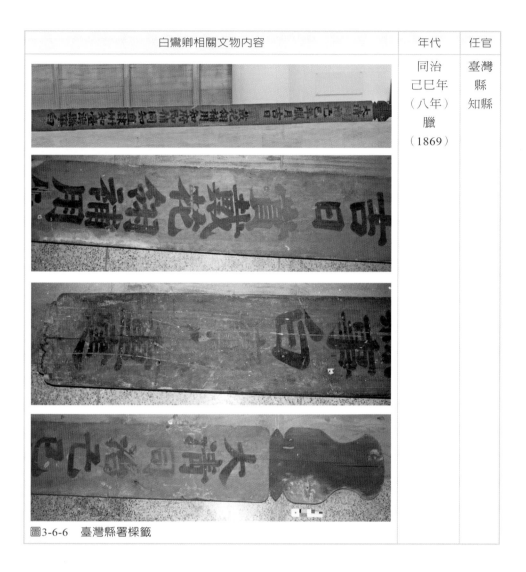 圖3-6-6　臺灣縣署樑籤	同治 己巳年 （八年） 臘 （1869）	臺灣 縣 知縣

2. 吏治箴言匾之由來

「吏治箴言匾」，又稱《戒石銘》，其銘文最早出自五代後蜀國君孟昶，於廣政四年（941）親筆所作之《頒令箴》：

　　朕念赤子，旰食宵衣。言之令長，撫養惠綏。政存三異，道在七

172 （宋）洪邁，《容齋續筆》，上海：商務印書館，1934年，頁2。

173 引同上註。

174 （元）脫脫等撰，《宋史》卷四「太宗本紀一」，北京：中華書局，1977年，頁70。

175 徐梓，〈戒石銘及其流傳考〉，《文獻季刊》，第三期，2004年7月，頁232。

176 （宋）李心傳，《建炎以來繫年要錄》卷五十五，上海：上海古籍出版社，2008年，頁739。

177 （宋）王應麟，《玉海》卷三十一「太宗戒石銘」，收於《景印文淵閣四庫全書》第九四三冊子部類書類，臺北：臺灣商務印書館，1983年，頁741。

178 王朝網路，〈禦制戒石銘〉，網址：http://tc.wangchao.net.cn/baike/detail_2398797.html（點閱時間：2015.6.2）

絲。驅雞爲理，留犢爲規。寬猛得所，風俗可移。無令侵削，無使瘡痍。下民易虐，上天難欺。賦輿是切，軍國是資。朕之賞罰，固不踰時。爾俸爾祿，民膏民脂。爲民父母，莫不仁慈。勉爾爲戒，體朕深思。[172]

入宋以後，宋太宗從中擷取了四句十六字：「爾俸爾祿，民脂民膏；下民易虐，上天難欺。」以賜郡國，立於廳事之南，謂之《戒石銘》。[173]關於太宗頒佈《戒石銘》的記錄並不明確，後世一般大多根據《宋史》〈太宗本紀〉所載：太平興國八年（983）所頒之《外官戒諭辭》，[174]認爲《外官戒諭辭》即爲《戒石銘》，而其主要訓誡對象，是相對於京城官員以外的州縣官或地方官，也就是所謂的親民官。[175]

南宋時，高宗紹興二年（1132），《戒石銘》再度被頒示：「癸巳，頒黃庭堅所書太宗御制戒石銘於郡縣，命長吏刻之庭石，置之座右，以爲晨夕之戒。」[176]故可知戒石所刻字體，爲臨摹黃庭堅之書法。另又有「太宗戒石銘」之稱，見於王應麟《玉海》載：「紹興二年六月癸巳詔有司，摹黃庭堅所書太宗戒石銘……。」[177]有關上述黃庭堅所書「太宗戒石銘」之實物，例見江西省泰和縣博物館所存，清代模其拓本重刻之《御制戒石銘》（圖3-6-7）。[178]大體說來，宋代以後《戒石銘》遍佈於全國的州縣大衙，而《戒石銘》的內容與規制，也大致被沿用下來。

圖3-6-7　黃庭堅快閣戒石銘碑拓本（引自註178網址資料）

　　到了元代，除沿用前例，建碑寫銘之外，又有了「戒石亭」的增建。[179]進入明代以後，則是將「戒石銘」立之於甬道，明郎瑛在《七修類稿》的「戒石銘」中稱：

> 戒石銘始於蜀王孟昶，頒令箴於天下州邑……。本朝則立於甬道也。至元癸巳，吾漸漸西別有四句：天有昭鑒，國有明法。爾畏爾謹，以中刑罰。[180]

　　此外，在明清時期也開始出現了「戒石銘」與其他官箴混用的現象，如「公生明」即為一例。所謂「公生明」三字，概取自《荀子》〈不苟〉篇：「公生明，偏生暗」，意指公正無私，則能明察事理。[181]清代朱象賢《聞見偶錄》稱：

> 今凡府州縣衙署，於大堂之前正中，俱立一石，南向刻公生明三字；北向刻：爾俸爾祿，民膏民脂，下民易虐，上天難欺。[182]

　　至於當時所留下之相關建築實物，可見於河南省

179　徐梓，〈戒石銘及其流傳考〉，《文獻季刊》，第三期，2004年7月，頁236。

180　（明）郎瑛，《七修類稿》詩文卷三十二，收於《續修四庫全書》子部雜家類，上海：上海古籍出版社，2002年，頁220。

181　王雪玲，〈戒敕與戒石銘〉，《金石從話》，頁110。

182　（清）朱象賢，《聞見偶錄》，收於《叢書集成續編》第二一三冊，臺北：新文豐出版社，1989年，頁9-10。

平頂山市葉縣所保留的明代縣衙建築，在大堂前甬道正中，樹立石碑，上題「御制戒石銘，爾俸爾祿，民脂民膏，下民易虐，上天難欺，黃庭堅」（圖3-6-8）。[183]此外，也有「戒石銘」與清朝皇帝聖諭箴言合用之例，如康熙皇帝所題『清愼勤』三字，刻石賜內外諸臣。[184]

另一方面，相關建築除了「戒石亭」之外，也有易「亭」爲「坊」的做法，因爲有官員認爲戒石導致了出入不便，故改以「牌坊」的形式構築，像是清人朱象賢在《聞見偶錄》中就提及：

> 或有惡其中立，出入必須旁行，意欲去之。……曾見易以牌坊者，南北兩向，照依石刻字樣書寫，以代立石。[185]

有關這種「戒石銘」牌坊的確切形式，例見於清光緒年間江蘇《贛榆縣志》的縣衙圖，圖中可見縣衙儀門的後方，建有一座「公生明」的牌坊（圖3-6-9）。[186]另有實體建築尚存者，例如坐落於今日河北省保定市「直隸總督衙署」的公生明牌坊，保存了典型清代戒石牌坊的建築形式（圖3-6-10、圖3-6-11）。[187]

清朝雍正皇帝曾言：「吏治之本在州縣」，[188]可見清代帝王對於州縣吏治清廉之重視。白鷺卿做爲清朝的縣級地方官員，是最爲貼近人民百姓的父母官，故特意製作「吏治箴言匾」，藉以自我惕勵，領受國恩俸祿，切莫「民膏民脂」，但結果卻事與願違，最後卻是以「縱下虐民索詐」之過，遭到撤任。

183　夏然蔚，〈葉縣縣衙「公生明」石碑〉，網址：http://gujiyou.abang.com/od/ancientruin/ig/yexianxianya/gongshengminghtm（點閱時間：2015.6.2）

184　（清）王士禎，《古夫于亭雜錄》卷一「御書賜臣」，北京：中華書局，1997年，頁25。

185　（清）朱象賢，《聞見偶錄》，頁9-10。

186　陳同濱等主編，《中國古代建築大圖典》，北京：今日中國出版社，1996年，頁351。

187　大槐樹下好乘涼，〈保定第一名勝——直隸 督署〉，網址：http://blog.sina.com.cn/s/blog_72483acb0102vkwd.html（點閱時間：2015.07.22）

188　田寶玉，〈保定直隸總督公生明牌坊小考〉，《文物春秋》，2011年5月，頁51。

圖3-6-8　明代葉縣古縣衙御製戒石銘
（引自註183網址資料）

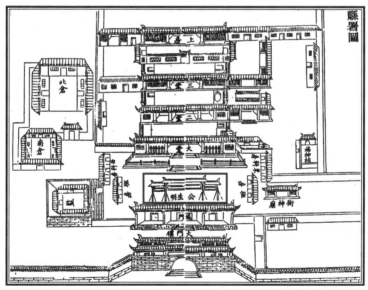

圖3-6-9　光緒贛榆縣志縣署圖（陳同濱等，1996）

圖3-6-10　保定直隸總督署公生明牌坊（引　　圖3-6-11　河北保定直隸總督署公生明牌坊
　　　　　自註187網址資料）　　　　　　　　　　　　（引自同前）

（三）文物形制分析

「吏治箴言匾」全長276.8公分，寬146.7公分，厚2.4公分，尺寸如此
碩大之清代木質匾額，實屬少見。匾額板面刻有「同治己巳（1869）臘月

189　萬煜瑤，《傳
統木雕圖稿工法研
究──施鎮洋藝師鹿
港施鎮洋木雕傳習計
畫（第一至四期）全
集》；另見林永欽，
《匾額的修護與保
存──以三級古蹟鹿港
文開書院「萬世師表」
匾為例》，頁18-19。

吉旦聖訓爾俸爾祿民膏民脂下民易虐上天難欺臣白
鷺卿敬錄」共三十二字，以楷書寫成，字的間距與
布局均勻，中規中矩。刻字運用陰刻「覆竹式」技法
雕成（圖3-6-12），所謂「覆竹式」，是指陰刻槽內
的字體所呈現浮雕效果，特徵類似覆瓦，其施作方
式是以刻刀沿文字邊緣垂直刻下，字內則是以兩側較
低（刻去部份較多），中央較高（刻去部份較少），
從而形成陰刻字內的立體浮雕效果，[189]見圖3-6-13、
圖3-6-14。

有關本件匾額所使用的木料，經取樣檢測後可知為杉木。（見附件
一）至於其額面的拼裝組成方式，是以九塊長方橫板垂直拼接而成。匾板正
面髹白色漆料，所髹塗料應有多層（圖3-6-15），透過顯微放大儀器觀察，可
見下層所塗佈之基底材呈現色澤較白，材質可能以碳酸鈣為主（圖3-6-16）。
至於刻字部份，則是「聖訓」、「同治」、「白」共五字髹紅漆，其餘箴言
與署款內容則髹黑漆。

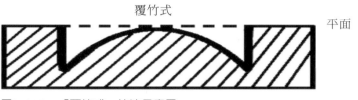

圖3-6-12 「覆竹式」技法示意圖

圖3-6-13 立體浮雕效果

圖3-6-14 立體浮雕效果

圖3-6-15 紫外線光影像呈現多層白色漆料

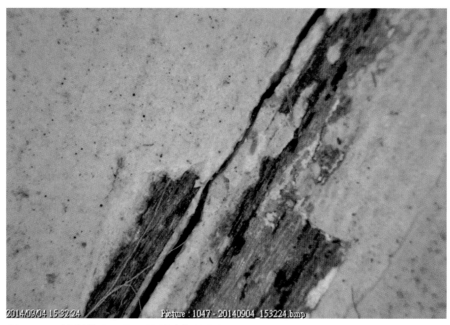

圖3-6-16　顯微放大可見下層所塗佈基底材呈現較白色澤

　　匾額背面則無髹漆，背面以四條垂直平行的長榫（又稱閂榫），固定九塊長方橫板（圖3-6-17），長榫上、下兩側呈斜面收減（圖3-6-18）。而九塊橫板之間，各板上、下兩側以梯形結構榫接（圖3-6-19）。兩側的榫條上共有六處鐵環（圖3-6-20），是用來懸掛匾額，鐵環以鐵絲穿鉤，藉以吊掛固定（圖3-6-21、圖3-6-22）。

　　目前所知類似臺南鄭成功文物館所藏清代「吏治箴言匾」相關內容之「戒石銘」文物，大致是以石質與木質文物為主，至於其結構形式，則可以分為「戒石牌坊」與「戒石碑刻」共兩種。

　　第一種「戒石牌坊」，石質與木質皆有，典型實例可舉河南內鄉縣衙的石質牌坊（圖3-6-23、圖3-6-24）[190]，以及前文所引之河北保定直隸總督署的木質牌坊（圖3-6-10、圖3-6-11），二者的文字排

190　江南風，〈河南──南陽內鄉縣衙（2）〉，網址：http://xuefr.blog.163.com/blog/static/8423942015379742 933（ 點 閱 日 期 ：2015.07.22）

圖3-6-17　四條垂直平行長榫

圖3-6-18　長榫上

圖3-6-19　梯形結構榫接

圖3-6-20　榫條上六處
　　　　　鐵環

圖3-6-21　榫條上六處鐵環

圖3-6-22　榫條上六處鐵環

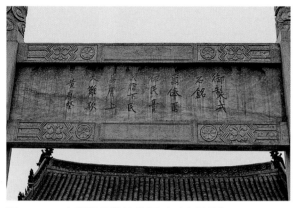

圖3-6-23　內鄉縣衙牌坊南面（引自註　　圖3-6-24　內鄉縣衙牌坊北面（引自同前）
190網址資料）

列模式相同，牌坊南面是由右至左橫寫「公生明」三字，牌坊北面則是由右
至左豎寫，八行二十四字：「御制戒石銘，爾俸爾祿，民膏民脂，下民易
虐，上天難欺，黃庭堅」。「戒石牌坊」所書刻文字的字體，大多模仿黃庭
堅字體（見上文圖3-6-7），其橫筆側斜而修長，撇捺向外自由伸展，呈現
了典型黃庭堅書風中，相當具有個人特色的行楷用筆。

　　至於第二種「戒石碑刻」，則是以石質碑刻為主，可依其內容再細分為
兩類：

　　第一類表現文字形式與「戒石牌坊」相同，皆為兩面書寫，一面「公
生明」三字，另一面為臨摹黃庭堅之「御制戒石
銘」，實例可見前文所提到的明代葉縣古縣衙
（圖3-6-8）。

　　第二類形式比較單純，僅以單面豎寫四行
十六字，例如今日日本福島二本松市所保存之
花崗岩戒石銘，為寬永二十年（1643）所刻，
目前已被訂為日本國家指定史蹟（圖3-6-25、
圖3-6-26）。[191]另有在碑額加上「聖諭」兩字
者，如武夷山所發現傳為宋代文物的戒石銘石

191　〈旧二本松藩戒石銘
碑〉，網址：http://4travel.jp/
domestic/area/tohoku/fukushima/
nihonmatsu/nihonmatsu/nature/
10012612/（點閱日期：
2015.07.22）；〈国指定史
跡「戒石銘」〉，網址：
http://www.city.nihonmatsu.lg.jp/
soshiki/54/402.html（點閱日
期：2015.07.22）

刻，碑額有橫寫「聖諭」兩字（圖3-6-27）。[192]另在安徽省清代《嘉慶合肥縣志》所刊載的「縣署圖」中，也可發現「戒石牌坊」直接被稱為「聖諭」的圖像案例（圖3-6-28），[193]這些石刻的字體皆為工整的楷書，少見黃庭堅書體風格。

臺南鄭成功文物館所收藏之「吏治箴言匾」，字體屬工整楷體，豎寫四行十六字，匾額上部正中豎寫「聖訓」兩字，故其類型大抵屬於上述第二種「戒石銘」的形式，「聖訓」之意同於「聖諭」，同樣為皇帝頒佈的箴言，南宋時王十朋詩詞中曾可見類似說法：「爾俸爾祿民膏脂，下民易虐天難欺。聖訓昭昭日月垂，刻石於庭勵官師……」。[194]因此，戒石銘的內容，在過去也可被稱之為「聖訓」。臺南鄭成功文物館所藏之「吏治箴言匾」，屬木質牌匾，尺寸碩大，其內容可歸於上述「戒石銘」分類中第二種第二類之形式。

（四）文物傳世過程

有關「吏治箴言匾」在同治八年（1869）完成後迄今的流傳歷程，曾有研究指出該匾被懸掛於臺灣縣縣署，而該縣署之所在位置，即現今臺南市中西區赤崁樓旁的成功國小（圖3-6-29）。[195]

到了日治時期，因為拆除改建之故，「吏治箴言匾」可能輾轉被放置於縣署旁的蓬壺書院。[196]「蓬壺書院」的前身為「引心書院」，光緒十二年（1886）知縣沈受謙遷建該書院於赤崁樓旁，遂改稱蓬壺書院。[197]在二十世紀前半的日治時期，蓬壺書院與一部份的臺灣縣署遺址，被充為日軍衛戍醫院

192　趙建平，〈武夷山發現宋代「戒石銘」〉，網址：http://www.wuyiguide.com/big5/guide/info/166.htm（點閱日期：2015.07.22）

193　陳同濱等主編，《中國古代建築大圖典》，北京：今日中國出版社，1996年，頁327。

194　（宋）王十朋，《梅溪後集》卷十二，收於《景印摛藻堂四庫全書薈要》集部別集類第四八冊，臺北：世界書局，2012年，頁382-383。

195　洪敏麟，《臺南市市區史蹟調查報告書》，臺中：臺灣省文獻會，1979年，頁77。

196　洪敏麟《臺南市市區史蹟調查報告書》中提到：「蓬壺書院存有白鸞卿所書：爾俸爾祿，民脂民膏；下民易虐，上天難欺」匾額。見氏著，頁114。

197　引同上註，頁114。

圖3-6-25　本福島二本松市戒石銘（引自註191網址資料）

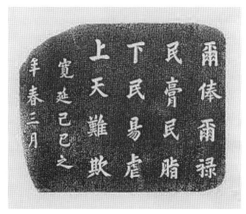

圖3-6-26　二本松市戒石銘拓本（引自同前）

圖3-6-27　武夷山傳宋代戒石銘（引自註192網址資料）

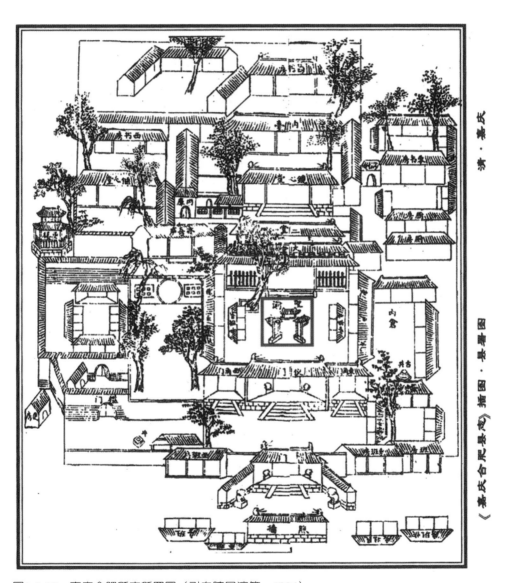

圖3-6-28　嘉慶合肥縣志縣署圖（引自陳同濱等，1996）

圖3-6-29　臺灣縣署舊址（引自　圖3-6-30　日治時期衛戍醫院舊照（圖片提供：國家圖書館）
洪敏麟，1979）

198　國家圖書館閱覽
組編，《日治時期的
臺南》，臺北：國家
圖書館，2007年，頁
47、86。

199　石暘睢，〈臺
南市中東南三區的區
聯〉，《臺南文化》
第五卷第二期，1956
年，頁63。

（圖3-6-30）。[198]而「吏治箴言匾」就被日本臺南州
當局移交給了歷史館保存。[199]

（五）文物重要性

　　「清代吏治箴言匾」是目前臺灣所見唯一的一件
「戒石銘」文物，且製作者與製作年代明確，爲清同
治八年（1869）臺灣縣知縣白鸞卿所製。匾額由九
塊長方橫版拼組而成，全長達276.8公分，寬146.7公
分，尺寸碩大，頗爲罕見。

　　「戒石銘」起於宋代，爾後歷朝也繼續援用，並且衍生出多種形式，例
如「戒石亭」、「戒石牌坊」，或與其他官箴合用，顯示了中國歷朝歷代對
於地方吏治的重視。臺南市鄭成功文物館所收藏的「吏治箴言匾」，不僅繼
承了中國官方「戒石銘」的傳統，而在形制與尺寸上，也呈現一些清代臺灣
官方刻匾的特殊面貌。

　　白鸞卿自咸豐七年（1857）任臺灣嘉義縣笨港縣縣丞，至光緒三年
（1877）任臺灣縣知縣時遭撤職，在臺任官共二十年。其間歷經了戴潮春

事變，之後他一方面嚴刑重懲以肅清盜患，同時又懸掛匾「吏治箴言匾」，期許自身樹立清正廉潔的新氣象。但是白鸞卿最後卻因爲縱容所屬縣役，橫行虐民、妄爲索詐而遭到撤職，頗爲諷刺。另一方面，白鸞卿治臺之功過及其製作「吏治箴言匾」的事蹟，也成爲了體現清朝統治之下臺灣吏治問題的一面重要縮影。

（六）保存現況檢視與建議

「清代吏治箴言匾」經文物現況檢視後可見以下數項損壞狀況：匾額正面兩側與下部邊緣，有明顯棕色髒污痕跡（見圖3-6-31紅框處），應是長期持拿搬動時，手部髒污與油脂附著所造成。匾額正面之表面有數處小面積漆層片狀剝落，剝落處可見木質板材（圖3-6-32）。

另在匾額正面刻字第二行「膏、民」二字之左側，第三行「民、易」二字之右側，有一條細長刮痕（見圖3-6-33紅框處），應爲硬物刻刮造成，透過顯微放大可見刮痕中心已見木質板材，兩側則見兩層塗漆剝落斷裂之痕跡（圖3-6-34）。

透過紫外線攝影儀器檢視匾額正面，明顯可見多處黃色污漬流淌的痕跡（圖3-6-35）。而在匾額右側邊緣，則是透過紫外線不可見光影像，顯示了黃色污漬漬斜向潑濺的痕跡（圖3-6-36）。

透過紅外線不可見光影像觀察匾額正面，可見板面右側上款「同」字上方，顯示補髹漆漆層塗佈痕跡（見圖3-6-37紅框處）。

匾額背面左側中段邊緣，可見梯形刻槽，應是木料預留榫槽結構（圖3-6-38）。故可推斷本件匾額製作之時，可能取用了其他木質構件的舊材。

另在匾額背面左側上段邊緣，有兩處蛀蟲蛀蝕損傷（圖3-6-39），且可見相當數量蟲體排遺（圖3-6-40），建議儘速委託文物保護專家進行處理確認。

　　本件匾額之懸掛結構，是以匾額背面長榫，榫接固定各板，兩側榫條上有多處鐵環，穿鉤鐵絲，藉以吊掛固定。由於匾額重量頗大，故應注意懸掛陳列之穩固與安全性，以避免匾額掉落損毀。

圖3-6-31　匾額正面棕色髒污痕跡

圖3-6-32　漆層片狀剝落

圖3-6-33 細長刮痕

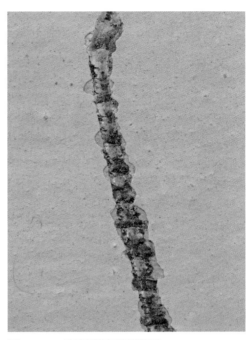

圖3-6-34 兩側塗漆剝落斷裂

圖3-6-35 紫外線影像所見額面多處黃色污漬流淌痕跡

圖3-6-36　紫外線影像所見黃色污漬漬斜向潑濺痕跡

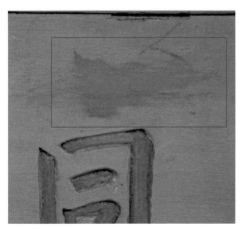

圖3-6-37　紅外線影像所見補髹漆漆層塗佈
　　　　　痕跡

圖3-6-38　梯形榫槽預留結構

圖3-6-39　匾額背面邊緣蛀蟲蛀蝕損傷　　圖3-6-40　蟲體排遺

七、天壇「一」字匾

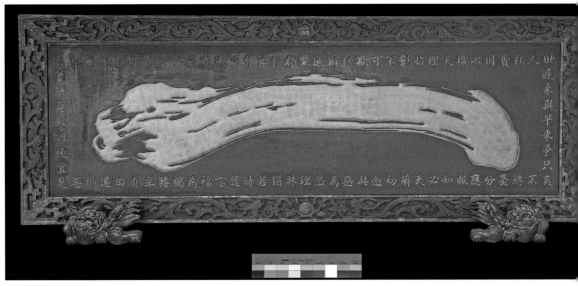

圖3-7-1　文物可見光影像

（一）文物特徵描述

臺南市臺灣首廟天壇所藏「一」字匾，2009年2月5日公告為「一般古物」，文號：南市文資字第09818543330號。匾額正面由一整塊木料雕刻而成，外有邊框，長186.3公分，寬66.8公分，高4.3公分，額面正面中央部份，刻有楷書「一」字，字面以陰刻「覆竹式」技法雕成，字內貼金，板面髹黑漆（圖3-7-1）。

額面「一」字以外靠近邊框處，四面圍繞七言絕句楷書陰刻小字，由右上角起始，以逆時針方向排列，上下橫寫，左右豎寫，字內貼金（圖3-7-1、圖3-7-2、圖3-7-3），共八十四字：

世人枉費用心機，天理昭彰不可欺，任爾通盤都打算，有餘殃慶總難移，盡歸善報無相負，盡歸惡報誰便宜，見善則遷由自主，轉禍為福亦隨時，若猶昧理司為惡，此念初萌天必知，報應分毫終不爽，只爭來早與來遲。

　　匾額邊框裝飾浮雕螭龍紋，上下邊框正中有火珠，兩側雙龍相對，邊框
髹紅漆，框緣貼金（圖3-7-4、圖3-7-5、圖3-7-6）。匾額下部嵌座於二件立
體高浮雕獅形匾座之上（圖3-7-7、圖3-7-8）。匾額背面可見四條垂直平行
長榫拼接固定，以防止匾額結構變形走位。（圖3-7-9、圖3-7-10）

（二）文物研究

1. 文物內容分析

　　天壇主祀玉皇上帝，「一」字匾懸掛於正殿簷廊之上，額面以楷書一字

圖3-7-2　正楷小字局部　　　　　　圖3-7-3　正楷小字局部　　圖3-7-4　文物邊框
　　　　　　　　　　　　　　　　　　　　　　　　　　　　　　　　　　裝飾局部

圖3-7-5　文物邊框裝飾局部　　　　圖3-7-6　文物邊框裝飾局部

圖3-7-7　匾額下嵌獅形匾座

圖3-7-8　匾額下嵌獅形匾座局部

圖3-7-9　匾額背面左側紅外線影像局部

圖3-7-10　匾額背面右側紅外線影像局部

為主體，起筆頓挫後已見飛白，向右橫拉行筆，筆勢快速，一波三折，至左回鋒頓挫收筆，全字遍見飛白，字形渾厚豪邁。「一」字喻意深遠，簡言天地之間所有的道理，一以貫之。而「一」字四周環繞的七言絕句正楷小字，則與「一」字構成了呼應關係，運用十二句警示之語，教諭世人，天理不可欺，善惡終有報，心機算盡也枉然（圖3-7-2、圖3-7-3）。

　　邊框浮雕裝飾內容為卷尾（花尾）螭龍紋，上、下邊框正中有火珠，火珠兩側行龍左右相對，伸臂前行，呈「雙龍拱珠」之勢（圖3-7-5、圖3-7-6）。

200　感謝逢甲大學歷史與文物研究所李建緯教授協助檢視判讀。

兩側邊框為降龍，龍身配合框形，尾部朝上，向下急降之後，龍首朝上昂起（圖3-7-4）。根據目前臺灣各地已累積之匾額調查研究成果可知，此類花尾龍邊框紋飾，多見於清代匾額邊框。[200]

至於匾額下緣所嵌置之獅形匾座，俗稱「扁仔獅」（圖3-7-7），獅首碩大，張口睜目（圖3-7-8），獅尾鬃毛飛揚。此匾座的年代較晚，時間應在1960至1970年代。[201]

201 同上註。

2. 文物製作工藝分析

匾額板面所刻「一」字，運用陰刻「覆竹式」技法雕成，以刻刀沿文字邊緣垂直刻下，字內兩側較低（刻去部份較多），中央較高（刻去部份較少），特徵類似覆瓦造形。「一」字內頻繁出現的破筆、飛白用筆，呈現出精彩的立體浮雕效果（圖3-7-11、圖3-7-12）。至於「一」字四周環繞的正楷小字，則是簡單的陰刻法雕成（圖3-7-13、圖3-7-14）。額面鬃以黑漆，刻字處貼金裝飾，透過不可見光紅外線檢視其表面，可見「一」字表面均佈方形金箔塊面，密集排列貼附痕跡（圖3-7-15、圖3-7-16、圖3-7-17）。周邊小字刻槽內亦有貼金，色澤稍偏紅潤，可知其所調配之貼金黏著劑（金膠油）調色較紅。

邊框四角樺接方式為四十五度角斜接。框面所裝飾之浮雕螭龍紋，其製作方式較為特殊，透過紅外線不可見光觀察，可見其「浮雕」與「地板」並非一體（圖3-7-18），應是以所謂的「仿浮雕」技法製作。其作法是先用透雕方式在一塊木板上雕製紋飾，再將其黏貼於另一件木板上，仿製出類似浮雕的效果。[202]邊框鬃漆下層為黑色，

202 林永欽，《匾額的修護與保存──以三級古蹟鹿港文開書院「萬世師表」匾為例》，頁38。

表層鬃紅色漆，兩側邊緣與四角貼有金箔，但脫落較為嚴重（圖3-7-19）。至於邊框的材質，經科學取樣檢測後確認為杉木（見附件二），在年代上，杉木用於匾額框或匾額板，始於清代，歷經日治時期以至於近代。

匾額背面邊框四角可見樺接痕（圖3-7-20、圖3-7-21），匾面為整塊木板無拼接，背面有四條垂直平行長樺（閂樺）固定，以防止匾額結構變形走位。目前臺南地區所見運用整塊木坂製作的清代匾額，且以「覆竹式」技法雕成的案例較少，但仍有所見，例如臺南市新營區真武殿所藏「天柱飛光」匾（圖3-7-22），匾額自銘其製作年代為咸豐六年（1856）。另一件為臺南

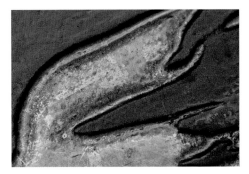
圖3-7-11　匾額板面所刻「一」字局部

圖3-7-12　匾額板面所刻「一」字局部

圖3-7-13　匾額板面正楷小字局部

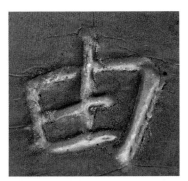
圖3-7-14　匾額板面正楷小字局部

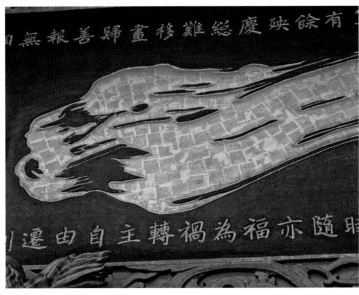
圖3-7-15　匾額板面「一」字
　　　　　紅外線影像局部

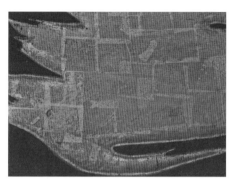

圖3-7-16　匾額板面「一」字紅外線影像
　　　　　局部

圖3-7-17　匾額板面「一」字影像局部

圖3-7-18　匾額板面邊框紅外線影像局部

圖3-7-19　匾額板面邊框可見光影像局部

圖3-7-20　匾額背面邊框四角之榫接痕

圖3-7-21　匾額背面邊框四角之榫接痕

圖3-7-22　臺南市新營區真武殿藏「天柱飛光」匾

市鹽水區伽藍廟所藏「伽藍廟」匾（圖3-7-23），匾額自銘其製作年代爲光緒丙戌年（1896）。上述兩件匾額皆無邊框，製作方式較爲簡單，所屬年代皆落於十九世紀後半。

　　有關匾額板面的材質，經取樣檢測後確認爲柳桉木（見附件二）。柳桉木材的運用始於日治時期，其木材原產於東南亞地區，屬常綠喬木，爲生長快速、高大徑粗的中至高比重的木材。根據臺灣木材的利用記錄，以及匾額使用柳桉的記錄，推測匾額板的製作應在日治時期。

3. 從天壇修建沿革推估匾額年代

　　臺灣首廟天壇現爲臺南市市定古蹟，位於臺南市中西區三民里，奉祀「玉皇上帝聖位」。[203]天壇又稱天公廟、天公壇、天君廟或天宮壇，按天壇之祭祀，京師始有之，屬大祀，由皇帝親祭，但臺南天壇之始並非官設，而是府城居民鳩資創建，爲臺灣天壇之嚆矢。[204]大正八年（1918）連橫《臺灣通史》，卷二十二「宗教志」，記載了天壇的祭祀對象，並正其名：

203　吳培暉、曾國棟，《臺灣首廟天壇寺廟生命史》，臺南市：臺灣首廟天壇，2004年，頁首。

204　洪敏麟，《臺南市市區史蹟調查報告書》，臺中：臺灣省文獻委員會，1979年，頁147-149。

圖3-7-23 臺南市鹽水區伽藍廟所藏「伽藍廟」匾

臺南郡治有天公壇者，所祀之神謂之玉皇上帝，歲以孟春九日爲誕降之辰。此則方士之假藉，而以周易初九見龍在田之說附會爾。古者天子祭天，諸侯祭其域內名山大川。臺灣爲郡縣之地，山川之禮，見於祀典，而不聞祭天之儀。然則此天公壇者，其爲人民所私建，以奉祀上帝，則當先正其名矣。[205]

天壇所在位置，即爲早期府城居民設壇祭祀天公之處，故該地被稱之爲「天公埕」，而此一地名在臺灣方志史料之中，最早可見於謝金鑾（1807）《續修臺灣縣志》，卷三「學志 魁星堂」條：「……合供魁星祭費，砌磚爲爐一十五所……一在天公埕……。」[206]

有關天壇興建始末的文獻紀錄，以現今保存立於臺灣首廟天壇後殿迴廊右壁的清咸豐五年（1855）《臺郡天公壇碑記》爲代表（圖3-7-24）：

205 連橫，《臺灣通史》，臺北市：衆文圖書，頁570。

206 謝金鑾，《續修臺灣縣志》，臺北市：臺灣大通書局，1984年，頁161。

天公埕於郡治頗當四達之中，其地高明爽塏，傳爲昔人露禱處。郡

俗相沿，歲祀玉皇聖誕，爲廠於其西，自擊牲獻樂，以逑一杯、一炷之誠，闐咽彌旬。蓋其時闔城公祀，募資□而□□□，力足建壇；而未有議及者。既而廛居各立聖爐，自祝於其地；所捐漸微，廠費滋不給。吳姓一宅，廓然埕東，乃假其前堂以安聖爐香火。一時□宜，竟循爲例，而建壇之事乃屢議而不果。歲越甲寅（1854），吳姓者將以其居屬他人，郡人士相與謀曰：「□者築廠既艱於歲費，借宅又狃於民居；今乘其鬻也，盍竭蹶圖維爲一榮逸之計」？於是集資以購，更其宅而壇之。肇山於八月，閱六月而藏事；墍茨丹雘，缺者完而樸者

207 何培夫，《臺灣地區現存碑碣圖志——臺南市（上篇）》，臺北：國立中央圖書館臺灣分館，1992年，頁231。

華。落成之時，恭逢聖誕，簫鼓喧闐，香燈輻輳，爲數十年來所未有。今而後，吾儕蟻忱共欣拜獻之得所；且值春熙，□郡鋪門揚繁富，藉以杅昇平歲時之盛。然則始事之誠、捐成之美，其可以無紀乎？[207]

以上碑文內容，詳細記載了天壇創建的緣起，稱「天公埕」一地，位處府城郡治交通輻輳的「四達之中」，地勢「高明爽塏」，且「傳爲昔人露禱處」，故居民沿襲舊俗，每年皆在此地祭祀玉皇大帝誕辰。然而早期的活動，並未有專門的祭祀建築實體，而是長期借用天公埕東側，一間吳姓居民的家屋中，「假其前堂以安聖爐香火」。儘管眾人曾經討論建壇之事，但「屢議而不果」。

這樣的狀況一直要延續至咸豐四年（1854），當該戶吳姓人士想要轉售其宅時，地方人士遂決定「集資以購，更其宅而壇之」。半年之後的咸

208 共有三塊石碑，原無題名，見何培夫，《臺灣地區現存碑碣圖志——臺南市（上篇）》，頁232-234。

豐五年（1855），天壇首建竣工，落成之時「恭逢聖誕，簫鼓喧闐，香燈輻輳」，其熱鬧程度實「數十年來所未有」。

此外，另有三件石碑現亦保存於臺灣首廟天壇之內，同爲咸豐五年（1855）所立，這三件石碑又被稱爲《臺郡天公壇創建捐題碑記》，[208]內容主要記載捐

贈者名單及其捐贈金額與實物細節（圖3-7-25），可
知此次天壇創建興修的活動，受到了府城官方與民間
仕紳商人的熱烈支持，同時也顯示官民之間在捐資興
建過程中的密切互動。[209]

　　臺灣首廟天壇後殿迴廊右壁，尚有一件咸豐八年
（1858）石碑，名曰《天公壇建業碑記》（圖3-7-26），
碑文主要內容如下：

209　黃如輝，〈試
論臺南市古蹟天壇修
建記〉，《臺灣文
獻》，第六十三卷第
三期，2012年，頁201-
262。

> 天公壇建自咸豐四年（1854）甲寅孟冬，越今五載矣。內外布置
> 粗成，規模略具。又經總理梁章懷、薛呈儀、□□□、葉慶祿、
> 協事盧崇獻、梁崑山等募眾鳩金，敬塑諸神寶像，祈禱酬謝，
> □□□□□□□□□□□□□濯厥靈矣。唯是每逢玉皇聖壽、諸神
> 華誕，必事捐緣，挾冊操券，叩門請謁，歲凡幾度。滋議生厭，
> 理勢固然！唯恐□□□出□□□□□反慢，其於建壇本意，殊隔
> 天淵。爰有總理黃邦傑倡議鳩金，建業生息；邀同總理林上青、
> □□□□□梁章懷、薛呈儀併幫捐郭春暉，極力勸捐，約金五百
> 餘員。建業四宗，逐月收稅，爲□□□□
> 聖□□□□□祝之資。酌定章程，設簿登記，以
> 垂永遠。繼自今聖壽屆期，費有從出。仝人值
> 祝壽□□□□□□□斯壇，縱未敢遽謂成始
> 成終，已不失其爲苟合苟完矣。爰勒石以紀其事
> 云爾。[210]

210　何培夫，《臺灣
地區現存碑碣圖志
——臺南市（上
篇）》，頁236。

上引碑文內容，主要記載了「天公壇」成立之後，爲了籌募祭祀管理經費，
「倡議鳩金」，「建業生息」，同時也「酌定章程，設簿登記」，建立可行
久遠的制度性規約。

　　臺灣首廟天壇所保存之另一件咸豐八年（1858）所刻石碑（圖3-7-27），

211 何培夫，《臺灣地區現存碑碣圖志──臺南市（上篇）》，頁235。

212 不著撰人，《安平縣雜記》，臺北：臺灣大通書局，1984年，頁45。

213 黃如輝，〈試論臺南市古蹟天壇修建碑記〉，頁203。

214 吳培暉、曾國棟，《臺灣首廟天壇 寺廟生命史》，頁20、45。

215 本碑之說影響甚大，後世頗多引用；見吳培暉、曾國棟，《臺灣首廟天壇 寺廟生命史》，頁首；全國寺廟整編委員會編輯部，《臺灣首廟天壇沿革誌》，臺南：臺灣首廟天壇管理委員會，1990年，頁36。

216 吳培暉、曾國棟，《臺灣首廟天壇 寺廟生命史》，頁45。

名曰《臺郡天公壇建園塑像捐題碑記》，[211]則是記載了當年郊商所屬船戶、商家與信徒，捐資建園、塑製聖像，或公費油香之資。

到了日治初期，日本政府在天公壇內設立了「保甲局」。《安平縣雜記》「警察事務 衙門名稱及地方」一條稱：「中段保甲局（天公壇內）」。[212]至此，天壇已成為官方與民間互動的重要場所。[213]明治三十二年（1899）天壇有了第一次修建紀錄，是由當時的董事，也是清末進士的蔡國琳等人募資重修，此時「天公壇」之名稱遂改為「天壇」。[214]

二十世紀中期以後，從民國三十八年（1949）至民國四十年（1951）間，天壇再次進行了修復工程，。而在此次竣工後題刻的《臺南市天壇復修記》碑文中，提到了：「天壇為吾民族英雄鄭延平郡王奉明朔築臺郊天之所」。[215]然而，這一說法並未明確見於史料，例如咸豐五年（1855）《臺郡天公壇碑記》碑文中，僅稱「天公埕」為「傳為昔人露禱處」，故其是否可上溯至明鄭時期，仍有待明確史料證據。

綜上所述，天壇創建於咸豐四年（1854），聚合臺地官紳信徒之眾力，籌資興修，竣工於咸豐五年（1855）。到了咸豐八年（1858），有一次具有相當規模的捐資活動。至於天壇的第一次重修，時間為十九世紀末的日治時期。而在進入現代以後的二十世紀後半，從民國三十四年（1945）至九十一年（2002）間則另有多次重修紀錄。[216]最後，透過天壇修建歷程可知，「一」字匾被製作的可能時間，上限為十九世紀中期天壇創建之時，下限時間則可能為第一次重修的日治初期。

圖3-7-24
清咸豐五年
（1855）
《臺郡天公壇
碑記》

圖3-7-25
清咸豐五年
（1855）
《臺郡天公
壇創建捐題
碑記》

圖3-7-26
咸豐八年
（1858）
《天公壇建業
碑記》

圖3-7-27
咸豐八年
（1858）
《臺郡天公
壇建園塑像
捐題碑記》

4. 從廟藏文物推估匾額年代

　　本研究另從廟藏紀年文物，推斷「一」字匾所屬可能年代。以下針對臺灣首廟天壇所收藏的二十件具有明確紀年之各類文物，進行編年與統計分析，進而推估「一」字匾可能入藏年代。

　　臺灣首廟天壇廟內所收藏紀年文物，包含碑碣、匾額、供器、龍柱等文物，種類繁多，其中具有明確年代之器，實可做爲反映天壇發展歷程，同時呈現廟宇與地方仕紳間關係的第一手資料。就表3-7-1、表3-7-2整理統計內容可知，咸豐五年至十一年（1855-1861）間，是文物入藏的最高峰期，總數爲十一件。而在咸豐五年《臺郡天公壇創建捐題碑記》碑文內容中，也明確可知有相當多的器物，透過捐贈方式收入廟中，例如：

> 聖位牌並神（床）、石長案桌、靈籤詩板、字紙爐、塑像、黃呼長彩、入龍八仙（桌）、刻字八仙（桌）、員石古珠、大錫燭臺、大錫燈火、祈筶石花矸（瓶）、大瓷香爐、方石香爐、盆景又滿堂紅、白色布帆、錫鳳燭臺（見圖3-7-28）。

　　至於1850年代後半這段文物入藏的高峰期，約略一直延續至同治、光緒時期（同治朝有四件，光緒年間入藏紀年文物則有三件）。進入日治時期以後，則有兩件紀年文物，年代分別爲1899年與1910年。

　　透過以上討論可初步推斷，「一」字匾入藏臺灣首廟天壇的年代上限，應爲十九世紀後半的咸豐五年（1855），而其年代下限則約爲日治時期的二十世紀初。

表3-7-1　臺灣首廟天壇收藏紀年文物

編號		年代	文物		位置
1	清	咸豐五年（1855）	「卑居高聽」匾額		建築內懸掛
2	清	咸豐五年（1855）	臺郡天公壇碑記		後殿迴廊右壁
3	清	咸豐五年（1855）	臺郡天公壇創建捐題碑記（甲）		三川殿右壁
4	清	咸豐五年（1855）	臺郡天公壇創建捐題碑記（乙）		三川殿右壁
5	清	咸豐五年（1855）	臺郡天公壇創建捐題碑記（丙）		後殿迴廊右壁

編號	年代		文物	位置
6	清	咸豐五年（1855）	龍柱	殿內
7	清	咸豐八年（1858）	臺郡天公壇建園塑像捐題碑記	三川殿右壁
8	清	咸豐八年（1858）	天公壇建業碑記	後殿迴廊右壁
9	清	咸豐八年（1858）	石香爐	正殿
10	清	咸豐十年（1860）	『如蘭堂』匾額	建築內懸掛
11	清	咸豐十一年（1861）	龍柱	殿內

編號	年代		文物		位置
12	清	同治元年（1862）	龍柱		殿內
13	清	同治元年（1862）	「道崇無極」匾額		懸掛於後殿
14	清	同治元年（1862）	正殿神案		正殿
15	清	同治三年（1864）	「洪鈞鼓鑄」匾額		懸掛於後殿
16	清	光緒十一年（1885）	「赫濯聲靈」匾額		懸掛於三川門中門
17	清	光緒十六年（1890）	「主宰元樞」匾額		懸掛於三川門左門
18	清	光緒十六年（1890）	「三才弌理」匾額		懸掛於後殿

編號	年代		文物	位置
19	日治	明治三十二年（1899）	重脩天壇碑記	三川殿左壁
20	日治	約1910年	天公壇如蘭堂重整碑記	後殿迴廊右壁

資料出處：第10、17號文物圖片引自吳培輝、曾國棟，《臺灣首廟天壇寺廟生命史》，臺南：財團法人臺灣首廟天壇第五屆董事會，2004年，頁25、26。其餘文物影像為作者拍攝。

表3-7-2　臺灣首廟天壇收藏紀年文物件數與年所屬年代統計表

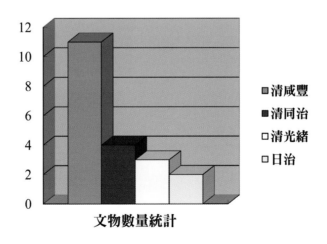

圖3-7-28　清咸豐五年（1855）《臺郡天公壇創建捐題碑記》局部

（三）文物年代判定

　　有關臺灣首廟天壇「一」字匾的所屬年代，由於其器身未見自銘署年，故應透過以下數項訊息進行整合判讀。首先是匾額邊框，材質為杉木，其紋飾結構其具有典型清代特徵。而匾額板的材質為柳桉木，屬日治時期所製作。以上兩種構件顯示了「一」字匾可能曾歷經修整拼補。再就天壇創廟宇修建紀錄，以及廟內所有紀年文物統計分析，則可以從另一角度確認「一」字匾的所屬年代上限，應在該廟創廟之初的1855年，其年代下限則約在日治初期，故本件文物所屬年代應為十九世紀後半至二十世紀初。

（四）文物重要性

　　臺灣首廟天壇所藏「一」字匾，為歷來臺南民間所推崇之三大名匾之一。「一」字匾的藝術表現極為特殊，額面以楷書一字為主體，筆勢快速，字形渾厚豪邁。「一」字喻意深遠，簡言天地之間所有的道理，一以貫之。

而「一」字四周環繞的正楷小字，則與「一」字構成呼應關係，運用十二
句七言絕句警示之語，教諭世人。臺南天壇「一」字匾的獨特形制與表現方
式，不僅在臺灣廟宇匾額中獨樹一格，同時也成為其他廟宇刻匾仿效的對
象，例如高雄市鳳山天公廟在2012年即仿製了形式與文字內容完全相同的
匾額，藉以教化世人。

　　有關「一」字匾的可能年代，透過本研究整合該匾額紋飾特徵、材
質、製作工藝、天壇創廟宇修建紀錄，以及廟內紀年文物統計分析，可知
「一」字匾所屬年代應為十九世紀後半至二十世紀初。

（五）保存現況檢視與建議

　　「一」字匾現今懸掛於臺灣首廟天壇正殿檐廊之上，其文物保存現況如
下：匾額正面黑色髹漆部份，可見小規模龜裂痕（圖3-7-29）。邊框髹紅漆
部份略有脫落，以致肉眼可見底層黑漆（圖3-7-30）；邊框兩側邊緣與四角
處，貼金脫落較為嚴重（圖3-7-31），其餘部份保存狀況大致良好。

圖3-7-29　匾額正面黑色髹漆部份龜裂痕

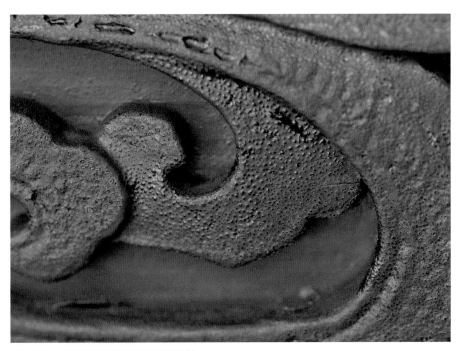

圖3-7-30　匾額邊框髹紅漆部份脫落

圖3-7-31　匾額邊框紋飾貼金部份脫落

八、玉板（傳寧靖王「玉笏」）

　　臺南市鄭成功文物館所藏「古『玉笏』」
（舊有登錄名稱），2007年3月5日公告為「一般
古物」，公文文號：府文資字第09618503390號，
經本研究後確認其名稱已更正為「玉板（傳寧靖
王『玉笏』）」。以下分述其文物特徵描述、質
地與製作工藝分析、本件玉器的來源歸屬、眞
實價值與重要性，以及保存現況檢視與建議。

（一）文物特徵描述

　　本件玉板呈長方形扁平狀，四邊轉角圓弧，
全器長53.8公分，寬6.5公分，厚1.4公分，重
1606克（見圖3-8-1至圖3-8-4、圖3-8-5）。扁平
側之一面有大、小兩處凹痕。器身表面可見裂隙
和蝕洞，密集分布黑漆色或黑褐色沁斑，其餘部
位則夾雜黃綠色或黃褐色紋理。本器由專門訂製
的木匣裝存，木匣蓋內面墨書「臺南市政府 民國
三十九年（1950）五月十二日收回」（圖3-8-6）。

（二）質地與製作工藝分析

　　本件玉板出土於竹滬地區（今高雄市湖內
區），相傳為寧靖王所擁有之玉笏，全器呈長方
形扁平狀，四處轉角圓弧，長53.8公分，寬6.5
公分，厚1.4公分，重1606克。玉質屬綠色閃玉
（Nephrite）。在玉板長邊的側面，有斜向淺階
狀玉石切割痕跡（圖3-8-7、圖3-8-8），透過電
子顯微放大儀器觀察，可見密集的平行線狀磨切

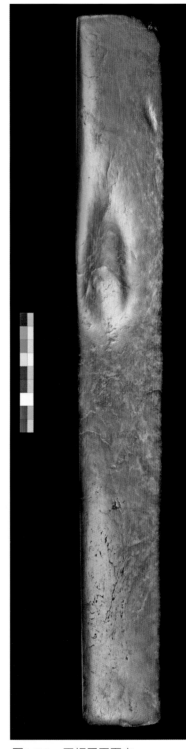

圖3-8-1　玉板扁平面之一

痕（圖3-8-9），此一特徵應爲史前時代玉器製作工藝中，常見的線切割加工痕跡。至於窄面的側邊，則可見崩損缺角與凹痕。

　　玉板扁平面之一側，有一處較大的凹窩痕（圖3-8-10），與一處面積較小的凹窩痕，亦應屬於史前時代常見的玉器製作工藝痕跡，是玉料經柔性線切割後，再經打磨的工藝特徵。是故，本件玉板上的凹痕，並非一般民間所傳言，稱其爲玉笏因長期持拿拇指壓按所造成。

　　此外，玉板器身表面沿著裂隙（璺）和蝕洞，密集分布黑漆色或黑褐色沁斑（圖3-8-11），其餘部位則夾雜黃綠色或黃褐色紋理（圖3-8-12）。由於裂隙過於集中且沁斑色澤呆滯缺乏變化，故應該是人工作舊及染色的結果，這種玉器刻意做舊的作法，在中國明清時期頗爲流行，而玉板全器表面所呈現的古舊光澤，則像是本件文物在長期流傳的過程中，因人爲收藏盤摩的結果。[217]

217　感謝國立臺南藝術大學藝術史學系黃翠梅教授協助文物檢視，並教示相關判讀訊息。

　　玉板器身表面無任何文字、符號或人爲裝飾，故清代文獻中所云，器表可見「朱術桂三字」，或傳稱玉板背面上端隱約可見「天官像」之說法，實屬無稽之言。

（三）本件玉器的發現與傳世過程

　　本件歷來被認爲是「寧靖王玉笏」的傳世古物，發現於清代晚期的道光年間，由竹滬（今高雄市路竹區竹滬里）農夫掘地得之，之後有臺南法華寺僧人得知此事，視其爲罕見玉器，遂以穀易購而得，攜回置於法華寺。到了十九世紀末戰亂之際，本件玉器曾一度遺失，之後輾轉歸於臺南商人公會「三郊組合」代爲保管。戰後，此件被稱之爲「寧靖王玉笏」的國寶，歷經多方所有權的紛爭，最終在民國三十九年（1950）由臺南市政府收歸國家所有，保存至今。

　　事實上，本件玉板在清代晚期發現之後，已經被當時多位赴臺任職的清朝官員所歌詠記載，例如十九世紀前半的道光年間，任職分巡臺灣兵備道的

圖3-8-2　玉板扁平面之二　　圖3-8-3　玉板側面　　圖3-8-4　玉板側面

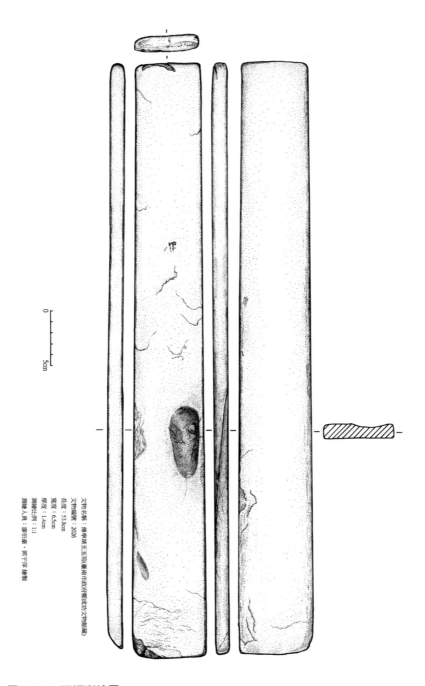

文物名稱：傳郭鴻王爺（臺南市政府無償促成功文物典藏）
文物編號：2026
長度：53.8cm
寬度：6.5cm
厚度：1.4cm
測繪比例：1:1
測繪人員：廖伯豪、郭于華 繪製

圖3-8-5　玉板測繪圖

圖3-8-6　裝盛玉板之木匣

圖3-8-7　斜向淺階狀玉石切割痕跡

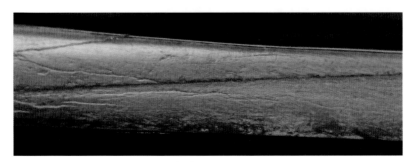

圖3-8-8　斜向淺階狀玉石切割痕跡

圖3-8-9　顯微放大所見密集的平行線狀磨切痕

圖3-8-10　玉器表面線切割凹痕

圖3-8-11　顯微放大所見器表蝕洞與黑色
　　　　　沁斑

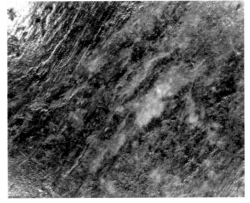

圖3-8-12　顯微放大所見器表黃綠色或黃褐色
　　　　　紋理

徐宗幹，首次在《斯未信齋雜錄》中提到：

> 臺郡南門外法華寺，古李氏夢蝶園也。前任熊介倡捐重修，添建厝
> 屋，爲客死者寄頓之所；甚善舉也。嘗於土中掘得古玉，長尺餘，

218　（清）徐宗幹，
《斯未信齋雜錄》，
臺灣：大通書局，
1984年，頁63。

寬寸五、六分，厚四、五分，黝燃蒼潤。嘗為火帝塑像，置手中，作秉圭之用。慮被人竊取，乃令僧人密藏之。當為玉界尺也，滄海為桑田，不知何代、何人沉於海耳，或云元圭。[218]

　　到了十九世紀中期的同治年間，任職福建巡撫的王凱泰，在「臺灣雜永續詠十二首」中，進一步提出此件出土玉器，應為明寧靖王之物：

219　（清）王凱泰，
〈續詠十二首〉收於
（清）諸家，《臺灣
雜詠合刻》，臺北：
大通書局，1984年，
頁50。

故王一去五妃陪（前明寧靖王全節之日，妃袁氏等五人殉焉），海外黃沙賸幾堆（王墓在鳳山維新里竹滬，五妃墓在臺灣府仁和里）！猶有山僧殊解事，介圭不使沒蒿萊（道光年間，農人掘土得圭；法華寺僧奇成以穀易之，滌去塵埃，見「朱術桂」三字，知為王物。近已飭藏祠中）。[219]

而相同的說法與認識，也見於同時期赴臺任事的何澂《臺陽雜詠》詩句中：

220　（清）何澂，
《臺陽雜詠》，收於
上引書，頁64。

杖節東來嗈一元（寧靖王朱術桂，別號一元子，長陽郡王次子；由金門渡臺）……猶有介圭留古寺（圭長一尺五寸、濶一寸八分、厚四分。道光年間，農人掘地得之；僧奇成以粟易，置法華寺）……。[220]

221　（清）何澂，
〈何跋〉，收於上引
書，頁77。

儘管何澂也認定，此件玉板為明朝寧靖王之物，但是，在他實際目睹該器之後，卻指出了此件玉器表面「實其未有『朱術桂』三字」。[221]

綜觀上述史料紀錄可知，早在清代晚期的十九世紀，此件出土玉器便已經受到相當程度的重視。由於本件玉板被發現的竹滬地區，北側緊臨湖內庄（今高雄市湖內區湖內里），而此一地點即為南明寧靖王朱術桂墾田歸葬之地，故本件玉板就理所當然地被視為是寧靖王所有之物。同時，因其外觀特徵呈長方扁狀，極為類似古代的笏板，所以又被賦予了「秉圭」、「元圭」、「玉界尺」、「介圭」或「玉笏」之類的特定稱謂。

而這樣的認識要一直延續至二十世紀前半的日治時期，在當時臺灣文化界中，已有不少人直接認定本件玉器應屬「寧靖王故物」。例如1931年，由臺南市役所籌辦展覽「臺南文化三百年紀念會」的出版品中，即刊載了這件當時由臺南三郊組合所收藏之「寧靖王之玉奏板」（圖3-8-13），在其圖後所附文字說明中，直指此器為：「玉製之笏，為舉捧上奏文章之時所用，今日為千萬金錢難以替代，且被稱為國寶。」[222]

有關本件玉板是否確實屬於寧靖王之物？而其功能是否為明代藩王或宗室所執之玉禮器？歷來文化界與學界或延續舊說，或態度保留，始終未有一致看法。其中接受本件「玉板」為南明寧靖王之物者，例如1961年黃典權先生編纂《鄭成功復臺三百年史畫》中稱此器：

> 清道光間竹滬農民得自土中，遂指為王所遺。笏墨色，文采燦然……省內市民咸認係稀世奇珍。[223]

1979年連景初先生亦識此器為「寧靖王攜來之玉笏」，屬明朝「皇室舊物」。[224]而1997年石萬壽先生則是在《臺南市民族文物館文物調查與解說計畫》報告中，更明確提出此器「係在寧靖王墓挖出的殉葬品

222　臺南文化三百年紀念會編，《臺灣史料集成》，臺南：臺南市役所內臺南文化三百年紀念會，1931年，頁59。

223　黃典權，《鄭成功復臺三百年史畫》，臺北：中華文化出版事業社，1961年，頁86。

224　連景初，〈文物館珍藏國寶寧靖王玉笏傳奇〉，《臺南文化》，新6期，臺南：臺南市政府，1979年，頁12。

玉笏」。[225]整體說來，上述的種種說法，皆未有深入之辨析與考證。

225　石萬壽，《臺南市民族文物館文物調查與解說計畫》，委託單位：臺南市政府，研究單位：成大研究發展基金會，1997年，頁226。

226　連橫，《雅言》，臺北：臺灣大通書局，1984年，頁59-60。

　　另有針對本件玉板之歸屬，提出不同看法者，以連橫先生為代表，他曾在1932年以後持續發表的《三六九小報》專欄中，提到該器的流傳始末：

余聞此笏發見於大南門外桶盤淺莊之園中（筆者按：其地應屬現今臺南市南區，南臨高雄湖內、茄萣一帶），為法華寺僧所得；寺祀祝融，以此為神之笏。……乙未之役，為人所竊；南人士大憤，籲之官，展轉數月乃歸。[226]

連氏曾多次在臺南三郊總董許藏春家裏，實際檢視此件玉器，[227]他認為：

227　連橫，《臺灣贅談》，收於《雅堂先生餘集》，南投：臺灣省文獻委員會，1992年，頁120。

228　連橫，《雅言》，頁59-60。

余觀其笏，玉質雕工，均非明代之物；不知王中丞何所見而云？且此笏無字，當時何鏡山之跋已言之；又何以指為「寧靖」？豈古諸侯王皆有執玉，因而附會歟？按「周禮」：「王執鎮圭，公執桓王，侯執信圭，伯執躬圭，子執穀璧，男執蒲璧。」（註：「圭剡上方下」）。而此則上下俱方，非圭也；則非王之瑞信矣。[228]

　　連橫認為，本件玉板並非明代文物，其器身無任何銘款，更無法證明其屬於明朝寧靖王之物，而在形制上也完全不符古制之玉圭。另一方面，連氏又提出了本件玉板可能為「漢代古玉」的猜測：

余又觀其形，長尺有八寸、寬二寸五分、厚四分五釐，重三斤許；色黝而澤，與近人所傳漢玉絕相類，當為漢代之製。夫既為漢代之

製，何以流落臺灣，豈漢人所遺歟？亦後之攜
自中土而存於此歟？[229]

229 引同上註。

上述連橫先生對於本件玉板的看法，受到了後世
相當程度的認同，例如：1986年出版之《湖內鄉鄉
志》中，即稱「此物究係玉圭、玉笏；抑徐宗幹所云
之玉界尺，皆係台灣珍貴出土之玉器，不必因寧靖王
而始貴也。」[230]

230 劉水棟，《湖內
鄉鄉志》，臺南：湖
內鄉公所，1986年，
頁261。

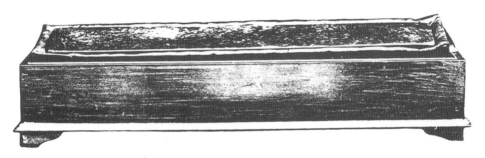

臺南　三郊組合藏　　　　　　　寧靖王の玉奏板

圖3-8-13 「寧靖王之玉奏板」（引自臺南文化三百年紀念會編，1931）

（四）本件玉器的來源歸屬

為了明確辨析此件「玉板」的來源歸屬問題，以下本節分就明代玉圭特
徵與形制、臺灣考古出土相關史前玉器，以及中國大陸出土相關史前玉器，
共三個部份分別探討本件玉板的可能來源。

1. 明代玉圭特徵與形制

本件玉板被稱為南明寧靖王「玉圭」或「玉笏」之說，因涉及明代官
方輿服制度，故仍應根據文獻史料進行辨析。而就下表3-8-1所整理《明
史》、《明會要》相關紀錄內容可知，明代含皇帝以下之皇后、皇妃、皇

嬪、九嬪、皇太子及其配偶、親王及其配偶、親王世子及其配偶，以及郡王及其配偶之各級皇室成員，皆配有尖首（剡）下方造形之玉圭，而玉圭之尺寸、大小與紋飾，亦有所區別，藉以辨其等級之高低。其中等級最高者，屬皇帝所佩之玉圭，尺寸最大。皇帝所穿著之三種服飾，各有其所應持之玉圭，且各刻以「四山」、「雙植」與「篆文」共三種圖文，以資區別。

其餘各級皇室成員所持之玉圭，尺寸大小依次遞減，其中皇室女眷，則專門刻有「穀紋」以資區別。至於皇室等級最低的郡王長子、儀賓，以及文武官員一至五品、命婦，則不可用玉圭，只能用象牙笏。

綜上所述，明代皇室所佩玉圭，皆為尖首，而臺南所藏「古玉笏」則呈長方形，完全不符規制。另就尺寸觀之，親王所佩玉圭為九寸二分五釐，以明代裁衣尺換算公制為31.4公分，而本件玉板長達53.8公分，亦完全不符制度。此外，史料中亦明確記載明代所用之「笏」，以象牙、槐木為主，且佩戴者等級較低，故明代從未存在所謂「玉笏」之制。

另就目前考古出土明代帝王墓與藩王墓所發現玉圭實物觀之（特徵與尺寸見表3-8-2），可知這些出土玉圭可以明確對應於明代官方史料。首先是玉圭造形與紋飾，符合文獻所稱「剡上方下」、「穀紋」等規範，例見明神宗萬曆皇帝朱翊鈞之山紋玉圭與脊玉圭（圖3-8-14）、[231]明魯王朱檀之素面玉圭（圖3-8-15），[232]以及江西出土明寧靖王夫人吳氏之穀紋玉圭（圖3-8-16）。[233]反觀臺南所藏「古玉笏」，僅為簡單的長方形。

231 引同表3-8-2資料出處A。

232 引同表3-8-2資料出處B。

233 引同表3-8-2資料出處C。

至於在大小尺寸方面，明代皇帝與藩王之玉圭實物皆在29至23公分之間，而皇后玉圭為22公分左右，而等級更低的親王配偶所用玉圭，則僅有15公分，反觀本件臺南所藏「玉板」全長接近54公分，遠遠超過了明朝親王，甚至是皇帝的規格，故此器如果真為明朝寧靖王朱術桂所有，則不僅嚴重僭越了皇明官方祖制，同時亦無法象徵其合法地位。

表3-8-1　《明史》與《明會典》中使用玉圭、笏之規定

等級	文獻所載之規範內容	出處
皇帝冕服	（洪武）二十六年定……圭長一尺二寸……。永樂三年定……玉圭長一尺二寸，剡其上，刻山四，以向四鎮之山，蓋周鎮圭之制，以黃綺約其下，別以袋韜之，金龍文……。嘉靖八年定……圭白玉爲之，長尺二寸，剡其上，下以黃綺約之，上刻山形四，盛以黃綺囊，藉以黃錦	A：1616、B：365
皇帝皮弁服	永樂三年定……玉圭長如冕服之圭，有脊并雙植文其上，黃綺約其下，及有韜金龍文	A：1619、B：367
皇帝武弁服	玉圭視鎮圭差小，剡上方下，有篆文曰「討罪安民」	A：1620、B：370
皇后冠服（禮服）	永樂三年定……玉穀圭長七寸，尺周剡其上，瑑穀文，黃綺約其下，別黃袋韜之，金龍文	B：373
皇妃冠服（禮服）	永樂三年定……玉穀圭長七寸，剡其上，瑑穀文，以錦約其下，并韜	B：375
皇嬪冠服	嘉靖十年定……圭用次玉穀文	B：375
九嬪冠服	圭用次玉穀文	A：1624
皇太子冠服（袞服）	洪武二十六年定……圭長九寸五分……。永樂三年定……玉圭長九寸五分，以錦約其下，并韜	A：1625、B：375-376
皇太子皮弁服	永樂三年定……玉圭如冕服內制	A：1626、B：376
皇太子妃冠服（禮服）	永樂三年定……五穀圭長七寸，剡其上，瑑穀文，以錦約其下，并韜	B：376
親王冠服（袞服）	洪武二十六年定……圭長九寸二分五釐……。永樂三年定……玉圭長九寸二分五釐，以錦約其下，并韜	A：1627、B：377
親王皮弁服	永樂三年定……玉圭如冕服內制	B：377
親王妃冠服（禮服）	惟不用圭	A：1628
	永樂三年定……玉穀圭長七寸，剡其上，瑑穀文，以錦約其下，并韜。公主不用圭	B：380

等級	文獻所載之規範內容	出處
親王世子冠服 （袞冕）	洪武二十六年定……圭長九寸。永樂三年定……，玉圭長九寸，以錦約其下，并韜	A：1628-1629、 B：380-381
親王世子 皮弁服	永樂三年定……玉圭如冕服內制	B：381
郡王冠服 （袞冕）	永樂三年定……玉圭長九寸，以錦約其下，并韜	A：1629、 B：381
郡王皮弁服	永樂三年定……玉圭如冕服內制	B：381
郡王妃冠服	永樂三年定……玉穀圭長七寸，剡其上，瑑穀文，以錦約其下，并韜	B：382
郡王長子朝服 （冠服）	象笏	A：1630
	象牙笏	B：382
郡主冠服	惟不用圭	同上
文武官冠服 （朝服）	一品至五品，笏俱象牙。……六至九品笏俱槐木	A：1634-1635、 B：383
文武官公服	未入流雜職官，袍、笏、帶與八品以下同。……笏依朝服爲之	A：1634-1635
	洪武二十六年定……笏依朝服爲之	B：385
儀賓朝服、 公服、常服	俱視品級，與文武官同，惟笏皆象牙	A：1641、 B：393
狀元及諸進士 冠服	槐木笏	A：1641
	槐笏一把	B：393
命婦冠服	二十四年定制，命婦朝見君后，在家見姑舅并夫及祭祀則服禮服。……笏以象牙爲之	A：1645
	二十四年定……用笏以象牙爲之，圓首方腳，長六寸四分，闊一寸五分，厚一分五釐	B：393

資料出處：A：（清）張廷玉等撰，《明史》，北京：新華書店，1974年。
　　　　　B：（明）申時行等，《明會典》（萬曆朝重修本），北京：中華書局，1989年。

表3-8-2 明代帝王、藩王墓出土玉圭

出土地點	墓主	名稱	高/cm	寬/cm	厚/cm	出處
北京定陵	明神宗萬曆皇帝朱翊鈞	山紋玉圭（鎮圭）	27.3	6.4	1	A:211
		脊玉圭	28.6	5.9	0.9	A:211
		穀紋玉圭	23.2	4.4	1	A:211
		素面玉圭	25.8	6.6	0.9	A:222
	明神宗萬曆皇帝孝端皇后	穀紋玉圭	22.4	6.2	0.8	A:222
	明神宗萬曆皇帝孝靖皇后	穀紋玉圭	22.5	6.2	0.7	A:222
	未標明歸屬	素面玉圭	19.8	5	0.8	A:222
山東鄒縣	明魯王朱檀	素面玉圭	29.6	6	1	B:28
		素面玉圭	25.4	6.2	1.35	B:28
江西新建	明寧靖王夫人吳氏	穀紋玉圭	15.3	5.3	0.85	C:121
江西南城	明益端王朱祐檳妃彭氏	穀文玉圭	15.2	5.1	0.8	C:122
	明益庄王朱厚燁元妃王氏	蒲紋玉圭	15.4	5.6	1	C:123
	明益宣王朱翊鈏元妃李氏	穀紋玉圭	15.5	4.9	0.7	C:124
	明益定王朱由木次妃王氏	穀紋玉圭	15.8	5.3	0.9	C:125

資料出處：A：中國社會科學院考古研究所、定陵博物館、北京市文物工作隊，
《定陵》，北京:文物出版社，1990年。

B：山東省博物館，〈發掘明朱檀木紀實〉，《文物》，1975年5
期，頁25-36；中國玉器全集編輯委員會，《中國玉器全集 5隋
唐-明》，河北：河北美術出版社，1993年，頁203、204。

C：古方主編，《中國出土玉器全集 9江西》，北京：科學出版社，
2005年。

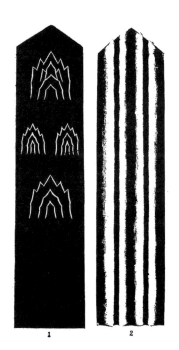

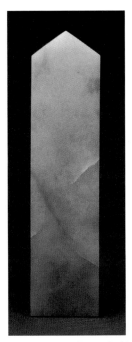

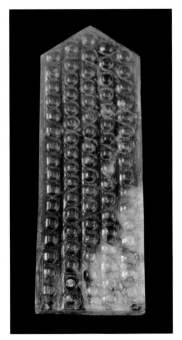

圖3-8-14 明神宗萬曆皇帝朱
翊鈞之山紋玉圭與脊
玉圭（引自中國社會
科學院考古研究所，
1990）

圖3-8-15 明魯王朱檀
之素面玉圭
（引自中國
玉器全集編
輯委員會，
1993）

圖3-8-16 江西出土明寧靖
王夫人吳氏之穀紋
玉圭（引自古方主
編，2005）

2. 臺灣出土相關史前玉器

有關本件玉板之出土來源，相關紀錄皆稱其為竹滬地區農人耕地時所發現，但詳細出土地點則無法確認。

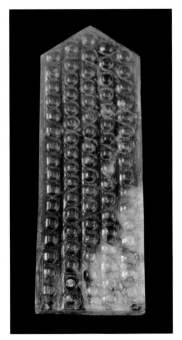

234 李景全，〈明寧靖王古墓的傳說〉，《高雄文獻》，第十期，1991年，頁63-68；另見黃典權，《鄭成功復臺三百年史畫》，頁83。

至於另有稱其為寧靖王墓出土殉葬品一說，實無任何根據。寧靖王朱術桂墓，下葬於南明永曆三十七年（1683），地點為寧靖王生前所居之竹滬地區（今高雄市湖內區），該墓在1937年被日本警察與當地居民所盜掘，根據實地訪查參與者的田野調查紀錄可知，[234]墓葬規格應屬分室合葬墓，共有三個墓室，出

土遺物包含戒指、印鑑、銅鏡、永曆錢、瓷碗、[235]鳳冠、耳勾、金釵、[236]玉盞、寶珠、玉班指、三角金、玉帶、壙底四角小瓶等，完全未見「玉笏」或類似玉質文物陪葬，可見「寧靖王墓挖出的殉葬品」之說法，純屬憑空臆測。

透過以上分析可知，本件玉板雖屬古玉，但種種證據顯示其無法直接被認定為明鄭時期寧靖王之物。本件古玉體型碩大，質地古樸精美，出土於臺灣南部，應有其自身之文化脈絡與價值，故其或可從不同的方向重新思考。眾所週知，臺灣新石器時代中、晚期各地史前文化蓬勃發展，各種精緻玉器、石器大量出現。事實上，早在清代晚期，臺灣中、南部已陸續有多次所謂「玉笏」的出土紀錄。連橫先生在討論這些所謂「玉笏」的文化與歷史歸屬時，已經指出這類臺灣出土玉器，應與臺灣「有史以前之史」有關：

> 臺中吳鸞旂丈謂：『光緒間有漁者，於湖日溪中的玉笏一枚，攜至彰化市上求售；不知何人買去，於湖日溪中的玉笏一枚，攜至彰化市上求售；不知何人買去』。而臺南趙雲石先生亦言：『光緒初，大岡山麓農人鋤園，獲一玉笏；惜碎為數片』。此二者，余皆未見，不敢判其為何代之物；聞其玉質雕工，有似漢代，誠可異也！
>
> 夫臺灣為海上荒土，何以有此玉笏；且又一再發見？岡山為鳳山轄內，距臺南東南三十里；湖日在彰化之北；其始皆番地也。荒山幽谷，

235 筆者曾針對寧靖王墓出土之瓷碗進行考證，其類型應為文字紋（壽字）青花碗，屬十七世紀後半閩南窯場所燒造，為臺灣明鄭時期常見陶瓷類型；見盧泰康，《十七世紀臺灣外來陶瓷研究－透過陶瓷探索明末清初的臺灣》，臺北：花木蘭出版社，2013年，頁253-254。

236 同類明代文物亦曾出土於臺南地區明鄭墓葬，如「許懷沖夫婦墓」發現之勾狀金耳墜、「明顯考黃公墓」發現銀髮簪；見盧泰康，〈臺南地區明鄭時期墓葬出土文物〉，《美術考古與文化資產——以臺灣地區學者的論述為中心》，上海：上海大學出版社，2008年，頁106-121。

237 連橫，《雅言》，頁60。

238 夏麗芳，《盧錫波先生收藏考古標本圖錄》，臺東：國立臺灣史前文化博物館，2004年，頁95、304（二頁所表尺寸有異，為頁95排版錯誤，應以頁304為準）。

239 柯思莊，〈記營埔最近發現的幾件巴圖石器〉，《考古人類學刊》，1954年第二十三、二十四期合刊，頁106-108。

240 鹿野忠雄著，宋文薰譯，《臺灣考古學民族學概觀》，臺中：臺灣省政府印刷廠，1984年，頁19-20。

241 何傳坤、劉克竑，《臺中縣營埔遺址發掘報告》，臺中：國立自然科學博物館，2006年，頁75。

胡以有此古物？然則臺之開闢或遠在隋、唐以上？他日地不愛寶，發掘愈多；當就石器而求之，以研究有史以前之史。[237]

透過上引連橫所述內容可知，清代晚期臺灣中、南部出土的史前長方形玉石器，普遍被當時的臺人直接稱之為「玉笏」，而在臺南市鄭成功文物館舊藏的早期收集文物中，也不乏此類案例，例如該館館藏編號4-364/1088號文物，即為一件臺灣出土的史前玉石器錛（圖3-8-17），採集地點不明，而該器器身上就黏貼了一張標明其稱為「石笏」的說明紙。

另就近代臺灣考古學研究成果觀之，臺灣西部的北、中、南三地史前文化遺址出土遺物中，實不乏類似本件玉板之大型玉質文物。例如臺北大坌坑遺址所發現之玉質「石鑿」，長達62.3公分，尺寸相當類似臺南所藏「玉板」。該器刃端微寬，頂端轉角方折，左角側佚失一角，刃端有軟性消耗之小缺口，通體磨光（圖3-8-18）。[238]

發現於臺灣中部營埔文化，亦曾發現大量製作精美的大型磨製石器，此類石器又被稱作「巴圖石器」、「大型扁平石斧」或「匙形石斧」，依其特徵又可分為薄平型或厚脊形兩種（圖3-8-19）。[239]日本學者鹿野忠雄認為此類石斧並非實用品，可被視為與農耕活動相關上的一種巫術用具或祭祀用的器物。[240]而臺灣考古學者則根據考古出土的巴圖形石器相當破碎，且被棄置在灰坑中，研判其仍有可能是一種實用農具。[241]

近年在臺中的西大墩遺址，則是發現了屬於新石器時代中期牛罵頭文化

的大型玉矛（圖3-8-20），長30.8公分，寬4.3公分，厚0.7公分，材質爲閃玉，矛尖帶刃略殘，近柄處穿孔。此玉器被發現於祭祀坑，研判應是象徵性器物。[242]

至於臺灣南部的新石器時代中期牛稠子文化，年代距今約四千年左右，亦曾發現精美玉器，以臺南永康市網寮遺址出土的一件玉錛爲例，長22.7公分寬2.9公分，厚2.7公分，以臺灣閃玉爲材質，切鋸修整出外形，然後通體加以細磨；柄部因使用殘缺留有錘擊疤痕；器身扁平，剖面轉角方折；有明顯的偏鋒斜刃痕，其用途應是鑿孔或推刨木頭用的木工工具（圖3-8-21）。[243]

242 屈慧麗，〈梳理的文明——再看西大墩遺址牛罵頭文化特色〉，《田野考古》，第15卷2期，2012年，頁17-46。

243 李德仁，《郭德鈴先生收藏史前暨原住民文物圖錄》，臺東：國立臺灣史前文化博物館，2003年，頁146。

綜上所述可知，新石器時代臺灣地區的史前文化中，確實存在著類似於臺南所藏「玉板」的大型玉器。但是另一方面，這些臺灣史前玉器在特徵上也有不少迥異於本件「玉板」之處，例如「玉板」所見人工作舊染色的特徵，就完全未見於臺灣本地玉器。而玉板表面的線切割製作工藝痕，也完全未出現在臺灣史前文化的這些玉鑿、玉矛與玉錛之中。故此，有關本件玉板的來源，也必須考慮臺灣以外其它玉器產地的可能性。

圖3-8-17　鄭成功文物館舊藏臺灣史前玉石器錛

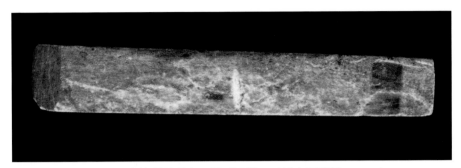

圖3-8-18 臺北大坌坑遺址所發現之玉質「石鑿」（引自夏麗芳，2004）

圖3-8-19 臺灣中部營埔文化「巴圖石器」（引自柯思莊，1954）

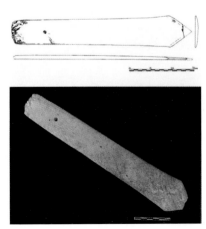

圖3-8-20 臺中西大墩遺址牛罵頭文化大型玉矛（引自屈慧麗，2012）

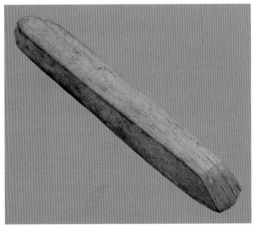

圖3-8-21 臺南永康市網寮遺址出土玉錛（引自李德仁，2003）

3. 中國大陸出土相關史前至夏商玉器

關於竹滬出土「玉板」來自中國大陸的可能性，已見前述連橫稱其應屬漢代文物的猜測。而近年則有考古學者推斷其接近於中原夏商時期的有孔玉刀或玉圭。[244]

本研究透過實地觀察與紀錄本件玉板的質地、色澤、製作工藝痕，以及造形特徵，首次確認了此件玉器來自於大陸地區的可能，其所屬年代約在新石器時代晚期至夏商時期。相關實物案例可見於北京故宮博物院所藏，新石器時代晚期玉斧，玉質呈墨黑色，特徵類似山東龍山文化玉鏟，全器長21.8公分（圖3-8-22）。[245]另見山東省博物館所藏龍山文化玉鏟，出土於山東日照兩城鎮，玉質青中泛黃並有受沁，器長17.8公分（圖3-8-23）。[246]其他具有類似特徵的玉鑿器案例，出土於四川成都金沙遺址，玉質呈紫紅色，全長32公分，年代為商代晚期至西周早期（圖3-8-24）。[247]

儘管透過文物特徵比對，可以研判本件玉板屬於中國大陸史前至夏商時期玉器的可能，但其流入臺灣的時間與途徑，則實難確認。如果根據本件玉板表面呈現人工染色做舊所造成的不規則深棕色紋理，以及長期人為收藏刻意盤摩所散發的古玉光澤，則透露了這件玉器在流傳過程所顯示的一些訊息。是故，吾人亦不能完全排除本件玉板傳入臺灣的時間，可能在明清時期，由於當時漢人移民所引入的明清古玉收藏之風，使得這件相當特殊的玉器，被有意識地被收存並攜入臺灣。[248]

244 陳光祖，〈從歷史文獻看台灣早期的考古發現〉，《田野考古》，第六卷一期，1998年，頁13-66。

245 周南泉主編，《玉器》上，北京：生活、讀書、新知三聯書店，1996年，頁43。

246 彭卿雲，《中國文物精華大全》〈金銀玉石卷〉，臺北市：臺灣商務印書館，1994年，頁3。

247 古方主編，《中國出土玉器全集》，北京：科學出版社，2005年，頁121。

248 有關本件玉板出自中國史前至夏商玉器，及其在明清時期流入臺灣的可能性，感謝國立臺南藝術大學藝術史學系黃翠梅教授教示寶貴意見。

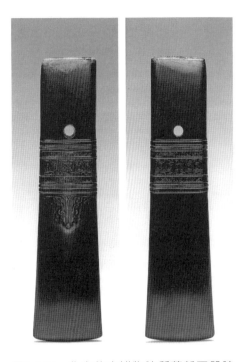

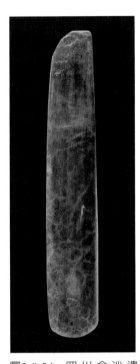

圖3-8-22　北京故宮博物院所藏新石器時代晚期玉斧（引自周南泉主編，1996）

圖3-8-23　山東省博物館所藏龍山文化玉鏟（引自彭卿雲，1994）

圖3-8-24　四川金沙遺址出土玉鑿器（引自古方主編，2005）

（五）本件玉器之眞實價値與重要性

　　綜合以上分析討論可知，本件臺南所藏「玉板」，雖屬古玉無疑，但絕非明代皇室玉圭，而所謂「玉笏」之說，亦完全不符明代規制。至於其與明鄭時期寧靖王朱術桂之聯繫，僅僅只在本件玉板出土於竹滬的地緣關係，該地北側緊臨寧靖王生前所居與墓葬所在之湖內區。

　　再者，透過相關考古出土資料比對結果，可確定這件文物應該屬於年代更爲久遠的新石器時代玉器。另透過各項玉器表面特徵的研判，本件玉板屬於中國大陸史前至夏商時期玉器的可能性極大。至於其流入臺灣的時間與途徑，則較難確切得知。但根據玉板表面人工染色做舊，以及長期人爲收藏盤

摩所散發的古玉光澤，或可進一步推斷本件玉板入臺的時間，很可能在明清時期。

本件玉板的體型碩大，製作精美，器形完整，罕見於歷來考古出土品，故其儘管無法確定為明鄭時期文物，但是仍屬於極為重要的臺灣所出土古代玉器。故連橫先生所言「是此笏也，固足為臺之寶，又不必繫之寧靖而始貴也。」[249]實為相當中肯之評價。

249 連橫，《雅言》，頁59-60。

另一方面，自晚清以來百餘年間，本件玉器始終被多數臺灣士人認定為明鄭時期寧靖王所有，也反映了臺灣人民長期對於明鄭人物治臺二十餘年的追思與崇敬。而本件，「玉板」被視為「寧靖王玉笏」的流傳過程，清楚揭示了此一文物逐漸增添積累的歷史情感與文化價值認同。基於以上原因，此文物之名稱，更改訂名為：「玉板（傳寧靖王『玉笏』）」。

（六）保存現況檢視

本件玉器表存良好，現裝存於由專門訂製的木匣中，惟須注意保存櫥櫃之穩固性，避免文物遭碰撞與掉落。

九、葫蘆埤湖中島石碑、石座

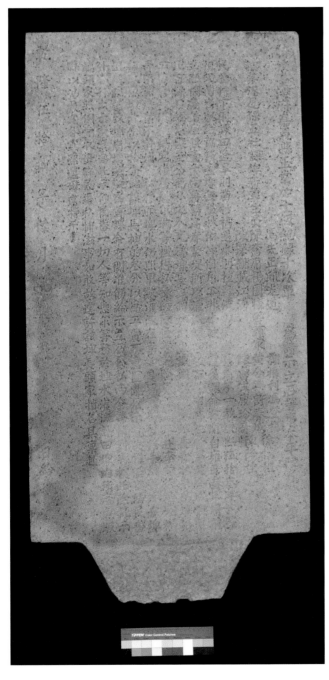

圖3-9-1　葫蘆埤湖中島
石碑正面

　　葫蘆埤湖中島石碑、石座，一組共兩件，2008年6月5日公告爲「一般古物」，公文文號：府文資字第0970124529號。以下各別分述文物特徵、文物研究、重要性，以及保存現況檢視與建議。

（一）文物特徵描述

　　葫蘆埤湖中島石碑花崗岩材質，方首長方扁形石碑（圖3-9-1），碑長含榫120.5公分，不含榫長106.5公分，寬60.3公分，厚11.5公分。碑面平整，打磨細緻，碑面陰刻楷書，碑首無碑題，碑身、碑側皆無紋飾（圖3-9-2），碑身豎寫十六行，共四百六十二字。碑文內容：

> 特授臺灣府嘉義縣正堂、加十級，紀錄十次單，爲請示立石等事。
> 本年（1793）陸月拾壹日，據茅港尾保五社課埤董事生員陳奮庸、馮先正、陳環觀、楊國棟、邱光道、戴江海等，頭家黃合興、謝振利、陳魯生、許春成、馮登權、康珍奇、徐懷祖、陳隆生等呈稱，農民歷耕下則課田，逢旱則苗枯槁，遇水則種漂流，力耕苦累者不一。故康熙伍拾參年（1714），庸等祖父傳齊眾議，協築壹埤，每屆秋淋沖崩，用工非小，破費寔多，課命有關。自雍正參年（1725），周前主勘憫，發借庫銀壹千兩，再築高岸堅堤，所以灌溉課田數百餘甲，帶征管事戴合成，供粟凡百餘石。經眾舉至公無私之人，充爲埤長，議將埤出魚蝦微利，統歸埤長管收，永爲塡築工費。曾被漢棍楊宅，併番愚爾瑞等擅行私採。經陳，臣等乾隆貳拾肆年（1759）赴李前爺呈究枷責，示諭嚴禁，不許漢番私採，而埤水仍照甲數灌溉在案。如良善民番自備手網等項，在埤捕取魚蝦者，原以拾分聽該埤長抽的三分，以爲工費。不意匪亂，原示遺失。惟恐不法民番混規強捕，致埤崩壞；莫敢爲首，課命有關。准飭給示立石，公私兩全，等情到縣。據此，除批示外，合行出示嚴禁。爲此，示仰民番一切人等知悉，爾等務於埤水灌溉課田，埤內

所產魚蝦，聽頭家照例管收，毋許民番私捕滋事。如敢故違，許該
埤長、頭家指名具稟赴縣，以憑嚴究，各宜凜遵，毋違，特示。

乾隆伍拾捌年（1793）陸月日給。（圖3-9-2）

　　葫蘆埤湖中島石碑座，花崗岩材質，長方形無紋飾，中央有一方型凹
槽，為連接石碑接榫處。石座長37.2公分，寬72.8公分，厚8公分；槽長12.5
公分，寬40.5公分，深8公分。石座表面與石碑相比，質地較粗糙，不若石碑
打磨細緻（圖3-9-3、圖3-9-4）。

（二）文物研究

250 何培夫主編、林文睿監修，《臺灣地區現存碑碣圖誌：臺南縣篇》，臺北市：國立中央圖書館臺灣分館，1994年，頁300。

251 曾順忠、曾曉馨，《隆本史話》，臺南：官田鄉農會，2007年，頁12。

252 洪波浪、吳新榮主修，《臺南縣志》「卷一自然志」，臺北：成文出版社，1983年，頁190。

253 井迎瑞總編纂，《官田鄉志》「建設篇」，官田：官田鄉公所，2003年，頁323。

1.「葫蘆埤」名稱考訂

　　葫蘆埤湖中島石碑，碑銜題刻「特授臺灣府嘉義縣正堂、加十級，紀錄十次單，為請示立石等事。」其內容為清代嘉義縣知縣單瑞龍，於乾隆五十八年（1793）立碑葫蘆埤湖中島之事。過去相關資料曾將此碑名稱訂為：「嚴禁民番私補埤水魚蝦碑記」，[250] 或稱「毋許番民私捕塭內魚蝦示禁碑」。[251]

　　「葫蘆埤」位於今日臺南市官田區與麻豆區之間，根據1983年《臺南縣志》紀載，該埤原分兩部，應為「番子（仔）橋溝陂」與「番子（仔）田陂」合成，形似葫蘆，故一般將之統稱為葫蘆埤。[252]2003年《官田鄉志》則稱：「葫蘆埤」以現今隆田通往麻豆之公路一七六縣道為界，南稱為「番仔橋埤」，北稱為「番仔田埤」。[253]

　　本研究所分析之此件清代乾隆朝古碑，原立於該埤塘之內，碑文內紀載了有關此埤興建之由來與相關規約。為了梳理本石碑所在地區與該埤塘之發展歷

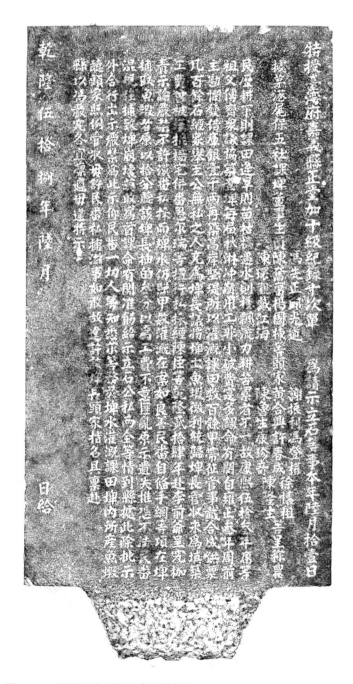

圖3-9-2　葫蘆埤湖中島石碑正面拓本

圖3-9-3　葫蘆埤湖中島石碑、石座側面照

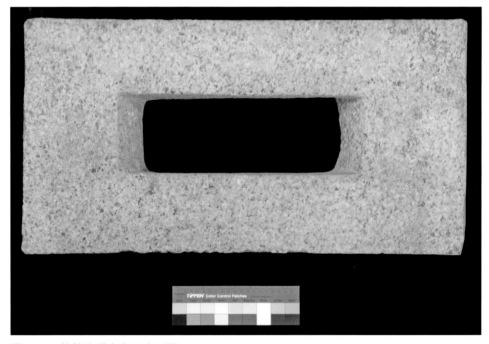

圖3-9-4　葫蘆埤湖中島石座正面

程，以下按照時間先後，逐條分列十三條清代臺灣方志與相關史料中，有關本埤塘名稱或相關地名之記錄：

蔣毓英（1689）《臺灣府志》「卷之六 規制 橋樑 諸羅縣」：「番仔橋 在門化里。」[254]

高拱乾（1696）《臺灣府志》「卷二 規制志 橋樑 諸羅縣」：「番仔橋 在開化里。」[255]

周元文（1712）《重修臺灣府志》「卷二 規制志 橋樑 諸羅縣」：「番仔橋 在開化里。」[256]

周鍾瑄（1717）《諸羅縣志》「卷二 規制志 水利 涸死埤」：「番仔橋溝陂　在茅港尾。灌佳里興、茅港尾二莊。康熙五十六年（1717），知縣周鍾瑄捐銀二十兩助莊民合築。」[257]

劉良璧（1742）《重修福建臺灣府志》「卷五 城池 水利 諸羅縣」：「番仔橋溝陂（在茅港尾·灌佳里興、茅港尾二莊·莊民合築）。」[258]

范咸（1747）《重修臺灣府志》「卷二 規制志 水利 諸羅縣」：「番仔橋溝陂：在茅港尾。灌佳里興、茅港尾二莊。莊民合築。」[259]

余文儀（1774）《續修臺灣府志》「卷二 規制志 橋梁 諸羅縣」：「番仔橋：在麻豆保東，赤山、麻豆往來孔道。」[260]

余文儀（1774）《續修臺灣府志》「卷二 規制志 水利 諸羅縣」：「番仔橋溝陂：在茅港尾。灌佳里興、茅港尾二莊。莊民合築。」[261]

乾隆五十三年（1788）：「茅港尾下營洋，土名大埔田……年帶番子橋埤水壹甲。」[262]

254　（清）蔣毓英，《臺灣府志》，北京：中華書局，1985年，頁137。

255　（清）高拱乾，《臺灣府志》，臺北：臺灣大通書局，1984年，頁42。

256　（清）周元文，《重修臺灣府志》，臺北：臺灣大通書局，1984年，頁49。

257　（清）周鍾瑄，《諸羅縣志》，臺灣研究叢刊，南投：臺灣省文獻委員會，1993年，頁39。

258　（清）劉良璧，《重修福建臺灣府志》，臺北：臺灣大通書局，1984年，頁87。

259　（清）范咸，《重修臺灣府志》，臺北：臺灣大通書局，1984年，頁86。

260　（清）余文儀，《續修臺灣府志》，臺北：臺灣大通書局，1984年，頁96。

261　引同上註，頁106。

262　以下五條史料紀錄引自陳岫傑，〈臺南縣倒風內海人境化之研究〉，2002年，頁57；轉引自韓羽翠，《近代臺南下營地區的開發與發展（1624-1945）》，國立臺灣師範大學歷史學系在職進修碩士班碩士論文，2006年，頁39。

嘉慶二十五年（1820）：「帶五社埤水壹鬮北圳灌溉，坐落土名下營庄前白善格洋（今下營連表）。」

道光十二年（1832）：「自置水路田帶番仔埤水壹甲，坐落在下營社北圳，輪流灌溉，年帶埤長辛勞，谷肆斗。」

道光十八年（1838）：「帶番子橋埤水玖分壹厘六毫，坐在茅港尾觀音亭後洋。」

道光二十二年（1842）：「（鬮份書）茅港尾西保 下營庄 番子橋埤 眾水份人，姜林回、陳光象、陳光柔、曾地固、曾媽陣、洪媽國等，思自奉獻建立此埤。」

根據「葫蘆埤湖中島石碑」碑文內容可知，本埤始建於康熙五十三年（1714），由於此埤為茅港尾保內五社居民合力修築，故本地人將此埤命名為「五社課埤」。而上文所引史料中，蔣毓英、高拱乾、周元文三人所編纂的《臺灣府志》，成書時間皆早於本埤之修建，故僅記載了此地之名，稱之為「番仔橋」，其地以「橋」為名。

到了1717年周鐘瑄《諸羅縣志》中，首次記載了位於茅港尾的「番仔橋溝陂」，而此一名稱，也就是所謂「葫蘆埤」在清代史料中的正式名稱。此一名稱被持續使用了相當長的一段時間，到了十八世紀晚期以後，則被簡化為「番仔橋陂」。

263　臨時臺灣土地調查局，《臺灣土地慣行一斑》第二編，臺北：南天書局，1998年，頁575。

待進入二十世紀初的日治時期，在明治三十七年（1904）臺灣總督府於所出版的《臺灣土地慣行一斑》「鹽水港廳」一節中，仍然明確指出：「茅港尾西堡 五社埤：五社埤一稱番仔橋埤，位於麻豆與赤山堡之郊界。」263

整體說來，透過以上諸史料的編年爬梳，可以確定今日一般所俗稱的「葫蘆埤」，其原本正式名稱應為「番仔橋溝埤」或「番仔橋埤」，而本地居民則稱其為「五社（課）埤」。

2. 葫蘆埤（番仔橋埤）位置與規模

　　有關葫蘆埤（番仔橋埤）的地緣位置，根據《諸羅縣志》所稱：「番仔橋溝陂，在茅港尾。灌佳里興、茅港尾二莊。」[264]而《官田鄉志》則言：「五社埤（俗稱番仔橋埤）。此陂在昔爲溝渠，陂之東近山，陂之西接港……」[265]對照康熙時期的《臺灣輿圖》，可見清初的十七世紀晚期諸羅縣內茅港尾地區所在的約略位置，故葫蘆埤（番仔橋埤）可能就在圖3-9-5紅圈的範圍之中。[266]

264　（清）周鍾瑄，《諸羅縣志》，臺灣研究叢刊，南投：臺灣省文獻委員會，1993年，頁39。

265　井迎瑞總編纂，《官田鄉志》，頁323。

266　改繪自康熙年間《臺灣輿圖》。

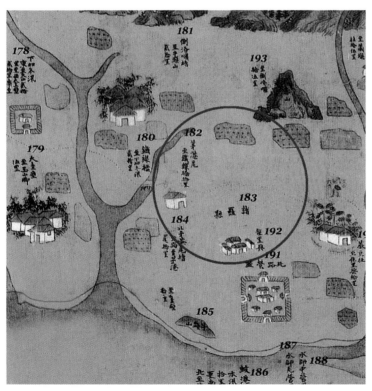

圖3-9-5　《康熙臺灣輿圖》抄本（國家重要古物）中的茅港尾、佳里興一帶（圖片提供：國立臺灣博物館）

267 原文：「五社埤ハ一ニ番仔橋埤ト稱シ蔴荳赤山兩堡界ニアル埤ニシテ乾隆年間下武衛、茅港尾、中營、連表、西藔五社ノ有志者ニ於テ醵金ヲ鳩メテ開設シタルモノニ係リ現ニ管理人ヲ置キ管理セシメツツアリ管理人ハ年年ノ交替ニシテ關係業佃ノ選任ニ依ル本埤ハ水量僅少ニシテ廣ク灌用トスルニ足ラス殊ニ當地方ハ大部ハ園地ニ係ルヲ以テ僅カニ沿界ノ田園ヲ灌溉スルニ過キス食水田園ハ一分ニ付水租銀二俵ヲ負擔シ若シ食水ヲ要セサルトキハ其負擔ヲ免ルルモノトス」，引自臨時臺灣土地調查局，《臺灣土地慣行一斑》，頁575；中譯文引自韓羽翠，《近代臺南下營地區的開發與發展（1624-1945）》，頁38。

268 引自中央研究院人社中心地理資訊科學研究專題中心，「臺灣百年歷史地圖」：日治二萬分之一臺灣堡圖（明治版）網址：http://gissrv4.sinica.edu.tw/gis/twhgis.aspx（點閱日期：2015.2.5）

269 引自中央研究院人社中心地理資訊科學研究專題中心，「臺灣百年歷史地圖」：日治二萬分之一臺灣堡圖（明治版）網址：http://gissrv4.sinica.edu.tw/gis/twhgis.aspx（點閱日期：2015.2.5）

日治時期《臺灣土地慣行一斑》之中，提到了葫蘆埤（番仔橋埤）在清代的開發過程與使用狀況：

> 係乾隆年間，下武衛（右武衛）、茅港尾、中營、連表、西寮五社之有志者鳩聚醵金開設，現設置管理人，年年交替且由有業佃關係者中選任。本埤水量僅少，灌用廣度不足，當地大部分為園地，僅沿界的田園可供灌溉。[267]

由於清代地圖不甚精確，史料文獻中對於葫蘆埤（番仔橋埤）位置的描述，也相當粗略模糊，故要晚至日治時期土地調查完成後，才有較明確的位置可供對照，而後人對於葫蘆埤（番仔橋埤）規模的認識，也是在日治時期才較為明朗。參照二萬分之一的明治三十七年（1904）《臺灣堡圖》（圖3-9-6），[268]可以大致確認番仔橋埤的位置，是在麻豆堡與赤山堡之間，如再將《臺灣堡圖》套疊今日地圖（圖3-9-7），[269]便可知百餘年來葫蘆埤的實際形態，實未有太大改變，唯埤塘規模略有差異。

所謂「埤」，又稱「陂」或「池」，是清代臺灣常見的一種水利設施，其構築方法是在地勢相對低下的地方，以人工進行修築，修堤儲水或截流以灌田，而其形狀則圓地方

沼皆有。[270]在清初周鍾瑄所著《諸羅縣志》中，將
葫蘆埤（番仔橋埤）的類型歸爲「涸死陂」，所謂
的涸死陂，是「不用築堤而地勢卑下，築堤以積雨
水」的一種埤塘，雖「小旱亦資其和」，但「久者
涸矣」，[271]所以需要打雷下雨時，才會有蓄水的機
會，故臺灣南部農民謔稱其爲「雷公陂」。[272]前文
所引《臺灣土地慣行一斑》中提到，此埤：「水量
僅少，灌用廣度不足，當地大部份爲園地，僅沿界
的田園可供灌漑。」可見當時葫蘆埤（番仔橋埤）
的規模，應該是比較小的。

270　王柏山等，《臺灣地區水資源史》，南投：臺灣省文獻委員會，2000年，頁19。

271　（清）周鍾瑄，《諸羅縣志》，南投：臺灣省文獻委員會，1993年，頁39。

272　陳鴻圖，《臺灣水利史》，臺北：五南圖書，2009年，頁71。

圖3-9-6　《臺灣堡圖》中的葫蘆埤（改繪自註268網址資料）

圖3-9-7　《臺灣堡圖》套疊今日地圖（引自註269網址資料）

273　石再添主編，
《臺灣地理概論》，
臺北：臺灣中華書
局，1995年，頁16-18。

274　蔡志展，《明
清臺灣水利開發研
究》，南投：臺灣
省文獻委員會，1999
年，頁19。

3. 葫蘆埤（番仔橋埤）修建歷程

　　臺灣地勢高峻，但幅員狹小，河流短小又坡降落差大，因此坡陡流急；雖有雨量豐沛之時，但季節分配不均，降雨量集中，洪枯水量相差甚遠。[273]由於臺灣地質脆弱，加上河流短促，雨季時，洪水奔騰而下，缺少蓄留的時間和空間，宣洩不及，易氾濫成災，但水雖多，卻難以為用；到了乾季時，河床見底，流量少而乏水可用。[274]

　　所以若要發展穩定的農業，興修水利設施成為了

臺灣農業發展的重要基礎建設。清朝治臺之初，官方並未積極規劃並開展地方建設，故水利設施的興修，大體皆以在地莊民合資構築，做為主要開發模式。[275]根據本件石碑之碑文內容所稱，葫蘆埤（番仔橋埤）的修築是在康熙五十三年（1714），由茅港尾當地居民「傳齊眾議，協築壹埤」，其成員包含了茅港尾保五社課埤董事生員：陳奮庸、馮先正、陳環觀、楊國棟、邱光道、[276]戴江海等，以及頭家黃合興、謝振利、陳魯生、許春成、馮登權、康珍奇、徐懷祖、陳隆生等共十四人之祖父輩。而這座埤塘的修築，為何須要如此眾多的居民參與？其原因實為所需工程費用頗高。根據碑文內容所稱，該埤「每屆秋淋沖崩，用工非小，破費寔多」。

此外，本地的地方官員對於葫蘆埤（番仔橋埤）的修築，亦相當重視。據碑文內容：「自雍正參年（1725），周前主勘憫，發借庫銀壹千兩，再築高岸堅堤，所以灌溉課田數百餘甲。」碑文中所提到的「周前主」，便是當地知縣周鍾瑄，周氏於康熙五十三年（1713）擔任臺灣府諸羅縣知縣。周氏在任期間，建樹豐碩，嘉南平原的水利設施共七十四處之中，周鍾瑄助修了其中的三十二處埤圳，捐穀約二千石，捐銀近百兩。[277]而周鍾瑄對於茅港尾的「番仔橋溝陂」的關注，則是在康熙五十六年（1717）「捐銀二十兩助莊民合築。」[278]另根據碑文內容可知，到了雍正三年（1725），這時已經調任臺灣縣知縣的周鍾瑄，更是「發借庫銀壹千兩」，增建高岸堅堤，以修繕本座埤塘，對於茅港尾地區的農墾開闢，有著相當重要的貢獻。

值得一提的是，上述碑文所稱周鍾瑄「發借庫銀壹千兩」之事，其金額之高，不免令人驚訝，但是畢竟此為1793年乾隆古埤所明載之事。到了二十世紀初，在黃清淵所撰〈茅港尾八景追記錄〉中所舉「西疇收穫」中，

275 蔡志展，《明清臺灣水利開發研究》，南投：臺灣省文獻委員會，1999年，頁81、203。

276 以往資料將人名誤植為「陳國棟」與「邱道光」，現更正為「楊國棟」與「邱光道」。

277 陳鴻圖，《臺灣水利史》，臺北：五南圖書，2009年，頁186。

278 （清）周鍾瑄，《諸羅縣志》，臺灣研究叢刊，南投：臺灣省文獻委員會，1993年，頁39。

除了記述其訪查民間所傳清代茅港尾五社埤（番仔橋埤）興築過程之外，也提到了這件清朝官員挹注大量資金之事：

> 去街之東南約三里（臺里），有一陂焉。水深而魚肥，稱曰五社埤（俗稱番仔橋埤）。此陂在昔爲溝渠，陂之東近山，陂之西接港；雖有堤防，未易鞏固。先輩合五社之力而經營，相其地勢，可鑿者鑿之，可堰者堰之。又惑於迷信，嘗對清政府借入千金以壓禳之費，三年民力而後厥功告成；且立石，以記其事……。[279]

279 黃清淵，〈茅港尾八景追記錄〉，《南瀛文獻》，第一卷第一期，1953年，頁43。

可知民間對於此一「發借庫銀壹千兩」之事，歷經了長時間的輾轉傳述，而最後被認定理解的說法是：居民因「惑於迷信」，故曾向清朝官方「借入千金以壓禳之費」。

4. 清代葫蘆埤（番仔橋埤）管理與規約

根據《諸羅縣志》「規制志 水利」一節，逐條述明各種水利設施之「陂」、「圳」、「湖或潭」之特徵：

> 凡築堤瀦水灌田，謂之陂；或決山泉、或導溪流，遠者數十里、近亦數里。不用築堤，疏鑿溪泉引以灌田，謂之圳；遠者七、八里，近亦三、四里。地形深奧，原泉四出，任以桔槔，用資灌溉，謂之湖（或謂之潭）；此皆旱而不憂其涸者也。又有就地勢之卑下，築堤以積雨水，曰涸死陂；小旱亦資其利，久者涸矣。[280]

280 （清）周鍾瑄，《諸羅縣志》，臺灣研究叢刊，南投：臺灣省文獻委員會，1993年，頁34。

「埤」的性質是一種蓄水池，挖掘凹地以便蓄積泉水、雨水或河流之水，蓄

水灌溉，通常以眾人合築的方式開發與利用。而茅港尾的葫蘆埤（番仔橋埤），最初也是以漢人進行集體開發，但為了確保營運的正常，當地遂逐漸發展出了相應的管理組織與規約。

有關清代埤、圳等水利設施的營運組織，包含了埤主（或圳主）、埤圳之管理、水租的徵收等等。從本件石碑的碑文內容中可知，葫蘆埤（番仔橋埤）是經過眾人推舉，選用「至公無私之人充為埤長」，然後透過眾人合議，「將埤出魚蝦微利，統歸埤長管收，永為填築工費」。另「在埤捕取魚蝦者」，則是要將捕獲所得，「拾分聽該埤長抽的三分，以為工費」。由於番仔橋埤並非「獨資開發」或「合夥投資」藉以營利，而是莊民出於灌溉農地之所需，聚合眾力構築，因此並無牽涉水租繳納的問題，故該埤之管理費用，僅是抽取埤中捕獲魚蝦之利，用以充做修築埤塘之所費。

另透過本石碑碑文內容，也可得知在本埤塘的管理過程中，不免出現了一些違反規約的問題，例如乾隆二十四年（1759）就有當地的漢、番居民，嚴重破壞既有規約，像是漢人惡棍楊宅、愚番爾瑞等人「擅行私採」一事。經向上陳報「李前爺」，即當時在任的諸羅縣知縣李俊（任期為乾隆二十二年至乾隆二十五年；1757-1760），故官府就針對這些犯罪者進行了枷審訊與責罰，並公開「示諭嚴禁，不許漢番私採」埤內魚蝦。

又過了三十餘年後的乾隆五十八年（1793），此時擔任嘉義縣知縣的單瑞龍，仍然相當重視本埤塘規約的落實，為了防範民番不法捕獲魚蝦，導致埤塘毀壞，故再次立石以諭飭，重申嚴禁私捕之令：

> 惟恐不法民番混規強捕，致埤崩壞；莫敢為首，課命有關。准飭給示立石，公私兩全……。示仰民番一切人等知悉，爾等務於埤水灌溉課田，埤內所產魚蝦，聽頭家照例管收，毋許民番私捕滋事。

單瑞龍同時也賦予了本埤塘管理者相當之權力，如有人違反禁約，則「許該埤長、頭家指名具稟赴縣，以憑嚴究」。

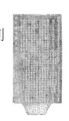

（三）葫蘆埤湖中島石碑之重要性

本件乾隆古碑歷經了二百餘年的滄桑歲月，外觀仍然保存完整，碑文內容亦清晰可辨，而透過碑文所載內容，以及本研究之考証結果，對於歷來「葫蘆埤」名稱眾說紛紜的狀況，可以進一步提出較爲清晰的認識。

首先是根據碑文與相關史料，可知本埤在十八世紀初建成以後，直至二十世紀初，是被稱爲「五社（課）埤」，又稱「番仔橋溝埤」或「番仔橋埤」。是故，過去將「番仔橋溝埤」與「葫蘆埤」稱做是兩個修建時間不同埤塘的說法，[281]實則有誤。至於在《臺南縣志》中稱此埤爲「番子（仔）橋溝陂」與「番子（仔）田陂」之合成，形似葫蘆，故俗稱「葫蘆埤」的說法，[282]並未見於史料，應該是相當晚近的一種說法。

再者，「葫蘆埤湖中島石碑」具有相當重要之史料價值，具體反映十八世紀臺南市北部茅港尾地區水利開發的實際狀況，同時揭示了今日稱之爲「葫蘆埤」的「番子橋溝陂」，在清代開發、經營與管理上的相關細節。

另一方面，透過本次古物調查研究成果，首次記錄了「葫蘆埤湖中島石碑」的清晰拓本，同時也藉此校訂了過去刊行資料中所載本碑碑文內容的一些錯誤。[283]例如碑文第三行「楊」字（圖3-9-8）、第六行「工」與「小」字（圖3-9-9、圖3-9-10）、第八行「眾」字（圖3-9-11）、第九行「經」字（圖3-9-12）、第十一行「該」字（圖3-9-13）等。

281 李慶章，《南瀛埤塘誌》，臺南：臺南縣政府，2007年，頁65、127、131。

282 洪波浪、吳新榮主修，《臺南縣志》「卷一自然志」，臺北：成文出版社，1983年，頁300。

283 「臺南縣志今已遺失碑碣之碑文」；見於何培夫主編、林文睿監修，《臺灣地區現存碑碣圖誌：臺南縣篇》，臺北市：國立中央圖書館臺灣分館，1994年，附錄一，頁300。

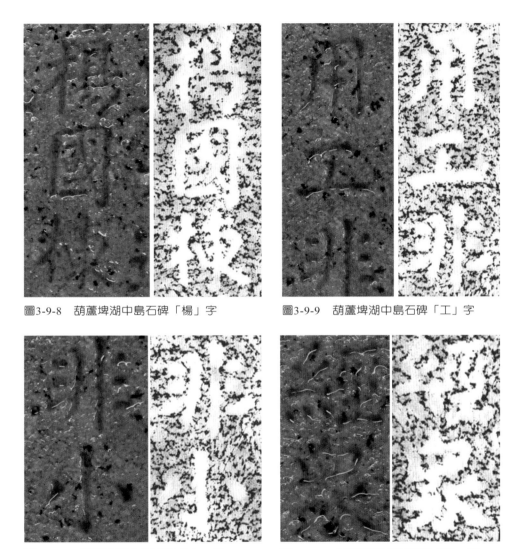

圖3-9-8　葫蘆埤湖中島石碑「楊」字　　　　圖3-9-9　葫蘆埤湖中島石碑「工」字

圖3-9-10　葫蘆埤湖中島石碑「小」字　　　　圖3-9-11　葫蘆埤湖中島石碑「眾」字

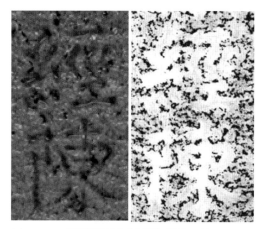
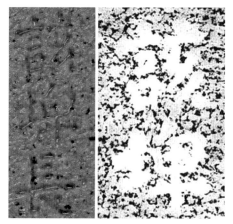

圖3-9-12　葫蘆埤湖中島石碑「經」字　　　圖3-9-13　葫蘆埤湖中島石碑「該」字

（四）保存現況檢視與建議

　　葫蘆埤湖中島石碑、石座，原矗立於葫蘆埤（番仔橋埤）湖中之島上（圖3-9-14、圖3-9-15），之後移至臺南市麻豆區總爺藝文中心，而現今則保存於臺南市鄭成功文物館庫房內，放置於木質棧板之上，而原碑石所在地點則豎立了民國九十六年（2007）所複製之新碑。

　　本石碑為花崗岩材質，因其原矗立於葫蘆埤湖中島之上（圖3-9-16），常被湖水所淹沒（圖3-9-17），[284]故碑面可見明顯水漬舊痕（圖3-9-18）。全碑除碑首邊角處，略有小面積缺損之外（圖3-9-19），基本保存狀況良好。

284　井迎瑞總編纂，《官田鄉志》，頁324，圖四。

圖3-9-14　葫蘆埤湖中島遠眺

圖 3-9-15　葫蘆埤通向湖中島之土堤

圖3-9-16　原址所立之複製
　　　　　新碑

圖3-9-17　古碑遭雜物覆蓋與湖水淹沒之景（引自井迎瑞總
　　　　　編纂，2003）

圖3-9-18　石碑正面水漬痕

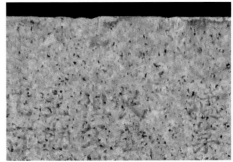

圖3-9-19　石碑碑首右上角缺損

十、蔣公堤功德碑

圖3-10-1　蔣公堤功德碑正面

蔣公堤功德碑，2010年10月24日公告爲「一般古物」，公文文號：府文字第09903401098號以下分述其文物特徵描述、文物研究，以及保存現況檢視與建議。

（一）文物特徵描述

蔣公堤功德碑，材質爲花崗岩，由上而下分爲碑身、梯形碑座，共兩個部份。碑身長231公分，寬86.7公分，厚13.6公分，插於梯形碑座之上。梯形牌座高33公分，上部長94.5公分，寬41公分，下部長103.5公分，寬43.5公分。全碑固定於二階磨石子水泥材質近代臺座之上，水泥臺座長260公分，寬175公分，高65公分（圖3-10-1至圖3-10-4）。

碑身爲扁平長方形，碑頂兩側短斜面轉角，碑額正中方牌內，豎寫「皇清」二字，兩側有龍紋，碑面起首陰刻「蔣公堤」三字橫寫，碑文由右自左豎寫，共十二行，全文內容如下：

> 公諱允焄，號爲光，貴陽金竹人也。乾隆二十八年（1763）蒞臺灣府任。三十年春（1765），建築臺北、諸南之洲仔尾塭岸，延長五里許，岸高七尺有奇，面寬六尺，造木橋十四。三十三年（1768），公陞任分巡臺澎兵備道兼理提督學政。抵臺之日，見堤岸坍塌，橋樑損壞，無有修者。公復捐俸重修，派委朱登、陳朝樑等十六人管工督造。堤岸增高五尺，面加廣一丈；添造木橋十六，開渠疏流入海。經始於庚寅（乾隆三十五年，1770）仲冬十六日，越十二月念二日告竣，計費白金（銀）二千有奇。
>
> 是公之建造此堤，利濟全臺。往來行旅皆曰：「此，蔣公堤也！直與蘇公堤後先媲美，誠千古罕有之功德也！」我臺民合相率勒石，以誌不朽。
>
> 乾隆三十六年（1771）正月　日，闔臺士民仝勒石。
>
> 董事朱登、陳朝樑、陳珪、康高、張連榜、鄭選、陶崑、沈嘉、陳

285 何培夫主編、林文睿監修，《臺灣地區現存碑碣圖誌：臺南縣篇》，臺北市：國立中央圖書館臺灣分館，1994年，頁156。

元禧、謝秩、趙光、鄭大成、王春、薛章、張遑、王海。總理戴天祿、呈請脩葺張疇（圖3-10-5）。[285]

全碑固定於二層磨石子水泥臺座之上，碑底與碑座接合處，有水泥黏附加固痕，碑身插於梯形碑座上，碑座正面方框內浮雕回首麒麟紋（圖3-10-6）。

（二）文物研究分析

1. 蔣允焄在臺治績

蔣允焄，字為光，號金竹，自號金筑生，貴州貴筑人，乾隆二年（1737）進士，選庶吉士，官翰林院檢討。初任官為浙江餘姚知縣，後調甘肅秦安、直隸懷安。又擢著州知州，後升任九江知府。至乾隆二十五年（1760）轉任福建漳州府，二十八年（1763）8月移知臺灣府事。乾隆三十三年（1768）再陞分巡臺澎兵備道，兼理提督學政。[286]

286 盧錦堂主編，《臺灣歷史人物小傳：明清時期》，臺北市：國家圖書館，2001年，頁304。

允焄在臺建設頗豐，因俗為政，平易近人。蔣氏相當注重防洪治水，新修塭堤岸橋，使濫流就範，蓄洩灌溉，利濟農田，便捷交通；另疏濬南湖，就湖畔修建書院，以推廣文教。又好築亭園，修建半月樓、鴻園、道署褆室等十三勝景。

蔣允焄為官所至，均有政聲，且在臺為政日久，臺民甚為感激，當地士子遂於乾隆三十一年（1766）主動立碑刻石「蔣公允焄去思碑」，以感念時任臺灣知府的蔣氏各項政績。此碑製作完成之年代，早於「蔣公堤碑」五年，碑文內容如下：

嘗聞天生偉人，必有不朽事業，足以彪炳宇宙，而昭垂今古（以下

圖3-10-2　蔣公堤功德碑反面

圖3-10-3　蔣公堤功德碑側面

圖3-10-4　蔣公堤功德碑斜側視

圖3-10-5　蔣公堤功德碑拓本（引自何培夫主編，1994）

圖3-10-6　蔣公堤功德碑梯形碑座正面浮雕回首麒麟紋

殘損）……刺史蔣老夫子，其偉出者也。

　　公諱允焄，號爲光，黔省貴陽人也。（以下殘損）……公以文章華國，兼具幹濟才。聖天子知之，俾以民社之寄，爰除外任。歷試懷安、餘姚諸劇邑，循（以下殘損）……州。所在有政績，至今民謳思弗替。癸未歲，揀調臺守。列憲以臺屬番民雜處，海外重地，緊異人任。稔知公才，（以下殘損）……上可其奏。臺之民望公如望歲焉。公甫下車，興利除弊，有（以下殘損）……道篆，攝理防憲篆，平斗斛，正錢法以及恤商賑貧諸善政（以下殘損），……萬壽宮，修整各廟宇，營建宮廳，無非公之大有造於臺，方諸（以下殘損）……府治左，諸生親受甄陶，其藻鑑公明，不啻水衡玉尺；且特（以下殘損）……歲庶正，捐給膏火；細至構文棹橙，不惜捐俸備造。三年中（以下殘損）……東，新設「南湖」，俾兩書院巍煥

壯觀，多士得絃誦其間，皆（以下殘損）……
者，正未有艾。程等受公之恩，思公之德，靡
不感激（以下殘損）……。沐恩崇文書院掌
教訓導陳鵬程暨肄業生員吳明玉、董日勉、
林開泰、謝（以下殘損）……、楊（以下殘
損）……、謝（以下殘損）……。
乾隆三十一年（1766）歲次丙戌□月（以下殘
損）……。[287]

287　〈蔣公允焄去思碑〉，過去調查時發現被棄置於臺南市西區人合街普濟廟(普濟殿)前榕樹下。碑已多殘損，下缺一段，上失其額，故文多佚斷；參見臺灣銀行經濟研究室，《臺灣南部碑文集成──上》，南投：臺灣省文獻委員會，1994年，頁73-74。

288　(清)謝金鑾，《續修臺灣縣志》，臺北：臺灣大通書局，1984年，頁499-508。

289　盧錦堂主編，《臺灣歷史人物小傳：明清時期》，頁304。

此外，在清代臺灣方志如《續修臺灣縣志》中，也載有蔣允焄所主持之多項建設政績，例如「新建萬壽宮碑記」、「增建武廟官廳碑記」、「重修鎮北坊天后廟碑記」、「改建東海書院碑記」、「新建南湖書院碑記」、「水仙宮清界勒石碑記」、「新潴永康里南湖碑記」、「重建德安橋碑記」、「新建塭岸橋碑記」等碑文，[288]顯示了蔣允焄在臺灣任官期間，建設頗多，爲人所稱頌。到了乾隆三十六年（1771），臺灣士民再次主動勒石「蔣公堤公德碑」，藉以感念蔣允焄分別在臺灣知府、分巡臺澎兵備道任內，持續關注並主持當時臺南洲仔尾一帶堤岸、橋梁的修築。而也就在這一年，蔣允焄改調福建海防汀漳龍道，[289]遂離開了臺灣，結束他在此地爲官的仕途生涯。

2. 蔣公堤地緣脈絡及其緣由

本件碑石所記之蔣公堤，爲蔣允焄治臺眾多建設之一。乾隆三十六年（1771），臺灣士民感念蔣允焄修築臺南洲仔尾一帶塭岸的長堤與橋樑，不僅是在其擔任臺灣知府時，戮力爲之，更在蔣氏陞任分巡臺澎兵備道之後，捐俸重修，以利全臺南北行旅；而臺地居民對此一種爲「蔣公堤」的政績，更形容其足以媲美杭州西湖上宋代蘇東坡所建的「蘇公堤」，故勒石頌

德，以誌其不朽。

　　至於「洲仔尾」的地理位置，約位於現今鹽水溪（舊稱新港溪）下游南岸地區，臺南市北區永康工業區內。[290]而當時所謂「洲仔尾塭岸橋與長堤」所處地點，實為臺江浮覆之前，濱臨臺江內海的港澳。

　　清領以後，臺灣首任知府蔣毓英認為「洲仔尾」適合闢為鹽田，故由官方出資在洲仔尾開闢鹽埕，引臺江內海之海水曬製成鹽，昔日稱鹽田為鹽埕，故此地又之稱「洲仔尾鹽埕」。[291]然而，當時位於蔦松溪南北兩岸的洲仔尾鹽場，屢遭強風豪雨及洪水之害，鹽田亦屢次遭到沖毀，而風雨所帶來最大的傷害，則是則來自於內海邊緣泥沙的堆積，故此地曬鹽業遂於乾隆二十三年（1758）以後，全數遷往諸羅縣。[292]

　　清乾隆年間，水患問題始終為「洲仔尾」居民的困擾。朱景英《海東札記》中即言：

> 南北溪流錯雜，皆源發內山，勢如建瓴；大雨後尤迅急不可屬揭，行旅苦之。郡城北十里許有洲子尾，地極窪坳，通途為之中斷。[293]

另在道光年間的《福建通志臺灣府》中，亦稱：「郡北之洲仔尾及嘉義縣地，水深浪湧，舟不能近，無由登陸，此險之在內者也」。[294]可知鄰近臺江內海的洲仔尾，港澳水深流急，舟船亦難以停靠，而該地地勢低窪，大雨後飽受新港溪（今鹽水溪）水患之苦，造成了南北行旅交通的困難，使得這個位於諸羅縣與臺灣縣交界的南、北兩路官道要衝，屢有中斷。

290　黃文博，《南瀛地名誌：新豐區卷》，臺南：臺南縣政府，1998年，頁99。

291　盧嘉興，〈臺南縣鹽場史略〉，收於《輿地纂要 南瀛文獻叢刊第二輯》，臺南：臺南縣政府，1981年，頁197-208。

292　吳建昇，〈臺江浮覆以前的洲仔尾〉，《臺南科技大學通識教育學刊》，第七期，2008年，頁216-218。

293　朱景英，《海東札記》，臺北：臺灣大通書局，1987年，頁8。

294　不著撰人，《道光福建通志臺灣府（中）》，臺北：文建會，2007年，頁567。

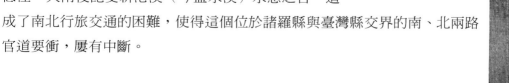

295　今塭岸橋與其碑記皆已不存，僅以蔣公堤功德碑記傳世；見何培夫主編，《臺灣地區現存碑碣圖誌臺南縣篇》，頁283。

296　現今所見《新建塭岸橋碑記》石碑為近代仿古新刻，見何培夫主編，《臺灣地區現存碑碣圖誌 臺南縣篇》，頁283。

297　改繪自《康熙臺灣輿圖》。

298　改繪自《乾隆臺灣輿圖》。

另一方面，在乾隆丙戌年（乾隆三十一年；1766）蔣允焄所撰文題刻的《新建塭岸橋碑記》碑文內容中（圖3-10-7），[295]更明確指出了「蔣公堤公德碑」中所記「洲仔尾」的地理位置，以及當時河水氾濫的實際狀況：

> 出郡治迤北十里，有地曰洲仔尾，道諸彰二邑者，必經於是，固北路之衝衢也。地湾下，經三里許，坍圮多流潦。春夏之交，霖雨泛溢，積淖奔谿，往來病涉。附近居民，設竹筏以濟，因挾以爲利；行旅尤艱之。[296]

由此可知，洲仔尾的位置在郡治以北十里，參照《康熙臺灣輿圖》（見圖3-10-8紅框處），[297]以及《乾隆臺灣輿圖》中洲仔尾的地理位置可知（見圖3-10-9紅框處），[298]洲仔尾居於當時的新港溪下游南岸，是瀕臨臺江內海的港口。由於在春、夏兩季豪雨氾濫，新港溪河水漲流急，造成了洲仔尾所在地區來往交通的困難。再加上當地居民搭造竹筏以濟渡，並爭相以此謀利，更造成了此地行旅交通條件的惡化。此時擔任臺灣知府的蔣允焄，「每過其地，輒思爲經久之謀以便民」，遂決定「捐俸率先」，「相度形勢」，積極展開防洪治水工程：

> 岸沒者埭之，淤停者疏之，流彙者洩之；造木橋六所，爲水門十五道；堅築長隄，廣一丈五尺、上廣八尺、高六尺、延袤八百餘丈，以竹障其兩旁，植基孔固。經始於丙戌年（1766）四月，閱三月而工竣。向之沙崩湍激、坎窞沮沼、洄洑無定所，而篙師狙獪，持緩急以困旅人者，今而後如履康莊，入蕩平之道矣。[299]

299　何培夫主編，《臺灣地區現存碑碣圖誌臺南縣篇》，頁283。

圖3-10-7　《新建塭岸橋碑記》拓本（引自何培夫主編，1994）

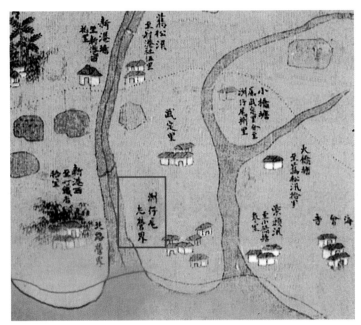

圖3-10-8　《康熙臺灣輿圖》抄本（國家重要古物）中「洲仔尾」
　　　　　之位置（圖片提供：國立臺灣博物館）

圖3-10-9　《乾隆臺灣輿圖》中「洲仔尾」之位置（圖片提供：國
　　　　　立故宮博物院）

　　蔣允焄在臺灣知府任內，修築洲仔尾堤岸，搭造跨溪橋樑的建設成果，有效地改善了當地的交通。但根據〈蔣公堤公德碑〉內容可知，由於缺乏後續管理維護，僅在短短數年之後，當蔣允焄再次來到洲仔尾時，已是「堤岸坍塌，橋樑損壞，無有修者」。這時的蔣允焄已經升任分巡臺澎兵備道，同時兼任提督學政，他擁有比以前更大的行政權力，便毫不考慮地決定再次「捐俸重修」，而對於洲仔尾堤岸的二度整治，透過「蔣公堤公德碑」碑文內容可知，這次他採取了更具有規模的作法，不僅將「堤岸增高五尺，面加廣一丈；添造木橋十六」，同時規劃「開渠疏流入海」。而這項利濟生民的政績，也為他贏得了全臺居民的感念，遂再次勒石立碑以記其功。

　　清代晚期，隨著臺江內海的逐漸淤積，洲仔尾距離海岸日遠，道光三年（1823）7月，由於連日豪雨成災，造成灣裡溪（舊曾文溪）上游因山洪暴發、溪流改道，直入臺江內海。由於洪水挾帶泥沙土石，促進了內海堆積作用的形成，使得臺江頓時縮減，形成了一大片海埔新生地，而濱鄰內海的洲仔尾，亦因臺江浮覆而頓失港口漁村之機能，雖然仍有北路官道交通經過，但其盛況已大不如前。[300] 到了二十世紀初，「洲仔尾」持續沒落，在明治三十七年（1904）《臺灣堡圖》中，位於鹽水溪南岸「武定內里」內的「洲仔尾」聚落規模，甚至已遜於東北側的「鹽行」與「三崁店」（圖3-10-10）。[301]

　　而「蔣公堤功德碑」保存現址，位於臺南市永康區三民里的臺糖永康糖廠區公園內，緊鄰鹽水溪南岸，地近古塭岸橋、堤遺址。[302] 如對照於《臺灣堡圖》的位置，約略在「三崁店」聚落的西側，「洲仔尾」與「鹽行」的東北側（圖3-10-11）。[303] 而從「洲仔尾」向東北方延伸至「三崁店」，距離約長三公里左右的區塊，或許即是十八世紀中期的乾隆年間，蔣允焄修築「洲仔尾塭岸長堤與橋樑」的可能位置。

300　吳建昇，〈臺江浮覆以前的洲仔尾〉，頁223。

301　改繪自網址：http://gissrv5.sinica.edu.tw/GoogleApp/JM20K1904_1.php

302　何培夫主編、林文睿監修，《臺灣地區現存碑碣圖誌：臺南縣篇》，頁283。

303　改繪自網址：http://gissrv5.sinica.edu.tw/GoogleApp/JM20K1904_1.php

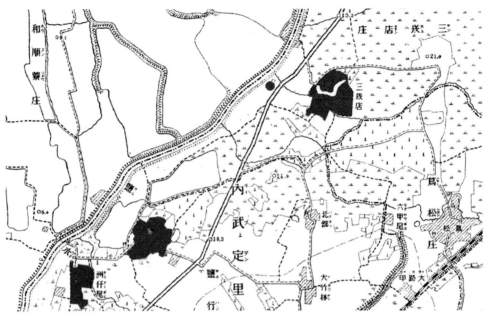

圖3-10-10　《臺灣堡圖》中的洲仔尾、鹽行、三崁店（改繪自註301網址資料）

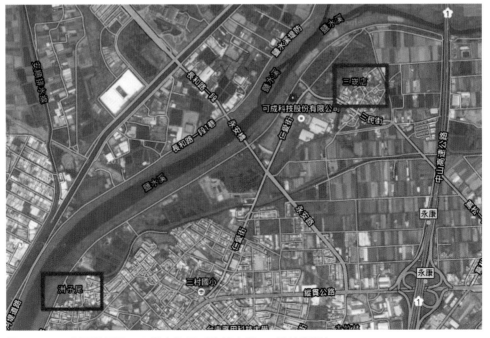

圖3-10-11　今日洲仔尾、三崁店位置（改繪自註303網址資料）

（三）「蔣公堤功德碑」重要性

「蔣公堤功德碑」，全碑高達260餘公分，是臺南市現存古碑中尺寸較大之大型石碑。本碑刻成時間距今已二百四十餘年，但碑體保存完整，碑身紋飾與銘文亦相當清晰。另一方面，「蔣公堤功德碑」現存位置及其碑文內容，也具體反映了臺南市北區洲仔尾一帶的歷史發展與自然環境變遷，以及清乾隆時期駐臺官員蔣允焄，在此地持續推動水患防治的史實。

蔣允焄在臺為官期間，政績頗豐，其中屬臺地居民紀念蔣氏德政功蹟者，共有兩件，一為「蔣公允焄去思碑」（1766），另一即為本件「蔣公堤功德碑」，但前者業已殘損逸失，惟存後者。

至於紀錄有關蔣氏整治洲仔尾堤岸的清代古碑亦有兩件：一為「新建塭岸橋碑記」（1661），另一即為本件「蔣公堤功德碑」，而前者同樣業已逸失不存，僅見後人仿刻新碑。相形之下，更體現了「蔣公堤功德碑」的珍貴性及其所具有之重要歷史與文化價值。

（四）保存現況檢視與建議

本件蔣公堤功德碑，現存於臺南市永康區三民里，臺糖永康糖廠（三崁店）舊辦公大樓前的公園內（圖3-10-12）。全碑保存現況大致良好，固定於二層磨石子水泥臺座之上，唯碑底與碑座接合處有破損痕跡（圖3-10-13）以及水泥黏附加固痕（圖3-10-14）。此碑之材質為花崗岩，四周皆為大樹環繞，碑身外觀大致保存完好，但未來仍建議需注意碑體表面風化問題，同時需加強周邊環境管理，避免人為刻意破壞古物。

圖3-10-12　蔣公堤功德碑周邊環境

圖3-10-13　碑底與座接合處破損

圖3-10-14　碑底與碑座接合處的水泥黏附加固痕

十一、乾隆乙亥年水堀頭橋石碑

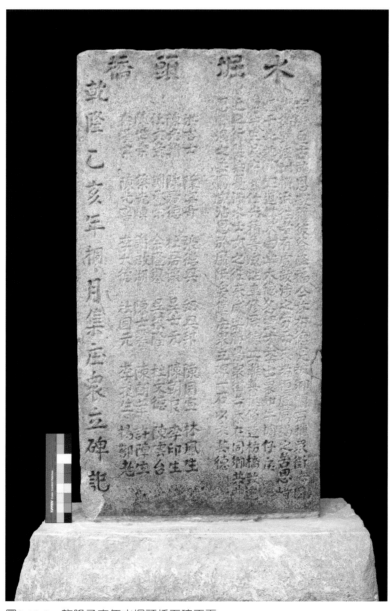

圖3-11-1　乾隆乙亥年水堀頭橋石碑正面

　　乾隆乙亥年水堀頭橋石碑，以下簡稱「水堀頭橋石碑」，2008年6月5日公告為「一般古物」，公文文號：府文資字第0970124569號，以下分述其文物特徵描述、文物研究（水崛頭之發展及其地緣位置、水崛頭橋設置緣由、地方仕紳的主導）、文物之價值與重要性，以及保存現況檢視與建議。

（一）文物特徵描述

　　「水堀頭橋石碑」，製作於乾隆乙亥年（乾隆二十年，1755），材質為花崗岩，由上而下分為碑身、梯形碑座，共兩個部份，碑身長106.5公分，寬56.4公分，厚10.6公分，插置於梯形碑座之上，碑座與碑身背面粗糙無加工痕（圖3-11-1至圖3-11-3）。

　　碑身呈扁平長方形，碑額起首陰刻「水崛頭橋」四字由右至左橫寫，碑文由右自左豎寫共十二行，全文內容如下（圖3-11-4）：

> 竊維亙古施恩，咸獲彼蒼降福；今茲布德，寔被鄉閭聲稱。眾街等因我街頭溪圳橫流，往者有慮跋涉之勞，而來者恆虞屬揭之苦；思崎崛于此地，欲坦道其末由。幸大德名望，才學出眾，如牛稠仔庄國學生吳府諱仕光，積善成性，聿修厥德，其難其慎，修造枋橋。致遠近之行裝，無憂涉水；士女之往來，咸樂勝景。眾街等忝在同鄉共井，思膏澤之無窮，咸沾恩於靡既！爰集庄眾，立碑一石，以表其德。

洪吉士、陳光翰、杜文意、陳世榮、余隆宗、陳雲奇、陳君德、謝承榮、蔡光焯、陳光喜、張德興、杜君懷、余隆舉、謝啓湖、李大德、邱興邦、吳士元、吳振隆、陳士馨、杜國元、陳國寶、陳朝良、杜文德、陳朝華、李捷生、林鳳生、李印生、陳雲台、許陣生、楊部老。

乾隆乙亥年（1755）桐月，集庄眾立碑記。[304]

304　臺灣銀行經濟研究室，《臺灣南部碑文集成——上》，南投：臺灣省文獻委員會，1994年，頁53；另參照臺南市政府文化局「倒風內海故事館」說明手冊。

圖3-11-2　乾隆乙亥年水堀頭
　　　　　橋石碑側面

圖3-11-3　乾隆乙亥年水堀頭橋石碑斜側視圖

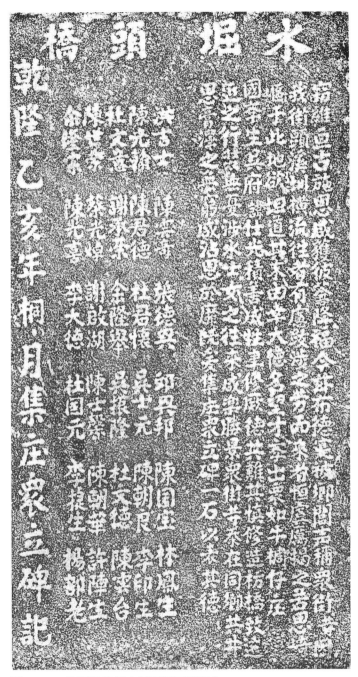

圖3-11-4　乾隆乙亥年水堀頭橋石碑拓本

（二）文物研究分析

1. 水堀頭之發展及其地緣位置

「水堀頭」做爲地名之最早紀錄，見於清康熙五十六年（1717）周鍾瑄《諸羅縣志》「卷二 郵傳」：「麻豆舖，在麻豆社口水窟頭舖兵三名」，[305]此處因有港埠、官道、駐防兵丁，以及水利設施等各種有利的條件，故十八世紀初的康熙、雍正年間，在麻豆的東半部地區形成了一處以水堀頭爲中心的拓墾區。[306]

爲梳理本石碑所在地水崛頭之發展歷程，以下按照時間先後，逐條分列清代臺灣方志與相關史料中，有關水崛頭地名之記載：

周鍾瑄（1717）《諸羅縣志》「卷二 郵傳」條：「麻豆舖，在麻豆社口水窟頭舖兵三名」。[307]另見「卷七 兵防」條：「麻豆水窟頭，南出灣裡溪滺，北出茅港尾，西出佳里興。漢番雜處之地，目兵二十名。」[308]

劉良璧（1741）《重修福建臺灣府志》「卷十 兵制 臺灣城守營右軍」：「……撥防佳里興、茅港尾、水堀頭、茇仔林等塘，兵二十七名。」[309]

范咸（1747）《重修臺灣府志》「卷九 武備（一）營制 臺灣城守營左、二右軍」條：「以二十七名撥防佳里興汛及茅港尾、水堀頭、茇仔林等塘。」[310]

余文儀（1774）《續修臺灣府志》「卷二 橋樑 諸羅縣」條：「麻豆店橋、麻豆口橋，並存水堀頭，相距數百步，南北孔道。」[311]

305　（清）周鍾瑄主修，《諸羅縣志》，臺北市：臺灣大通書局，1984年，頁43。

306　曾品滄，〈從番社到漢庄——十七至十九世紀麻豆地域的拓墾與市街發展〉，收於《麻豆港街的歷史 族群與家族》，新營市：臺南縣政府，2009年，頁96。

307　（清）周鍾瑄，《諸羅縣志》，頁43。

308　引同上註，頁120。

309　（清）劉良璧，《重修福建臺灣府志》，臺北市：臺灣大通書局，1984年，頁319。

310　（清）范咸，《重修臺灣府志》，臺北市：臺灣大通書局，1984年，頁294。

311　（清）余文儀，《續修臺灣府志》，臺北市：臺灣大通書局，1984年，頁96。

　　上述十八世紀史料除記錄水崛頭之地點與橋梁之外，大多顯示了「水崛頭」因位居交通要津，屬漢番雜處之地，故設有舖兵、目兵與汛兵等，擔任官方郵遞、瞭望防守，或者是維持秩序的軍隊士兵。

　　再者，透過史料紀載亦可知，水崛頭地區除了具有軍事守備之功能外，同時也是當地庄民的交通幹道。[312]明清時期臺灣的交通運輸除了陸路之外，有相當程度是依靠水路，而水堀頭做為漢人與原住民進行漁業捕撈、舢舨小船、貨物進出的港道，其鄰近街莊處都有水溝渠道通行，[313]但另一方面，水澤渠道也不免影響了陸上往來交通，故「水堀頭橋碑」碑文中稱水崛頭當地「街頭溪圳橫流」，造成了來往行人「有慮跋涉之勞」，「恆虞厲揭之苦」，故居民莫不企盼此地交通狀況能具體改善，一改「崎嶇」而為「坦道」。

312　引同上註。

313　廖慶六，〈麻豆水堀頭的歷史地位與傳說〉，《臺灣學研究通訊》創刊號，2006年，頁53。

314　(清) 周鍾瑄主修，《諸羅縣志》，頁120。

315　改繪自 (清) 劉良璧，《重修福建臺灣府志》，頁8-9。

316　改繪自洪英聖編著，《畫說乾隆臺灣輿圖》，臺北市：聯經，2002年，頁131。

　　有關水崛頭的地理位置，根據《諸羅縣志》所稱：「南出灣裡溪滮，北出茅港尾，西出佳里興。」[314]對照於古地圖中所見，可知清代水崛頭所在的約略位置；例如劉良璧修《重修福建臺灣府志》中之「諸羅縣圖」（圖3-11-5）、[315]《乾隆臺灣輿圖》（圖3-11-6）等，[316]皆清楚標示了「水堀頭」的地點，位於當時的灣裡溪（今日之曾文溪）北岸，北臨倒風內海，地近茅港尾與麻豆社之側。儘管如此，吾人也必須理解清末以前的臺灣地圖，並不具備精準的經緯方位，僅能示意相對簡單的約略位置。

　　早在清初之時，水掘頭即已設有塘汛，而現今水崛頭地區尚存留了一處歷史時期考古遺址，該地地表可見到長約10公尺，高約0.5公尺的古代三合土坡道遺跡（圖3-11-7），此結構是以糖水、糯米汁，再攪混蠣殼、灰砂築成，而透過考古發掘結果可知，該遺跡的確屬於古代碼頭或港口設施，

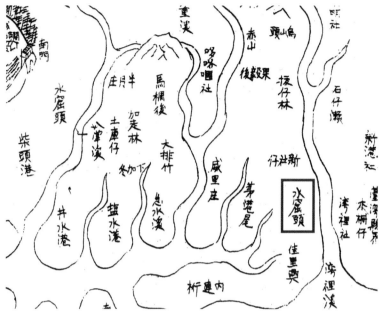

圖3-11-5　《重修福建臺灣府志》「諸羅縣圖」中水崛頭位置（改繪自劉良璧，1984）

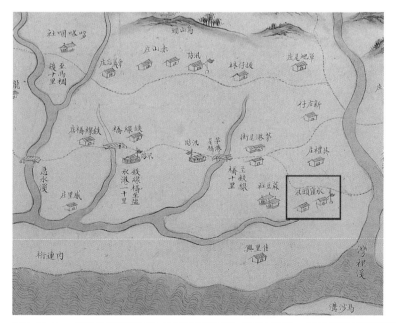

圖3-11-6　《乾隆臺灣輿圖》中水崛頭位置（圖片提供：國立故宮博物院）

圖3-11-7　水崛頭遺址古代三合土坡道遺跡

317 劉益昌，〈臺南縣麻豆鎮水崛頭遺址試掘及其意義〉，收於《倒風內海研究學術研討會論文集》，臺南縣政府主辦，2003年12月14日。

318 林玉茹，〈麻豆港及其市街的變遷〉，收於《麻豆港街的歷史、族群與家族》，新營市：臺南縣政府，2009年，頁177。

319 改繪自中央研究院人社中心地理資訊科學研究專題中心，「臺灣百年歷史地圖」：日治二萬分之一臺灣堡圖（明治版）網址：http://gissrv4.sinica.edu.tw/gis/twhgis.aspx（點閱日期：2015.2.5）

故當時此地很可能是利用此設施做為對外聯繫的孔道。[317]有學者透過水崛頭遺址出土文物與清代相關文獻，推定「水崛頭」即為十七世紀中葉到十八世紀末麻豆港之所在。而該地所見三合土結構，應是當地漢人修建於十八世紀中期，用以出口鄰近地區的砂糖。[318]

「水堀頭橋石碑」原先被安置的地點，位於水崛頭遺址區域內的地表上，即今日臺南市麻豆區南勢里的東北角，臺灣首府大學南側的總爺排水溝旁，碑身被嵌立於洗石子水泥臺座內（圖3-11-8、圖3-11-9）。到了2009年以後，本石碑被遷移至數百公尺外的麻豆古港文化園區，倒風內海故事館的室內二樓陳列。

根據明治三十七年（1904）《臺灣堡圖》（圖3-11-10），[319]以及今日衛星空照圖（圖3-11-11）

可知，原先「水堀頭橋石碑」的安置地點（見圖3-11-10、圖3-11-11內紅點處），緊鄰當時的河道水渠（今日之總爺排水溝渠），而上述古代三合土港道設施，亦緊鄰在側，但隨著清代晚期水堀頭港道功能的逐漸消失，現址已經無法看出昔日港口的規模。

圖3-11-8　2002年所見「水堀頭橋石碑」安置方式

圖3-11-9　2002年所見「水堀頭橋石碑」安置方式

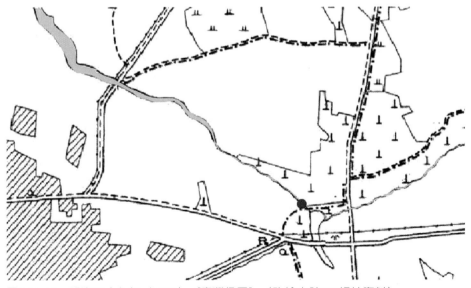

圖3-11-10　明治三十七年（1904）《臺灣堡圖》（改繪自註319網址資料）

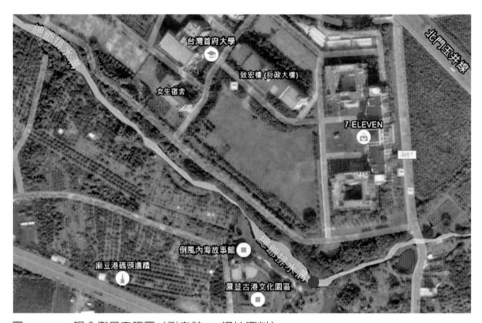

圖3-11-11　現今衛星空照圖（引自註319網址資料）

2. 水崛頭橋設置緣由

320　（清）周鍾瑄主
修，《諸羅縣志》，
頁120。

321　（清）余文儀，
《續修臺灣府志》，
頁96。

322　林玉茹，〈麻豆
港及其市街的變遷〉，
頁179。

周鍾瑄（1717）《諸羅縣志》稱：「麻豆水窟頭，南出灣裡溪漧，北出茅港尾，西出佳里興。漢番雜處之地」。[320]顯示當時的麻豆水崛頭，是漢人與原住民聚集的街市。清代乾隆朝中葉，是臺灣移民開發與漢番文化勢力交替的關鍵時期，而此時的水崛頭人口匯聚，已是南北官路必經之處，故麻豆地區設橋地點，主要也位於水崛頭，余文儀（1774）《續修臺灣府志》稱：「麻豆店橋、麻豆口橋，並存水堀頭，相距數百武，南北孔道。」[321]，一地同時設有二橋，可知麻豆水崛頭已成為貫穿南北交通的重要孔道。再者，「麻豆店橋」之名，也意味著橋梁所在週邊，可能已經出現了人貨聚集的店舖。[322]

有關水崛頭橋樑興建的緣由，提高交通往來便利性是主要的訴求。而

在「水堀頭橋石碑」碑文內容中提及：「眾街等因我街頭溪圳橫流，往者有慮跋涉之勞，而來者恆虞厲揭之苦；思崎嶇于此地，欲坦道其末由」，似乎也暗示著水患影響交通，造成不便，只是碑文中並未說明水患之具體原因。

為此，在另一幢勒示時間相同（乾隆二十年，1755），且同樣為麻豆地區所存留清代古碑的內容中，或許可提供吾人若干理解當時實際狀況的線索。此碑名為「麻豆保內港擅築岸甕塞港道示禁碑」（圖3-11-12），[323] 根據碑文內容可知，[324] 麻豆保之里內有「港道一條」，「水流出口之區，惟流通暢達，故田園廬墓免淹沒之患。」但是自康熙四十年（1701）以後，持續發生港戶、鹽商、頭役、地棍等地方人士，強行築塭進行養殖的狀況，而這些「恃強填築」、「藐視違禁」的行為，直接導致了「民番魚鱉、五穀淹沒」，甚至造成「壅塞港道，致水汎濫，慘害難言！」故乾隆二十年5月新到任諸羅縣的知縣辛竟可，在甫任之初，即申明前禁：

323　本碑現存於臺南市麻豆區復興街24號北極殿普濟寺內，其地點位於水崛頭遺址之西南側，兩地之間直線距離約2100公尺。

324　以下碑文內容引自洪波浪、吳新榮主修，〈麻豆保內港擅築岸甕塞港道示禁碑〉，《臺南縣志 卷十附錄》，新營市：臺南縣政府，1980年，頁28。

> 示仰蘇荳保附近居民人等知悉：嗣後不許土豪、地棍在於埤頭港佔築，防塞港道，盜墾兩邊荒埔，致水汎濫，有碍居民、番黎房屋田園墳墓。如敢影藉復圖佔築、盜墾，許該民番立即指名赴縣具稟；以憑拏究，務各凜遵，無違！特示。

由於麻豆港港道兩側的近岸區域，具有高度開發利用的價值，引起了當地居民罔顧禁令，爭相築塭盜墾，但這樣在港道周邊的開發行為，卻引發了港道淤塞與水患氾濫。

綜上所述，有關水崛頭出現水患之原因，大抵可歸納為兩個可能；一方面是由於水崛頭的街區「溪圳橫流」，水道網絡複雜，既有堤岸無法有效排

流疏導。另一方面，由於水堀頭位居港道，可能亦有居民佔築魚塭、開墾港岸的情況，增加了水患發生的可能性。

3. 地方仕紳的主導

隨著移民人數的增加，漢人族群與家族勢力的成長，使得漢人逐漸取代原住民，成為麻豆居民社羣的主要勢力。而在資本的持續累積下，擁有較佳經濟狀況的臺灣漢人大家族，往往成為了公益事務的發起人及主要出資者，他們可以透過積極參與地方事務，藉以取得地方上的領導地位，而此一現象主要是反映在麻豆地區仕紳階級的建立上。[325]

本件「水堀頭橋石碑」之碑文內容，即顯示了麻豆地區仕紳階級，主動參與地方公益事業的典型案例，碑文內稱：「幸大德名望，才學出眾，如牛稠仔庄國學生吳府諱仕光，積善成性，聿修厥德，其難其慎，修造枋橋」。「牛稠仔庄」，之後改稱「虞朝庄」，位於今日麻豆區南勢里與北勢里的交接處，因其地鄰水堀頭港口，又靠近茅港尾漢人聚居地區，故成為麻豆地區漢人聚居開墾的主要區塊之一，而牛稠仔庄的吳家，即為其中具有相當影響力的家族。[326]

325 蔡承豪，〈麻豆地區的家族與士紳階級的建立（1624-1895）〉，收於《麻豆港街的歷史、族群與家族》，新營市：臺南縣政府，2009年，頁262。

326 引同上註，頁264。

吳仕光（1694-1765），為牛稠仔庄之國學生，總共主導了兩次麻豆地區的公共事務建設。第一次為雍正十二年（1734）聚眾興建虞朝庄的關帝廟（今稱麻豆文衡殿）：關帝廟廟前一帶，是當時麻豆地區聚落的信仰中心之一，與水堀頭近在咫尺，兩地之間相距僅約1300公尺。而根據麻豆文衡殿內所保存乾隆戊戌年（1778）《重新虞朝庄關帝廟碑記》所載，稱：「我虞朝之有關帝廟也，起於雍正甲寅年（1734）國學生吳諱仕光集眾鼎建」（圖3-11-13）。

吳仕光第二次主導地方公共建設，即是乾隆乙亥年（1755）水堀頭橋樑的修建，水堀頭橋位於牛稠仔庄附近，為麻豆水路與通往北方陸路的交通要道，而吳仕光主動號召並出資興建，可見當時吳家在地方的地位及重要

性。水崛頭橋完工之後，「遠近之行裝，無憂涉水；士女之往來，咸樂勝景」。本地居民對於吳氏此一義舉，感念異常，故「爰集庄眾，立碑一石，以表其德」，「水堀頭橋石碑」遂由此而成。

圖3-11-12　《麻豆保內港擅築岸甕塞港道示禁碑》　　圖3-11-13　《重新虞朝庄關帝廟碑記》

（三）文物重要性

「水堀頭橋石碑」的碑體大致保存完整，碑身銘文亦相當清晰，其碑文內容及原始安置地點，具體反映了臺南市麻豆區一帶歷史發展的歷程，以及清乾隆時期本地仕紳階級如吳仕光，在此地持續推動公共建設的史實。

此外，麻豆地區水崛頭考古遺址所見古代三合土遺構，爲臺灣目前已知唯一的一處清代內海河港的碼頭或港口遺跡，而「水堀頭橋石碑」正位於該遺址區域範圍內，這些清代的遺跡與遺物，共同見證了昔日麻豆港區水陸交通要衝的繁榮盛況。

（四）保存現況檢視與建議

本件「水堀頭橋石碑」，現存於臺南市麻豆區南勢里，倒風內海故事館室內二樓展區陳列。全碑保存現況大致良好，插於梯形臺座之上。

此碑之材質爲花崗岩，碑身背面平素粗糙，碑頂可見不規則的灰黃色斑塊狀附著物（見圖3-11-14黃框處）與白色堆積物（見圖3-11-14紅框處），透過紫外線儀器（365nm）照射檢視，呈現了明顯螢光反應（圖3-11-15），而紅框處推測爲無機材料（灰作）。本研究再進一步運用「可見光」與「紫外線」數位顯微放大攝影，比對觀察此一區塊後（圖3-11-16、圖3-11-17），研判黃框處應爲生物著生（推測爲「地衣」）之生長痕。

碑身正立面中段左側邊緣處，可見一處過去曾經破損但業經修補的痕跡（圖3-11-18紅框處），透過紫外線儀器照射檢視後，見其修補接縫處呈現了明顯螢光反應（圖3-11-19紅框處），推測爲高分子材料黏合。再經比對2002年所拍攝石碑影像紀錄可知（見上文圖3-11-9），此處破損與修補，應發生於2002年以前。

碑身正面右下角，另可見一處明顯破損缺痕，破裂面約長13.3公分，斷面缺口尚新，呈現淺淡灰色（圖3-11-20、圖3-11-21之紅框處），經比對2002年所拍攝石碑影像紀錄（見上文圖3-11-9），可知此一破損痕在2002年以前尚未出現，故推測應爲2009年本石碑遷移時所造成之破損，建議本市

相關主管單位針對此一破損痕，盡快專門編列經費，進行缺損處修補與復原。本石碑於2009年遷移至麻豆古港文化園區，倒風內海故事館的室內二樓陳列，石碑採開放式陳列，古物與參觀者之間，並未明確區隔出安全距離，建議未來應加強展區周邊環境管理，並設置參觀範圍，以避免人為刻意破壞古物。

圖3-11-14　碑頂不規則的灰黃色斑塊狀附著物與白色堆積物

圖3-11-15　紫外線影像所見碑頂螢光反應

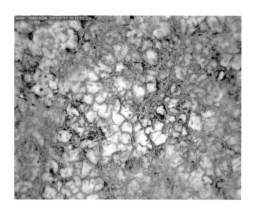 

圖3-11-16　顯微放大所見碑頂「地衣」生長痕　　圖3-11-17　碑頂紫外線放大影像碑頂「地
　　　　　　　　　　　　　　　　　　　　　　　　　　　　　　衣」生長痕

 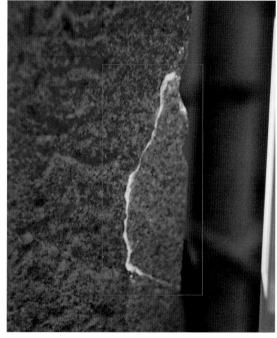

圖3-11-18　碑身正立面中段左側邊　　圖3-11-19　殘損處修補痕紫外線所見螢光反應
　　　　　　緣處修補痕

圖3-11-20　碑身正面右下角破損缺痕　　圖3-11-21　碑身正面右下角破損缺痕（側面）

十二、英製布隆美菲爾德（Blomefield）九磅前膛砲

圖3-12-1　古砲正側面

　　臺南市所藏「九磅前膛砲」（舊有登錄名稱），已於2008年6月5日公告為「一般古物」，公文文號：府文資字第0970124569號。經本研究後確認其名稱已更正為「英製布隆美菲爾德（Blomefield）九磅前膛砲」，以下分述其文物特徵描述、古砲形制考證（古砲結構特徵與類型分析、材質與銘文、古砲流傳與收藏歷程、古砲安置方式與操作、臺灣與大陸現存同型古砲），以及本件古砲之重要性。

（一）文物特徵描述

　　英製布隆美菲爾德（Blomefield）九磅前膛砲（圖3-12-1至圖3-12-4），

圖3-12-2　古砲四十五度側面

圖3-12-3　古砲砲口正面

圖3-12-4　古砲砲身後段

327 本類火砲屬於較為早期的火砲形式，屬直射型火器，由於砲管內壁光滑，無膛線（來福線），故射擊時精準度較差。砲彈與火藥須由砲口裝填，相當費時，且容易曝露目標。

砲身全長191公分，口內徑10.9公分，即英制火砲口徑4.17英吋（inches）。砲管內滑膛（smooth bore），砲口前膛裝填砲彈（muzzle lording），英文簡稱「SBML」。[327]投射砲彈重量爲九磅，砲體鐵質鑄造，結構保存完整，包含砲口、砲身、砲耳、後膛、火門、砲尾、砲尾環等部（砲體細部結構見下節考證）。

全器塗裝墨綠色漆層，砲身固定於水泥臺座之上。砲身可見四處銘文，內容分別如下：砲身中段上部有「皇冠 B.P」浮雕陽文；左側砲耳面上半爲「1861」陰文與下半「M」陰文；右側砲耳上半爲「9P□r」陰刻文與下半「M」陰刻文；砲身後段上部火門前有「B.P & Co」陰刻文。本砲爲民國九十一年（2002）由陸軍總部移交。

（二）火砲型制考證

以下本節分爲：結構特徵分析、材質與銘文、古砲安置方式與操作、相同類型古砲文物，共六個部份，依序分析討論本件古砲之諸項特徵。

1. 古砲結構特徵與類型分析

英製布隆美菲爾德九磅前膛砲的各部結構名稱，大致可分爲砲尾、後膛、砲尾環、火門座、第一補強段、第二補強段、前砲身、砲口等數個主要結構，各部細節名稱、位置與尺寸，見圖表3-12-1與表3-12-1，3D結構影像見圖3-12-5。透過本件古砲砲尾之「砲尾環」（cascabel ring），以及其它相關結構特徵研判，可確認本件古砲應屬於英國的布隆美菲爾德樣式（Blomefield pattern）滑膛前裝彈（SBML）火砲。

湯瑪斯·布隆美菲爾德（Thomas Blomefield；1744-1822）少將男爵，在1780年當他還是一位砲兵上尉時，被指派至英國政府軍械局（Board of Ordnance）擔任火砲督察職位，他開始著手推動火砲設計的革新。布隆美菲爾德在幾個方面調整了火砲的結構，首先是他重新分配火砲的金屬配重，

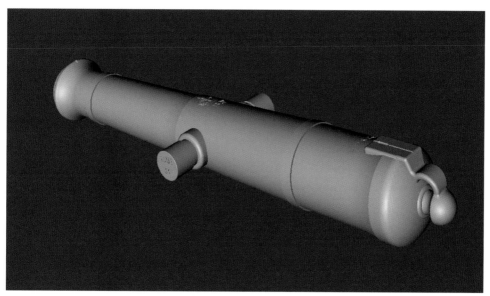

圖3-12-5　「英製布隆美菲爾德九磅前膛砲」3D影像

提高了後膛（breech）的厚度與重量，使其成為一個
圓厚而均勻的彈膛，從而更能抵抗開火後的火藥爆
炸。[328]

　　第二個重要改變是在火砲的砲尾（cascabel）增
設了圓環，故砲索繩可穿過圓環，不僅能拉住擊發時
的火砲，同時可自由滑動，兩端拉住繩子可用來抵抗
火砲擊發時的後座力（圖3-12-6）。[329]

　　第三是減少砲前身、火砲頸部至砲口的直徑，使
其變得較輕而窄細。另一方面，布隆美菲爾德也重新
設計了火砲的砲口，他設計了三道弧線結構來減少砲
口正面的鼓起，使其更具有商業化的外觀。具有以上
三項典型特徵的火砲文物，可見於英國倫敦塔所收藏
的兩門布隆美菲爾德前膛砲，年代約為西元1800年，
所發射砲彈重量分別十二磅與三十二磅（圖3-12-7）。[330]

328　B. Lavery, "Car-
ronades and Blomefield
Guns: Development in
Naval Ordnance, 1778-
1805," *British Naval
Armaments*, London: The
Trustees of the Royal Ar-
mouries, 1989, pp. 24-25.

329　B. Lavery, "Car-
ronades and Blomefield
Guns: Development in
Naval Ordnance, 1778-
1805," p. 24.

330　H. L. Blackmore,
*The Armouries of the
Tower of London: I Ord-
nance*, London: Her Maj-
esty's Stationery Office,
1976, pp. 82-83.

331　B. Lavery, "Carronades and Blomefield Guns: Development in Naval Ordnance, 1778-1805," pp. 25-26.

此外，在布隆美菲爾德前膛砲的砲口突出部（Swell）設置了一個小凹口刻痕，是做爲射擊瞄準之用。[331]而在臺南市所藏這件前膛砲的砲口部份，可明確發現上述「三弧線」設計與「凹口刻痕」（圖3-12-8），具體顯示了布隆美菲爾德樣式前膛砲在結構細節上的革新。

到了十九世紀中期，本類前膛砲持續在砲身結構上被改良。根據臺南市所藏英製布隆美菲爾德九磅前膛砲的砲身銘文可知，其製作時間爲1861年，而此砲砲身上的部份結構細節，也明確反映出此一時期布隆美菲爾德前膛砲的特徵。首先是本件古砲的長方形火門座（vent patch），座面上的火門孔呈橢圓形，長3.8公分，寬1.8公分，座面正中尚有一條與砲身方向平行之溝槽（圖3-12-9）。火門座結構一直延伸至砲尾，成爲了一個具有瞄準照門功能的三角形砧塊（block）（圖3-12-10）。第二個特徵是前砲身（chase）裝飾帶，呈現簡化的平素無紋帶，帶寬3.2公分（見圖3-12-8）。

332　Richard J. Garrett, *The Defences of Macau: Forts, Ships and Weapons over 450 Years*, Hong Kong: Hong Kong University Press, 2010, p. 152.

以上兩項特徵則類似於稍晚出現，細節稍作調整改良的孟克與敦達類型（Monk and Dundas type）前膛砲結構，相同類型的火砲實物可見於澳門博物館大砲臺（Fortaleza do Monte）南牆與西側稜堡所保存之古砲，[332]見圖3-12-11、圖3-12-12。

整體說來，十九世紀中期以後的布隆美菲爾德前膛砲，砲身外部呈現出簡潔單純的面貌，除了前砲身裝飾帶平素無紋之外，砲身後段的「第一補強環」（First reinforce ring，見圖表3-12-1：Q，俗稱「砲箍」）亦爲素面圈帶。至於接近砲耳的「第二補強環」，則已經簡化成爲砲管變窄細後的收束「曲線」（Second reinforce ogee，見圖表3-12-1：G），類似的砲身結構特徵案例，可見於英國倫敦塔所收藏之三十二磅鐵質同型前膛砲。[333]

333　H. L. Blackmore, *The Armouries of the Tower of London: I Ordnance*, pp. 85-86.

圖3-12-6 Royal Armouries
藏Blomefield樣
式鐵砲砲尾（引
自B．Lavery，
1989）

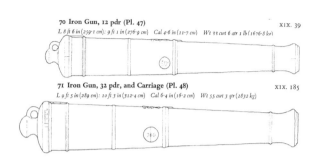

圖3-12-7 英國倫敦塔收藏1800年Blomefield樣式鐵砲（引
自H. L. Blackmore，1976）

圖3-12-8 古砲砲口結構

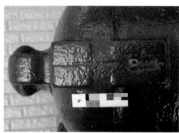

圖3-12-9 古砲後部火門座結構

圖3-12-10
古砲砲尾之三角
形砧塊

圖3-12-11 澳門博物館大砲臺所藏古砲

圖3-12-12 澳門博物館大砲臺古砲砲尾
局部

表3-12-1 「英製布隆美菲爾德九磅前膛砲」結構名稱與尺寸

代號	名稱及位置	尺寸cm	代號	名稱及位置	尺寸cm
AC	砲尾（Cascabel）	15 cm	M	砲尾環（cascabel ring or breeching loop）	寬5.4cm 內徑5cm 厚2cm
AB	同上	11 cm			
BD	後膛（Breech）	9 cm	N	後膛環（Breech ring）	寬5 cm
AD	同上	20 cm	O	火門孔（Vent）	長3.8 cm 寬1.8 cm
BE	火門座（Vent patch）	長17 cm 寬6.5 cm	P	彈膛內徑（砲口內徑、Bore）	10.9 cm
DF	第一補強段（First reinforce）	36.5 cm	Q	第一補強環（First reinforce ring）	寬3.2 cm
FG	第二補強段（Second reinforce）	45 cm	R	砲耳（Trunnion）	長10 cm 寬10.5 cm
GI	前砲身（Chase）	64 cm	G	第二補強曲線（Second reinforce ogee）	——
IJ	砲口（Muzzle）	30.5 cm	S	前砲身（Chase）簡化裝飾帶（環）	寬3.2 cm
			T	砲頸部（Neck）	長24.8 cm
K	砲尾鈕（Cascabel knob）	寬11.6 cm	U	砲口突出部（Swell）	徑24.3 cm
L	砲尾頸（Cascabel neck）	——	V (J-H)	砲口模線裝飾（Muzzle moldings）	長5.7 cm

2. 材質與銘文

本研究針對此件前膛古砲進行了XRF成份分析檢測（表3-12-2），[334]所得結果顯示砲身主要金屬成份為鐵（Fe），濃度為89.56%，鉛（Pb）顯示濃度則在8.54%，鈦（Ti）所顯示濃度僅佔1.18%，故可確認本件古砲屬於鐵砲。

334 檢測儀器採用α6500-手持式X射線螢光分析儀（XRF），分析模式: Alloy Plus。

鐵砲砲身可見四處銘文，其中砲身中段上部有「皇冠 B.P」浮雕陽文（圖3-12-13；拓本見圖3-12-14），皇冠長寬各爲7.7公分；砲身後段上部火門前有「B.P & Co」陰文（圖3-12-15；拓本見圖3-12-16）。以上兩處銘文顯示此門火砲爲英國「Bailey, Pegg及其公司」所鑄造。B.P.&Co創立於1812年倫敦Gunwharf的Wapping，之後移至倫敦SE1的Bankside 81號。該公司有著很大的商業規模，提供火砲給商船以及商業公司所保有的貿易據點。[335]

335　Richard J. Garrett, *The Defences of Macau*, p. 150；另見網址：http://www.vallejogallery.com/item.php?id=2214（點閱日期：2015.7.02）

　　至於兩側砲耳處所見陰刻文，內容分別標示了「1861 M」（圖3-12-17；拓本見圖3-12-18）與「9P□r M」（拓本見圖3-12-19），說明此砲鑄造於1861年，而使用的砲彈重量則爲九磅（9 Pounder），合約4.08公斤。

圖表3-12-1　「英製布隆美菲爾德九磅前膛砲」結構名稱代號與位置

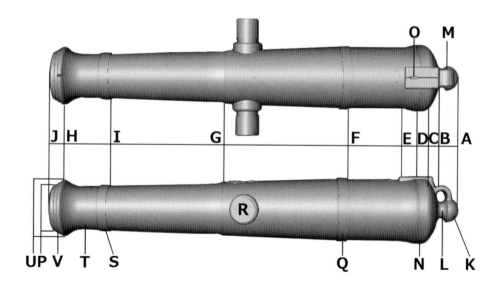

表3-12-2 「英製布隆美菲爾德九磅前膛砲」XRF濃度百分比檢測數據

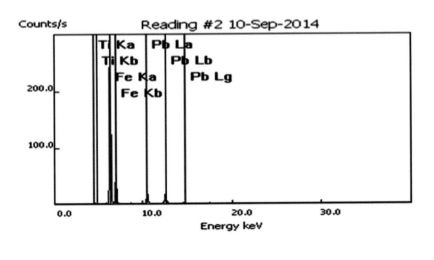

B.P.-01

Reading #2 10-Sep-2014
Analytical Mode

NO MATCH

Element	%	+/-
Ti	1.18	0.15
Cr	0.16	0.04
Mn	0.29	0.06
Fe	89.56	0.57
Zn	0.27	0.04
Pb	8.54	0.21

Test Information

Spectrum

圖3-12-13　砲身中段上部「皇冠 B.P」浮
　　　　　　雕陽文

圖3-12-14　「皇冠 B.P」浮雕陽文拓本

圖3-12-15　砲身後段火門處「B.P &
　　　　　　Co」陰刻文

圖3-12-16　「B.P & Co」陰刻文拓本

圖3-12-17　砲耳處所見
　　　　　　陰刻文

圖3-12-18　「1861 M」陰刻
　　　　　　文拓本

圖3-12-19　「9P□r M」陰刻
　　　　　　文拓本

3. 古砲流傳與收藏歷程

根據本件文物旁說明牌內容可知，此砲為民國九十一年（2002）由陸軍總部移交。至於2002年以前本件文物之收藏歷程，依照1991年相關調查報告可知，民國五十一年（1962）以前，本件古砲文物是存放於彰化縣八卦山抗日紀念公園內，到了1962年，本件古砲被轉贈給陸軍參謀學校（後改名為三軍大學），之後本砲就存放於臺北三軍大學的校園內長達四十年的時間（1962-2002），圖3-12-20、圖3-12-21為1990年調查研究時，所拍攝記錄本件火砲文物置於三軍大學內之狀況。[336]

336　楊仁江，《臺灣地區現存古礮之調查研究》，臺北：內政部，1991年，頁99、534-538。

另依照本件文物旁「說明牌」內容，則是提到了本件前膛古砲在中法戰爭時被摧毀一事：

> 英法聯軍之役後（1858）清廷成立「總理各國通商事務衙門」，乃採購新式西洋火砲，其中將九磅前膛砲提供台灣各砲臺安置，小安平砲臺亦更換使用此型火砲，至中法戰爭（1884）時，安平砲臺及此型火砲盡毀於敵。

但根據十九世紀末日人拍攝的影像照片可知，當日本侵臺之時，臺南安平小砲臺內依舊可見「布隆美菲爾德」前膛砲被操作使用，砲索繩仍然穿在砲尾環之上（圖3-12-22）。[337]甚至到了二十世紀前半的日治時期，此時臺南安平小砲臺業已荒廢，但是至少有三門「布隆美菲爾德」前膛砲，仍然被放置於舊砲臺原地，而其砲身下的木質砲架，亦保存的相當完好（圖3-12-23）。[338]

337　《征臺軍凱旋紀念帖》，轉引自楊仁江，《臺灣地區現存古礮之調查研究》，頁170，圖115。

338　國家圖書館閱覽組編，《日治時期的臺南》，臺北市：國家圖書館，2007年，頁127。

圖3-12-20 本件古砲原安置於三軍大學校之狀況（引自楊仁江，1991）

圖3-12-21 本件古砲原安置於三軍大學校之狀況（引自同前）

圖3-12-22 十九世紀末臺南安平小砲臺所見「布隆美菲爾德」前膛砲（引自同前）

圖3-12-23　二十世紀前半臺南安平小砲臺仍見三門「布隆美菲爾德」前膛砲（引自國家圖
　　　　　書館閱覽組編，2007）

4. 古砲安置方式與操作

　　十八世紀晚期布隆美菲爾德（Blomefield）所設計的火砲，標準化了英
國海軍艦砲的樣式。這些安放被於船艦舷側（broadside）的火砲，被裝置於
帶有四輪的木質砲架（carriage）之上（圖3-12-24），
[339]而布隆美菲爾德鐵砲的砲尾，具有圓形的砲尾環
（Cascabel ring or Breeching loop），砲索繩可穿過
此環，拉住擊發時的火砲，藉以抵抗火砲擊發時的
後座力。圖3-12-25爲英國海軍勝利號戰艦（HMS
Victory）的鐵砲，砲尾環穿繩後排放於火砲甲板的實
際景況。[340]有關這類英製火砲在清代臺灣被使用的實
際狀況，可見於上文所引圖3-12-22之十九世紀末日人
影像紀錄；從當時所拍攝的照片中，可見清廷在臺南
安平小砲臺所設置的兩門火砲，應屬「布隆美菲爾德

339　Chris Henry,
*British Napoleonic
Artillery 1793-1815
(2) Siege and Coastal
Artillery*, Oxford, U.K.:
Osprey Publishing, 2003,
p. 47.

340　Anonymous,
*HMS Victory- souvenir
guidebook*. Oxford,
England: Pitkin guides
Ltd, 1998, p. 4.

圖3-12-24　本型火砲安置於四輪木質砲架之上（引自Chris Henry，2003）

圖3-12-25　本型火砲之砲尾環穿繩後排放於船艦甲板上（引自Anonymous，1998）

樣式」的前膛砲，其砲尾環上貫穿了砲索繩，且砲身安置於木質砲架上，相當類似於當時船艦上配置火砲的作法。

　　圖3-12-26為一幅復原英國船艦砲手在火砲甲板上，分工操作火砲的實際狀況。此外，在圖3-12-26砲身後部的上側，可見燧發式點火裝置（flint-lock）與拉火索（lanyard），此點火擊發機構的具體形態，例見1811年Pomone沈船遺址所打撈遺物（圖3-12-27），[341]這種擊發裝置是被安置於火門座之上，而一般傳世的火砲大多已遺失了此一裝置。

　　除了做為海上艦砲之外，布隆美菲爾德火砲也被大量運用於陸上作戰中，特別是做為海岸防禦（Coastal defence gun）或保護城堡要塞的重要火力。圖3-12-28為兩門安置於砲架上的岸防火砲。圖3-12-28上部所繪布隆美菲爾德火砲，被組裝於一組雙層砲架之上，上層是常見的標準木質帶輪砲架，被安置在一個下層的「全圓磨心砲架」之上。這種砲架具有中軸（磨心）、軌道與滑輪，可使火砲在圓弧動線上移動。後方的鑽塊與滑車並無固定，故火砲可以移出。圖3-12-28下部圖像則顯示了火砲如何向下開火射擊。砲身下所墊放的軸凳床臺。可以讓砲身下壓約三十度的射角。[342]

341　J. M. Bingeman, "Gunlocks: Their Introduction to the Navy," *British Naval Armaments*, London: The Trustees of the Royal Armouries, 1989, p. 4.

342　Chris Henry, *British Napoleonic Artillery 1793-1815 (2) Siege and Coastal Artillery*, pp. 32, 46-47.

　　圖3-12-29呈現了十八世紀海岸防禦堡壘中的岸防火砲：兩門火砲皆為布隆姆菲爾德鐵砲，且其火門座上也都安置了燧發式點火裝置與拉火索，表現出隨時準備射擊的狀態。圖3-12-29右側的火砲安裝在常見的木質標準砲架上，非常類似於海軍的版本。圖3-12-29左側的火砲則是安置於鐵質砲架（Iron carriage）之上，這種砲架被認為是1761年英國軍械部鑄造師Stephen Remnent所被授予的特許專利，主要是由兩個鑄鐵結構包夾輪軸而成。鐵質砲架特別適合於溫暖氣候地區，抵抗潮濕的侵蝕，反觀木質砲架則較容易腐爛受損，但鐵質砲架比較無法抵抗敵人的砲火，故當其受到火力打擊後，容易被擊破而導致結構損毀。[343]另在前文所舉圖3-12-11澳門大砲臺所保存古砲，亦為火砲安置於鐵質砲架之實例。

　　此外，在十九世紀的早期，布隆姆菲爾德鐵砲也可以做為圍攻城堡所使用的火砲（Siege gun）。其使用方式是將砲身安置於一個雙股三角拖架（double bracket）的拖曳型砲架上（圖3-12-30），[344]而砲架兩側的大型車輪，則是相當有利於火砲的機動作戰與運動。

343　Chris Henry, *British Napoleonic Artillery 1793-1815 (2) Siege and Coastal Artillery*, pp. 31, 46.

344　Ibid, pp. 25, 44.

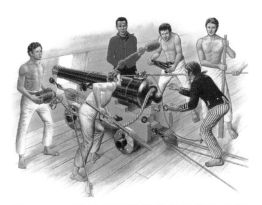

圖3-12-26　英國船艦砲手操作火砲復原圖（引自Chris Henry，2003）

Figure 5　A flint-lock from the *Pomone* (1811) Wreck site.

圖3-12-27　Pomone沈船遺址出水燧發式點火擊發機構（引自J. M. Bingeman，1989）

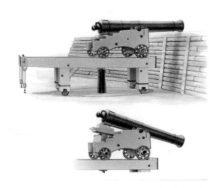

圖3-12-28　安置於砲架上的岸防火砲　　圖3-12-29　分別安置於鐵質與木質砲架上的岸
　　　　　　（引自Chris Henry，2003）　　　　　　　　防火砲（引自同前）

圖3-12-30　安置於拖曳型砲架上的火砲（引自同前）

5. 臺灣與大陸沿海地區現存同型古砲

　　具有「皇冠」符號與「B.P」銘款的英國布隆美菲爾德鐵砲，在臺灣
與大陸沿海地區頗有相當數量。首先是彰化縣八卦山「乙未保臺紀念公
園」所保存之兩門鐵砲，其口徑、形制與銘文內容完全同於臺南「英製布
隆美菲爾德九磅前膛砲」。其中第一門位於紀念公園內「祭祀殿」左側，
（圖3-12-31、圖3-12-32）。第二門砲位於「祭祀殿」右側，（圖3-12-33、
圖3-12-34）。兩門鐵砲被安置於圓形磨石子水泥臺座之上，砲身保存相
當完整，表面略見紅褐色氧化現象，而兩門鐵砲砲身所見銘文：「皇冠
B.P」、「B.P & Co」、「1861 M」、「9Por M」，皆與臺南古砲相同。

圖3-12-31　彰化縣八卦山所存古砲

圖3-12-32　八卦山古砲砲耳銘文

圖3-12-33　彰化縣八卦山所存古砲

圖3-12-34　八卦山古砲砲身「皇冠B.P」款銘文

　　根據第一門鐵砲旁說明牌之沿革內容可知，此二門鐵砲之名稱為：「八卦山古砲」，「砲原置於八卦山館門前入口處（先總統蔣公銅像後面）於六十一年間（1972）移置卦山飯店前面，今（七十二）年（1983）六月移置現址以供遊客鑒賞」。此外，說明牌內容中也提到了八卦山古砲移贈軍方之事：「臺灣光復，政府來臺建軍，於民國五十一年（1962）移贈陸軍參謀學校重砲兩門」，故可知臺南軍史公園所存放之布隆美菲爾德前膛砲，即為1962年由彰化八卦山移贈陸軍參謀學校的古砲之一。

　　此外，上述說明牌內另稱：「現有之山砲兩門亦即當年參加彰化抗日之

役（1895）擊斃敵酋能久、山根四砲中之兩門。」由
於乙未八卦山戰役發生時間為1895年，而兩件鐵砲鑄
造時間為1861年，而者皆屬十九世紀後半之事，其間
相差僅三十四年。至於清廷巡撫劉銘傳督軍臺灣，重
建八卦山砲臺及營舍的時間為光緒十年（1884）。是
故，推測布隆美菲爾德鐵砲在當時被安置於此，做為
晚清臺灣抵禦外侮之火器，亦有其合理性，但是此二
尊鐵砲是否即是當時八卦山砲臺原屬配置的火砲，且
又是否明確為擊斃日軍指揮官之火器，實缺乏直接史
料證據，故此一說法仍有待日後持續深入考證辨析之
必要。[345]

　　此外，中國南方沿海地區的砲臺與博物館中，
亦保存了相當數量的布隆美菲爾德前膛裝填鐵砲，
其中具有「皇冠」符號與「B.P」銘款者不在少數，
例如江蘇省南京博物院所藏之「皇冠B.P」款古砲，
數量至少有五門（圖3-12-35）。[346]浙江省博物館則
藏有一門（圖3-12-36）。[347]福建省廈門市胡里山砲
臺所保存者，[348]鏽蝕較為嚴重（圖3-12-37）。另於
1994年2月至7月間，廈門市廈禾路浮嶼則是出土了五
門「皇冠B.P」款古砲（圖3-12-38）。[349]廣東省廣州博
物館藏有一門「皇冠B.P」款古砲（圖3-12-39），[350]
其砲口突出部（Swell）可見凹口刻痕，具有射擊瞄
準之功能，而此一特徵亦見於臺南所藏布隆美菲爾德
古砲。廣東地區另見虎門鴉片戰爭博物館藏有「皇
冠B.P」款古砲一門（圖3-12-40）。[351]至於澳門地區
也保存了多門具有「皇冠B.P」款英製同型鐵砲。[352]
其中澳門博物館大砲臺所藏之布隆美菲爾德古砲，

345　過去已有研究者
提出質疑，認為該古
砲擊斃日軍將領的說
法，實為有待商榷之
「故事性的渲染」；
見楊仁江，《臺灣地
區現存古礮之調查研
究》，頁100。

346　劉鴻亮，《中英
火砲與鴉片戰爭》，
北京：科學出版社，
2011年，頁183、
199。

347　劉鴻亮，《中英
火砲與鴉片戰爭》，
頁181、199。

348　引同上註，頁
180。

349　鄭東，〈廈門近
年出土古砲及明清廈
門海防設施考述〉，
《福建文博》，第2
期，1999年，頁70-75。

350　劉鴻亮，《中英
火砲與鴉片戰爭》，
圖10、頁197。

351　引同上註，頁
180-181、197。

352　Richard J. Garrett,
The Defences of Macau,
pp. 149-150.

例見圖3-12-41、圖3-12-42，砲耳標示鑄造年份為1863年，裝填二十四磅砲彈。澳門東望洋砲臺（Farol da Guia）所存一門，見圖3-12-43、鑄造年份為1867年，裝填二十四磅砲彈。澳門聖地牙哥古堡（Pousada De Sao Tiago）所保存之同型古砲，見圖3-12-44、圖3-12-45，鑄造年份為1863年，裝填十八磅砲彈。

圖3-12-35　江蘇南京博物院所藏「皇冠B.P」款古砲（引自劉鴻亮，2011）

圖3-12-36　浙江省博物館所藏「皇冠B.P」款古砲（引自同前）

圖3-12-37　福建廈門胡里山砲臺所存「皇冠B.P」款古砲（圖片提供：邵慶旺老師）

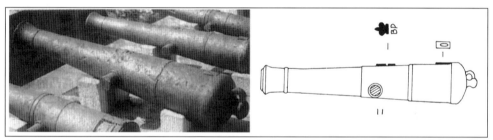

圖3-12-38　廈門廈禾路1994年出土「皇冠B.P」款古砲（引自鄭東，1999）

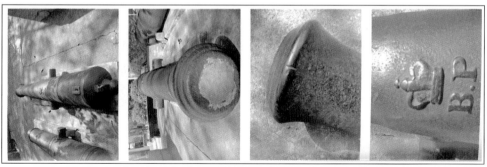

圖3-12-39　廣東廣州博物館所藏「皇冠B.P」款古砲（引自劉鴻亮，2011）

圖3-12-40　廣東虎門鴉片戰爭博物館所藏「皇冠B.P」款古砲（引自同前）

圖3-12-41　澳門大砲臺所存「皇冠B.P」款古砲

圖3-12-42　砲身浮雕銘文

圖3-12-43　澳門東望洋砲臺所存「皇冠B.P」款古砲

圖3-12-44　澳門聖地牙哥古堡所存「皇冠B.P」款
　　　　　古砲

圖3-12-45　砲尾環處尚存固定鍊條

（三）本件古砲之重要性

　　根據本研究分析考證結果，本件鐵質古砲之全名應爲「英製布隆美菲爾德（Blomefield）九磅前膛砲」。本件古砲保存狀況堪稱完整，器身銘文亦頗爲清晰，可知其製作年代與來源爲1861年英國「Bailey, Pegg及其公司」所鑄造，其形制應屬布隆美菲爾德樣式（Blomefield pattern）的滑膛前裝彈

（SBML）鐵砲。完全相同形制與銘文之古砲，可見於彰化縣八卦山「乙未保臺紀念公園」兩件文物，另在中國南方沿海地區的砲臺與博物館中，也保存了相當數量之相同形制英製「皇冠B.P」款前膛古砲。

（四）保存現況檢視

本件「英製布隆美菲爾德（Blomefield）九磅前膛砲」，現存於臺南市麻豆區池王府五府千歲廟前方之臺南軍史公園內，與另一門清代前膛古砲（見下節）並排安放，兩砲之間置有傘狀覆頂涼亭遮蔽。全器塗覆墨綠色漆層，爲求將鐵砲安置於水泥臺座之上，砲身與砲耳下方焊有鐵片（圖3-12-46），藉以加固穩定器身。火門座內之火門孔已遭人爲刻意填塞，可見金屬釘狀物封死火孔（圖3-12-47）。

圖3-12-46　砲身與砲耳下方焊有鐵片　　圖3-12-47　火門孔遭金屬釘狀物封死

十三、阿姆斯壯（Armstrong）五吋前膛砲

圖3-13-1　古砲正側面

　　臺南市所藏「八吋阿姆斯托郎後膛砲」（舊有登錄名稱），已於2008年6月5日公告爲「一般古物」，公文文號：府文資字第0970124569號。經本研究後確認其名稱已更正爲「阿姆斯壯（Armstrong）五吋前膛砲」，以下分述其文物特徵描述、古砲形制分析與名稱考證（結構特徵分析、古砲材質成份、國內現存相關類型古砲、古砲來源與傳入途徑），以及本件古砲之重要性。

（一）文物特徵描述

　　「阿姆斯壯（Armstrong）五吋前膛砲」（圖3-13-1），砲身全長205公分，口內徑12.6公分，合英制火砲口徑爲4.96英吋（inches）。故可知原登錄名稱之「八吋」有誤。而原登錄名稱之「後膛砲」亦屬嚴重錯誤，本件古砲的砲管內無膛線（smooth bore），由砲口裝填砲彈（muzzle lording），

圖3-13-2　古砲砲口正面

圖3-13-3　古砲後部火門座

即所謂「前膛砲」，英文簡稱「SBML」。本件古砲的結構保存完整，包含砲口、砲身、砲耳、後膛、火門座、砲尾、砲尾環等部（圖3-13-2、圖3-13-3、圖3-13-4），砲體各部細節名稱與尺寸見下節內容。全器塗裝墨綠色漆層，砲身固定於水泥臺座之上。根據標

圖3-13-4　古砲砲身後段

示牌內文字說明可知，本砲為民國九十一年（2002）由陸軍總部移交。

（二）古砲形制分析與名稱考證

　　以下本節共分為四個部份：第一個部份針對古砲結構特徵進行分析考證，藉以確定其名稱、形制類型，以及所屬可能年代。第二部份運用科學儀器進行檢測，藉以確定古砲材質成份。第三部份則例舉國內目前所見相關型式之古砲文物；最後追溯其來源與傳入途徑。

1. 結構特徵分析

本件古砲爲砲管滑膛前裝彈（SBML）火砲，大致可分爲砲尾、後膛、砲尾環、火門座、火門半圓飾與束帶、第一補強段、第二補強段、前砲身、砲口半圓飾與束帶、砲口等數個主要結構，各部細節名稱、位置與尺寸，見圖表3-13-1與表3-13-1。古砲之3D數位影像結構圖，見圖3-13-5。

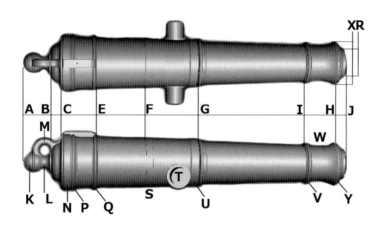

圖表3-13-1　「阿姆斯壯五吋前膛砲」各部結構名稱代號與位置

表3-13-1　「阿姆斯壯五吋前膛砲」結構名稱與尺寸

代號	名稱及位置	尺寸cm	代號	名稱及位置	尺寸cm
AC	砲尾（Cascabel）	23 cm	N	後膛環（Breech ring）	寬4.8 cm
AB	同上	17 cm			
BC	後膛（Breech）	6 cm	O	火門孔（Vent）	徑0.5 cm
BE	同上	27 cm	P	後膛環曲線	寬4.5 cm
CE	火門座（Vent patch）	長21 cm 寬5.5 cm	Q	火門半圓飾與束帶（vent astragal and fillets）	寬3.4 cm
EF	第一補強段（First reinforce）	56 cm	R	彈膛內徑（砲口內徑、Bore）	12.6 cm

代號	名稱及位置	尺寸cm	代號	名稱及位置	尺寸cm
FG	第二補強段（Second reinforce）	34.8 cm	S	第一補強環（First reinforce ring）	寬4.4 cm
GI	前砲身（Chase）	64 cm	T	砲耳（Trunnion）	長12.3 cm 寬12.3 cm
IJ	砲口（Muzzle）	27.2 cm	U	第二補強環與曲線（Second reinforce ring and ogee）	環寬5.2cm 曲線寬 5 cm
			V	砲口半圓飾與束帶（muzzle astragal and fillets)	寬3.2 cm
K	砲尾鈕（Cascabel knob）	寬14.2 cm	W (I-H)	砲頸部（Neck）	長23.2 cm
L	砲尾頸（Cascabel neck）	——	X	砲口突出部(Swell)	徑27.8 cm
M	砲尾環（cascabel loop or breeching ring）	寬5.4 cm 內徑7.5cm 厚 4cm	Y (H-J)	砲口模線裝飾 (Muzzle moldings）	長4 cm

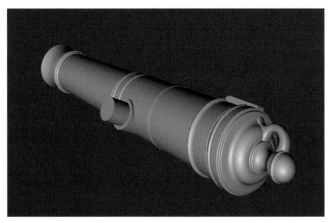

圖3-13-5
「阿姆斯壯五吋前膛砲」3D
影像圖

　　依照本件古砲的結構特徵可知，原標示之名稱完全錯誤。首先是此砲屬於砲口裝填彈藥的「前膛砲」（muzzle lording），而非砲尾裝填彈藥的「後膛砲」（Breech lording）。

　　再者，本件古砲的口徑亦非所謂「八吋」。目前臺灣地區所見傳世「阿姆斯托朗（Armstrong）八吋後膛砲」，共有兩門，第一門原存放於臺北三軍大學校園內（圖3-13-6），[353]後於1993年返還基隆市政府，現已於2012年提報為基隆市一般古物，並安置於基隆市中正區役政公園內（圖3-13-7）。該砲除砲身外、轅架、滑臺、磨心（支撐座）、滑輪與齒輪、吊砲杆等部件皆保存完整。成層套箍式砲管，砲管內有膛線或來福線（rifling grooves），由砲尾裝填砲彈，以螺紋砲栓閉鎖，全砲長達5.55公尺，砲口內徑20.3公分（8英吋）。[354]

　　第二門「阿姆斯托朗八吋後膛砲」，現存放於國防部臺中成功嶺營區內，筆者於2015年1月21日在國防部軍方人員協助下，帶領工作人員針對此砲進行文物檢視與影像紀錄。此門火砲僅存砲身部份，固定於水泥臺座之上（圖3-13-8、圖3-13-9），全長7.97公尺，重達24公噸，砲口內徑20.3公分。民國六十八年（1979）該門火砲由聯勤206兵工廠遷移至中科院三峽院區，民國一〇一年（2012）6月為配合國軍戶外裝備展示，再移至成功嶺營區內現地陳列。

　　就本件火砲的後膛（Breech；見圖表3-13-1：B-C）或砲尾（Cascabel；見圖表3-13-1：A-C）造形特徵來看，應屬於英國鑄造「阿姆斯壯樣式」（Armstrong Pattern）鐵砲，相關火砲結構之史料記錄，可見於英國海事博物館所保存的一張阿姆斯壯樣式後膛線繪圖（圖3-13-10）。[355]過去曾有研究者將此類造形的後膛，稱之為「覆鐘形」，而相較於布隆美菲爾德樣式（Blomefield pattern）後膛部份，則後

353　楊仁江，《臺灣地區現存古礮之調查研究》，頁527-533。

354　楊仁江，《基隆市一般古物「阿姆斯托朗後膛八吋砲」保存維護計畫》，委託單位：基隆市文化局，執行單位：楊仁江建築師事務所，2014年。

355　B. Lavery, "Carronades and Blomefield Guns: Development in Naval Ordnance, 1778-1805," p. 25.

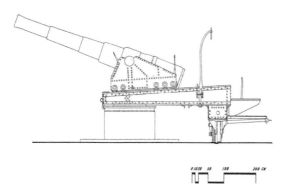

圖3-13-6　「阿姆斯托朗八吋後膛砲」線繪圖（引
　　　　　自楊仁江，1991）

圖3-13-7　基隆市役政公園所藏「阿
　　　　　姆斯托朗八吋後膛砲」

圖3-13-8　國防部臺中成功嶺營區所藏「阿姆斯托朗後膛八吋砲」

圖3-13-9　國防部臺中成功
　　　　　嶺營區所藏「阿
　　　　　姆斯托朗後膛八
　　　　　吋砲」

356 楊仁江，《臺灣
地區現存古礮之調查
研究》，頁95。

者呈現了厚實圓扁的「穹圓形」結構，[356]至於臺南市
所藏這件古砲的砲尾部份，正顯示了所謂「阿姆斯壯
樣式」的特徵（圖3-13-11）。

　　另根據本件火砲砲尾之「砲尾環」（cascabel loop or breeching ring；見
圖表3-13-1：M）特徵研判，可以確認本件火砲已經明顯受到了英國布隆美
菲爾德樣式（Blomefield pattern）火砲的影響。而有關布隆美菲爾德樣式火

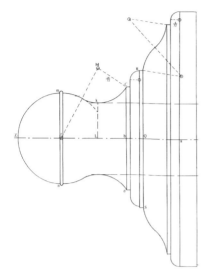

圖3-13-10　英國海事博物館藏「阿姆　　圖3-13-11　本件古砲後膛側視
　　　　　　斯壯樣式」鐵砲後膛線繪圖
　　　　　　（引自B Lavery，1989）

砲的發展與結構特點，可參見本研究上節內容，此處不再重複贅述。

　　大體說來，前節所述「英製布隆美菲爾德九磅前膛砲」，屬於十九世紀中期已經發展成熟的布隆美菲爾德鐵砲，外觀呈現出相當簡潔單純的形態，砲身上僅見平素無紋的補強環與裝飾帶。反觀本件古砲砲身上的裝飾甚爲繁複，而這樣的特徵，則相當類似於十八世紀晚期布隆美菲爾德在發展初期所設計的火砲樣式，實例可見當時火砲製造商卡隆（Carron）公司報告中所保存的「布隆美菲爾德火砲設計圖」（圖3-13-12）。[357]本件古砲砲身所見各項繁複細節，實可完全對應於上述設計圖稿。以下細分爲兩種結構進行說明；首先是見於砲身前段與後段的兩條裝飾帶，其正式名稱分別爲「砲口半圓飾與束帶」（muzzle astragal and fillets；見圖表3-13-1：V；圖3-13-13），以及「火門半圓飾與束帶」（vent astragal and fillets；見圖表3-13-1：Q；圖3-13-14）。

357　B. Lavery,
"Carronades and
Blomefield Guns:
Development in Naval
Ordnance, 1778-1805,"
p. 26.

　　第二種則是在砲身上的兩處補強環（一般俗稱爲「砲箍」）前方，添加凹弧的曲線裝飾，其正式名稱分別是砲尾處的「後膛環曲線」（breech ring and orgee；見圖表3-13-1：N與P；圖3-13-15），以及砲耳前端「第二補強環與曲線」（Second reinforce ring and ogee；見表3-13-1：U；圖3-13-16）。

　　基於以上考證分析研判，筆者認爲本件火砲應屬於英國「阿姆斯壯樣式前膛砲」，其製作年代可能在「十八世紀末至十九世紀初」，具體時間應早於前節所述「布隆美菲爾德樣式・英製九磅前膛砲」。

　　最後是有關本件火砲的口徑與功能。本件古砲的砲口內徑，經測量後確認爲12.6公分，合英制口徑爲4.96英吋（inches），四捨五入後爲5英吋。根據相關火砲規格資料推斷，[358] 其所使用砲彈之重量，可能爲十二磅（Pounder）左右。至於本火砲之功能使用，則大致同於前述「九磅前膛砲」，多做爲船艦火砲、岸防砲或堡壘防禦用火砲。

358　C.E. Franklin, *British Napoleonic Field Artillery*, UK: The History Press, 2012, p. 267; Richard J. Garrett, *The Defences of Macau*, p. 145.

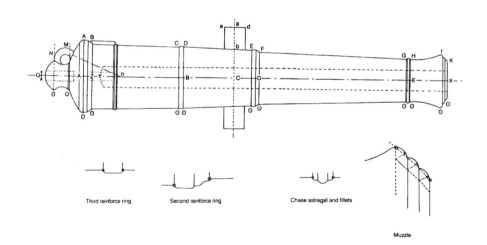

圖3-13-12　十八世紀晚期「布隆美菲爾德樣式火砲設計圖」（引自B Lavery，1989）

圖3-13-13　砲身前段「砲口半圓飾與束帶」

圖3-13-14　砲身後段「火門半圓
飾與束帶」

圖3-13-15　砲尾處「後膛環曲線」

圖3-13-16　砲耳前端「第二補強環與曲線」

2. 古砲材質成份

根據本件火砲的XRF成份分析檢測所得結果顯示（表3-13-2），[359]砲身的主要金屬成份爲鐵（Fe），等量線顯示其濃度爲95.43%，鉛（Pb）濃度則在3.28%，另有相當微量的錳（Mn）與鋅（Zn）濃度分

359　檢測儀器採用α6500-手持式X射線螢光分析儀（XRF），分析模式：Alloy Plus。

別僅爲0.65%與0.64%，故可確認本件文物應爲鐵砲。

表3-13-2　「阿姆斯壯五吋前膛砲」XRF濃度百分比檢測數據

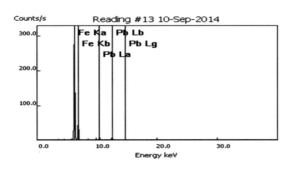

A.M.-01

Reading #13 10-Sep-2014
Analytical Mode

NO MATCH

Element	%	+/-
Mn	0.65	0.07
Fe	95.43	0.58
Zn	0.64	0.06
Pb	3.28	0.14

Test Information

Spectrum

3. 現存相關類型古砲

目前在臺灣、澎湖、金馬地區所見，與本件鐵砲型式相關之古砲，大致可分為兩類，第一類與本件古砲來源相同，屬於西洋鑄造之鐵砲，第二類則為中國本地仿鑄之鐵砲，以下分述：

(1) 第一類：西洋鑄造之本類鐵砲

目前臺灣各地所見者，分別藏於新竹、臺東、馬祖與金門，以下分別說明其特徵：

新竹所見之同類型西洋鐵砲，現安置於新竹市中山公園內（圖3-13-17），該砲尾具有砲尾環，而後膛的造形特徵同樣屬於典型的「阿姆斯壯樣式」（圖3-13-18），至於砲口之「三弧線」設計（圖3-13-19），則略異於本件前膛砲（圖3-13-2），而與本研究上節所述之「英製布隆美菲爾德九磅前膛砲」的砲口特徵相同（圖3-12-2）。此外，依據1990年調查資料，該砲全長215.5公分，砲口內徑13.5公分（圖3-13-20），[360]可知其尺寸規制大致同於本件臺南所藏「阿姆斯壯五吋前膛砲」，至於其所屬年代亦應同於前者，屬於十八世紀末至十九世紀初期文物。

臺東所收藏之兩門相同類型西洋古砲，現安置於臺東市鯉魚山忠烈祠內，此砲之砲身、後膛、砲尾環等各項特徵（圖3-13-21、圖3-13-22），皆同於本型前膛砲，且砲身尚有浮雕「皇冠」紋與「SJS」銘文（圖3-13-23）。1990年調查資料顯示此砲全長152公分，砲口內徑9公分，砲耳位於砲身中軸線以下（圖3-13-24）。[361]根據以上各項訊息研判，可知這兩門火砲應屬於規制較小的英國鑄造3.5英吋前膛砲，鑄造年代則亦應同於上述火砲類型。

連江縣馬祖列島所保存的數門同型西洋古砲，皆見於晚清修築之燈塔所屬文物，其砲身結構、圓飾束帶與補強環等各項特徵，亦同於臺南市所收藏帶有砲尾環的「阿姆斯壯樣式」前膛古砲。首先是莒光鄉東莒島東莒燈塔（東犬燈塔）所存兩門同型古砲（圖3-13-25、圖3-13-26），又被稱為

360　楊仁江，《臺灣地區現存古礮之調查研究》（臺北：內政部，1991），頁285-288。

361　楊仁江，《臺灣地區現存古礮之調查研究》，頁285-288。

圖3-13-17　新竹市中山公園內所存古砲

圖3-13-18　新竹市中山公園古砲後膛與砲尾環

圖3-13-19　砲口「三弧線」特徵

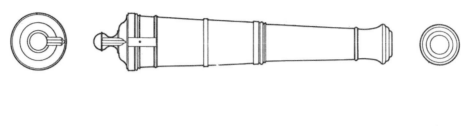

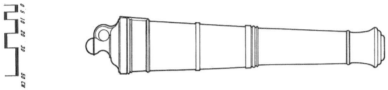

圖3-13-20　新竹市中山公園內所存古砲線繪圖（缺砲耳結構）（引自楊仁江，1991）

圖3-13-21　臺東市鯉魚山忠烈祠所存古砲

圖3-13-22　臺東市鯉魚山忠烈祠古砲後膛與
　　　　　砲尾環

圖3-13-23　砲身浮雕「皇冠」紋與「SJS」
　　　　　銘文

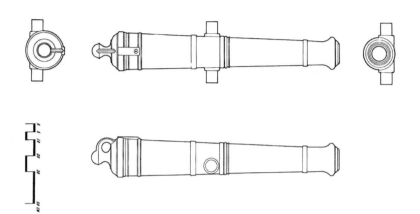

圖3-13-24　臺東市鯉魚山忠烈祠內古砲線繪圖（引自楊仁江，1991）

圖3-13-25　馬祖東莒島東莒燈塔所存古砲

圖3-13-26　同前圖

362　C.E. Franklin, *British Napoleonic Field Artillery*, p. 267; Richard J. Garrett, *The Defences of Macau*, p. 145.

「霧砲」，可知其功能已轉變爲鳴響輔助導航與示警之用，該燈塔尚保存了施放古砲所使用之整組裝藥與保養工具。古砲全長217公分，口徑14公分，合英制口徑爲5.5英吋（inches），根據相關火砲規格資料推斷，[362]其所使用砲彈之重量應爲十八磅。而這也對應了其中一門古砲的砲身後部上方所見「18」浮雕數字銘文。

　　另在馬祖東引島的東湧燈塔，亦可見兩門類型、尺寸與細部結構相似之古砲，其功能同樣被轉用爲燈塔「霧砲」。砲身全長約214公分，口徑12公

分，合英制口徑爲4.7英吋（inches）（圖3-13-27、圖3-13-28）。

　　金門縣金城鄉延平郡王祠所保存的兩門古砲（圖3-13-29），砲後部同樣可見砲尾環，而砲尾鈕上可見突出稜線裝飾（圖3-13-30），而這樣的特徵亦見於本件臺南市所藏火砲。這兩尊金門出土火砲全長197.5公分，砲口內徑14.5公分，砲身的火門座前，有浮雕「12-PR」銘文（圖3-13-31），[363]可知其應爲使用十二磅（Pounder）重砲彈的5.7英吋前膛砲。另就本件鐵砲旁所立說明牌內容可知，這兩尊所謂的「延平古砲」，是民國七十五年（1986）被發現於金門太武山南麓，被認爲是明末清初之物。現就其形制特徵觀之，可判定其應屬於西洋鑄造，是具有砲尾環的「阿姆斯壯樣式」前膛砲，絕非「明末清初之物」，而其鑄造年代應要晚至十八世紀末至十九世紀。

(2) 第二類：中國仿鑄之本類鐵砲

　　就目前所見海峽兩岸傳世古砲實物資料可知，在十九世紀中期左右，中國開始仿鑄這種帶有砲尾環的前膛裝「阿姆斯壯樣式」鐵砲。這類國產鐵砲的砲身、砲尾、砲尾環等各項特徵，雖相當類似前述西洋鑄造鐵砲，但結構細節與砲箍線角模糊，呈現出頗爲粗劣簡陋的面貌。此外，過去曾有研究者指出，中國自製火砲的砲耳，大多位於砲身中軸線上，反觀西洋製火砲的砲耳，則普遍低於砲軸的中線，[364]而這項特徵也可以做爲判別中、西古砲的參考依據之一。

　　就筆者所見年代最早的此類中國所仿鑄鐵砲，爲道光戊申年（1848）福建督標中協、福建布政使司、閩浙總督部堂，以及福建巡撫部院所聯名鑄造，福建地區現存四門，分別是1994年廈門市舊城遺址出土，以及廈門胡里山砲臺藏品（圖3-13-32）。[365]此外，在1994年廈門市舊城遺址出土的鐵砲文物中，另可見兩門咸豐朝所仿鑄的本類鐵砲，爲咸豐二年（1852）閩浙總督部堂與福建巡撫部院所鑄造（圖3-13-33）。[366]

363　陳維鈞，《金門後浦網寮古砲群考古學研究》（金門縣：金門縣文化局，2010），頁148-153。

364　楊仁江，《臺灣地區現存古礮之調查研究》，頁52-53。

365　鄭東，〈廈門近年出土古砲及明清廈門海防設施考述〉，頁70-75。

366　引同上註。

圖3-13-27　馬祖東引島東湧燈塔所存古砲
　　　　　　（圖片提供：莊信賢先生）

圖3-13-28　同前圖（圖片提供：莊信賢先生）

圖3-13-29　金門縣延平郡王祠所存古砲

圖3-13-30　古砲砲尾結構

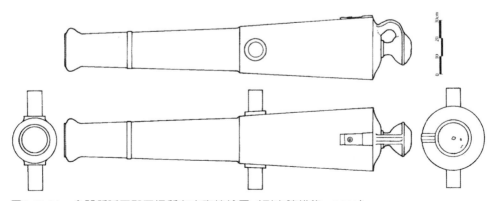

圖3-13-31　金門縣延平郡王祠所存古砲線繪圖（引自陳維鈞，2010）

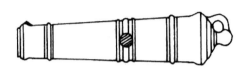 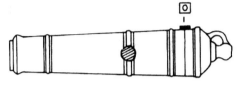

圖3-13-32 福建廈門出土道光時期鐵砲測繪　　圖3-13-33 福建廈門出土咸豐時期鐵砲測繪
　　　　　圖（引自鄭東，1999）　　　　　　　　　　圖（引自同前）

臺灣地區所保存之此類帶有砲尾環的中國仿鑄西式鐵砲，分別收藏於新北市淡水區、臺南、澎湖與基隆共四個地點，其中一件的鑄造時間可上溯至1850年，其餘則集中於1870年代。以下分述各件古砲特徵：

　　新北市淡水古蹟博物館所藏「道光三十年」（1850）銘鐵砲（圖3-13-34），結構測繪圖見圖3-13-35，[367]砲尾可見砲尾環（圖3-13-36），砲身全長128公分，砲口內徑7.5公分，前砲身未見裝飾帶，砲尾環略有殘損。砲前身上部可見浮雕銘文「道光三十年 奉 憲鑄造艋舺營 大礮一位重伍佰觔 匠首林茂周」（圖3-13-37、圖3-13-38），此砲可知其為1850年所鑄造，由臺灣綠營軍隊「艋舺營」所使用之五百觔鐵砲。「艋舺營」始設於嘉慶十三年（1809），是由北路淡水營改為臺灣協右營之後，[368]合併原先艋舺所設置兵力所編成，是一個兼擁水陸戰力，擔任臺灣北部海陸防守的綠營單位。[369]

　　現存於臺南成功大學光復校區內的一件鐵砲，亦屬於中國所仿鑄的「阿姆斯壯樣式」前膛砲（圖3-13-39、圖3-13-40），可惜該砲的砲尾環已斷裂遺失（圖3-13-41），砲前身上部可見浮雕銘文「同治十二年（1873）奉 憲鑄造嘉義營 大砲重壹千觔 匠首 林俊雄 林國琉」（圖3-13-42），「配藥□十兩 配子□十兩」（圖3-13-43），可知此件古砲亦為當時駐防臺灣的

367 楊仁江，《臺灣地區現存古礮之調查研究》，頁262-264。

368 （清）諸家，《臺灣采訪冊》，臺北：臺灣大通書局，1984年，頁132-135。

369 許雪姬，《清代臺灣的綠營》，臺北：中央研究院近代史研究所，1987年，頁29。

圖3-13-34　淡水古蹟博物館所藏古砲

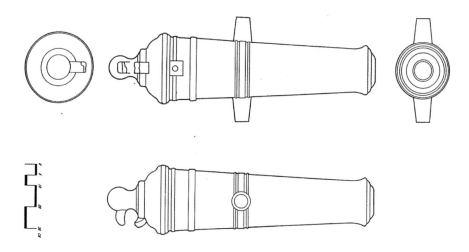

圖3-13-35　淡水古蹟博物館所藏古砲線繪圖（引自楊仁江，1991）

圖3-13-36　淡水古砲砲尾環斷裂狀況

圖3-13-37　淡水古砲前砲身銘文

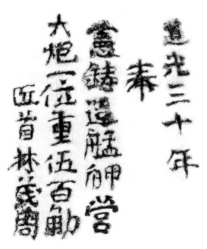

圖3-13-38　淡水古砲前砲身銘文拓本

圖3-13-39　成功大學光復校區內所存古砲

圖3-13-40　成功大學光復校區所存古砲

圖3-13-41　成功大學所藏
　　　　　古砲砲尾環斷
　　　　　裂狀況

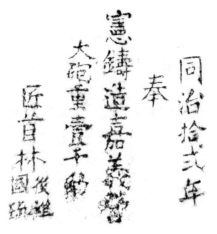

圖3-13-42　成功大學所藏古砲砲身前段
　　　　　銘文拓本

圖3-13-43　成功大學所藏古
　　　　　砲砲身後段銘文
　　　　　拓本

綠營所鑄造，而主導鑄砲的單位爲道光十三年由「臺
灣陸路鎮標 北路左營（北路協標左營）」改編番號而
成的「嘉義營」。[370]本件古砲全長163.5公分，砲口
內徑10公分，過去調查資料曾指出其出土地點爲臺南
仁德糖廠。[371]但根據成大歷史系相關紀錄可知，該古
砲爲1975年出土於高雄岡山地區後紅地方的臺灣省農
工企業股份有限公司所屬「岡山工場」，據查應是日
治時期由嘉義運至該地，準備熔化之後充做日軍武器
原料，[372]但最後並未實施而遭廢棄於岡山。

　　澎湖地區現存三門中國仿鑄「阿姆斯壯樣式」前
膛砲，以澎湖縣立文化中心前所存放的其中一門爲例，
火砲全長201.5公分，砲口內徑12公分（圖3-13-44、
圖3-13-45），砲前身上部可見浮雕銘文「光緒二年
（1876）奉 憲鑄造臺協三營 大砲重壹千伍百觔 匠
首林茂昇 副匠首」（圖3-13-46），可知此砲爲當時

370　史蹟研究室，
〈封面圖片說明〉，
《史蹟勘考》，第
5期，1977年，封
面裏、頁12；許雪
姬，《清代臺灣的綠
營》，頁32。

371　楊仁江，《臺灣
地區現存古礮之調查
研究》，頁429-432。

372　史蹟研究室，
〈封面圖片說明〉，
封面裏；蘇梅芳，
〈古砲漫遊〉，《國
立成功大學校刊》，
第240期，2013年，
頁23。

373 許雪姬，《清代臺灣的綠營》，頁20-21、293、307。

清廷派駐安平之臺灣水師（路）協中、左、右三營所鑄造，[373]另舉第二門鑄造年份相同之中國仿鑄鐵砲，尺寸甚大，全長達202公分，砲口內徑12公分，（圖3-13-47），砲尾環結構完整（圖3-13-48），由於本件鐵砲保存狀況不佳，前砲身銘文模糊不清，但依稀可見「光緒二年（1876）奉 憲□□□□營 大砲重貳千觔 匠首林□（茂）昇 副匠首□（林）國琉」等字（圖3-13-49）。

至於基隆市文化局所藏的一件相同類型鐵砲（圖3-13-50），為1984年在澎湖馬公港測天島水域打撈出水，根據砲身上所見銘文內容：「光緒二年（1876）奉 憲鑄造臺協三營 大砲重捌百觔 匠首林茂昇 副匠首林國琉」（圖3-13-51、圖3-13-52）。可知此門古砲之鑄造時間與鑄造單位，同於上述澎湖所存傳世鐵砲。可惜此砲的砲尾環已經斷裂遺失（圖3-13-53），砲身全長155公分，砲口內徑10公分（圖3-13-54）。[374]

374 楊仁江，《臺灣地區現存古礮之調查研究》，頁548-552。

375 楊仁江，《臺灣地區現存古礮之調查研究》，頁99、539-543。

376 姚瑩，《中復堂選集》，臺北：臺灣銀行經濟研究室，1960年，頁124。

4. 火砲來源、傳入途徑與仿製

根據本件文物旁說明牌內容可知，此件古砲為民國九十一年（2002）由陸軍總部移交。依照1991年相關調查報告可知，在2002年以前，本件古砲是存放於臺北三軍大學的校園內，而在上述1991年調查資料中，已將本門古砲定判定為「英國製造」之「五吋前膛砲」。[375]

另一方面，依照本文研究成果可知，具有「阿姆斯壯樣式」（Armstrong Pattern）後膛與「砲尾環」的西洋鑄造前膛砲，在臺灣遺存有數門之多，遍見於新竹、馬祖、臺東等地。有關這些火砲的傳入臺灣途徑，實可能與1840年代初期中英鴉片戰爭的軍事衝突有關，而且可能包含兩種來源。第一種傳入來源，是從廣東地區輸入的夷砲，此一紀錄見於1840年臺灣兵備道姚瑩〈覆鄧制府言夷務書〉中所言：閩浙總督鄧廷楨「自粵中攜至夷砲十數門」。[376]

圖3-13-44　澎湖縣文化局所藏古砲

圖3-13-45　澎湖所藏古砲砲尾結構

古砲編號：P-6

圖3-13-46　澎湖所藏古砲砲身銘文拓本

圖3-13-47　澎湖縣文化局所藏古砲

圖3-13-48　澎湖所藏古砲砲尾結構

圖3-13-49　澎湖所藏古砲砲身銘文拓本

圖3-13-50　基隆市文化局所藏古砲

圖3-13-51　基隆古砲
砲身銘文

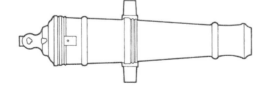

圖3-13-52　基隆古砲前砲身銘文
拓本

圖3-13-53　基隆古砲砲尾
環斷裂狀況

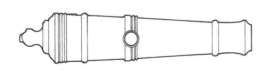

圖3-13-54　基隆市文化局所藏古砲線繪圖（引自楊仁江，2014）

　　第二種來源則是當時駐臺清軍與英軍交戰時所擄獲，據姚瑩〈基隆破獲夷舟奏〉所載：道光二十一年（1841）八月下旬，英國船艦攻擊基隆砲臺，清軍追擊夷船「奪獲礟四門」，而在擊沉一艘英國船艦後，又於海濱「撈獲夷礟五門，重七百、八百、九百觔不等，大小礟子數十粒」，另有「署千總陳連春，撈獲大夷礟一門，重二千觔，大鐵子一粒……被水火藥不計其數。」[377]

377　姚瑩，《東溟奏稿》，南投：臺灣省文獻委員會，1997年，頁32-35。

　　清軍在臺灣基隆擄獲十門英軍火砲的交戰紀錄，亦可見於同年10月11日道光皇帝示諭閣臣的內容：

> 達洪阿等奏：「擊沈英船、捇（擒）斬英人、奪獲礟位」一摺，本年八月以來，英船疊向臺灣外洋遊奕亭泊，經該總兵等飭屬嚴防堵禦。是月十六日卯刻，該英船駛進口門，對二沙灣礟臺發礟攻打，經該參將邱鎮功等將安防大礟對船轟擊，淡水同知曹謹等亦再三沙灣放礟接應。邱鎮功手放一礟，立見英船桅折索斷，退出口外，衝礁擊碎；洋人紛紛落水，死者無數。……此次文武義首人等，共計斬獲白人五人、紅人五人、黑人二十二人，生捇黑人一百三十三人，撈獲洋礟十門，搜獲洋書等件」。辦理出力，甚屬可嘉。[378]

378　不著撰人，《臺灣文獻史料叢刊第四輯——清宣宗實錄選輯（全）》，臺北：臺灣大通書局，1984年，頁375-376。

379　楊仁江，《臺灣地區現存古礟之調查研究》，頁90、94。

　　據以上三筆史料內容可知，在十九世紀40年代初的鴉片戰爭前後，臺灣的清朝軍隊至少獲得了共二十餘門各種尺寸、重量不同的西洋火砲，故過去的調查資料曾指出：「儘管無法確認這批火砲究竟是什麼形式，但可相信其必然與臺灣所留存的英國火砲之間，有著相當密切的關聯性。」[379]現根據本研究考證所得結果，則可以更進一步地指出，這種具有砲尾環的「阿姆斯壯樣式」前膛砲，製作時間應在十八

世紀末至十九世紀初，其所屬年代可明確對應上述文獻紀錄的時間，故當然可以被合理推斷是十九世紀40年代初的鴉片戰爭期間，英國船艦上所使用的火砲。

至於這些西洋火砲因被擄獲而傳入臺灣之後，理當被納入了臺灣島內的軍事防務體系。不僅如此，這批新獲致的西洋利砲，可能也成爲了當時中國軍隊仿效製作火砲的原型。例如在鴉片戰爭後不久的十九世紀中期，福建官方已經開始仿鑄此類西洋鐵砲，而透過臺灣傳世的古砲文物可知，當時駐防臺灣的清朝綠營軍隊，在道光朝後期至光緒年間（十九世紀50年代至70年代），亦仿鑄了相當數量的這種具有砲尾環之「阿姆斯壯樣式」前膛砲（見圖3-13-34至圖3-13-54）。

上述這些臺灣綠營所仿鑄的「阿姆斯壯樣式」前膛砲，包含多種尺寸重量，從「伍百觔」、「捌百觔」、「壹千觔」、「壹千伍佰觔」，直至「貳千觔」不等。而在施放火砲的操作技術上，也可以在砲身銘文上看到「配藥」、「配子」的裝填劑量標示，顯示出當時駐防臺灣的清朝綠營陸路及水師軍隊，對於操作打放這類前膛火砲，已經累積了一定程度的實踐經驗。

至於這些中國仿鑄西式火砲的製造者是誰？透過砲身所見銘文內容，可確認其應來自於同一經營鑄造規模頗大的林姓家族，已見鑄匠姓名包含林茂周、林茂昇、林俊雄、林國琉等。而根據近年李建緯教授研究成果可知，[380]這些林姓鑄匠應來自於福建省福州城西南水關外的「蓮宅」。就目前臺灣各地古物調查結果顯示，多處廟宇的鐵鐘、鐵鼎式香爐，皆爲晚清「蓮宅」林姓匠人所鑄造。在十九世紀至二十世紀初期，福州「蓮宅」林

380 李建緯，〈臺中市萬和宮金屬鐘研究－試論其所反映的產銷問題〉，《文化資產保存學刊》，第35期，2016年，頁54-57。

姓家族的鑄鐵事業蓬勃發展，產品對外銷售拓展至東南亞地區，至於當時隸屬於福建的臺灣地區，也是福州「蓮宅」鑄器輸出販售的區域，且其訂製器類相當多元，包含了軍方訂製的鐵砲、廟宇使用的鐵鐘，以及宗教祭祀用鐵爐。上述鐵砲的訂製者皆爲防守臺灣的清朝綠營軍隊，而受命鑄造火砲的作坊則是位於福建軍經行政中心的省治福州，應有其地緣遠近上之考量，以便

於相關軍方管理階層督考查核。

最後必須附帶一提的是，十九世紀晚期西方軍火工業的迅速發展下，後膛裝填且具有膛線的各類新式火砲大量出現。而中國仿鑄上述西式鐵砲之時，前裝滑膛砲早已是陳舊落伍的武器。事實上，當時清朝改革派大臣對於西方火器製造技術的快速革新，知悉甚詳，例如李鴻章在光緒元年（1875）上奏皇帝的〈代陳丁日昌議覆海防事宜疏〉中，便提到外國之火器「不三十年而已屢變其製」：

蓋諸國之礮，以阿勿斯郎、德里氏嘎為最大，以克虜伯、布魯嘎思維最精。大者喫子至百磅，聞其鑄造時，內用生鐵，外套熟鐵，釘

381　李鴻章，〈代陳丁日昌議覆海防事宜疏〉，收入諸家，《道咸同光四朝奏選輯》，臺北：臺灣大通書局，1984年，頁45-68。

以螺絲，既成之後，多用火藥轟放，使內外二層，漲力勻透，生鐵與熟鐵相切已緊，然後以之施用。……從前礮後開門，僅用左右雙劈，近則用整塊圓劈，又用藥演放千數百次，腹內始加銅圈鋼底，彈則加以鉛殼，比膛略大，礮腹有螺旋三十二轉，必使彈由腹中相盪相摩，宛轉而後出口。[381]

故此，本節所探討的這些十九世紀前裝滑膛火砲，無論是中國擄獲自洋人或是自行仿製者，在十九世紀後半的清朝末期，早已完全無法應付西方帝國主義侵逼的嚴峻形勢。

（三）本件古砲之重要性

根據本研究分析考證結果，本件古砲已正名為「阿姆斯壯五吋前膛砲」，製作年代約為「十八世紀末至十九世紀初期」，可能是在中英鴉片戰爭期間傳入臺灣。本件古砲的後膛結構，呈現了英國「阿姆斯壯樣式」鐵砲的特徵，砲尾上部已見「砲尾環」，但砲身補強環與裝飾帶較為繁複，經本

研究分析判定，此件古砲所屬具體年代，應該「早於」同樣已提報臺南市「一般古物」的1861年「英製布隆美菲爾德九磅前膛砲」。

至於目前所知臺灣地區所存相同類型的西洋鑄造古砲文物，則可見於新竹市中山公園、臺東鯉魚山忠烈祠、馬祖東引島與東莒島、金門延平郡王祠等數處地點。另一方面，這類西洋前膛砲也在十九世紀中期以後，成為了中國仿鑄西式前膛鐵砲的原型。目前臺灣地區所保存的傳世實物，可見於臺北淡水、臺南、澎湖、基隆等地。這些清代臺灣綠營軍隊所仿製的鐵砲，鑄造時間可上溯至1850年，且一直延續至十九世紀70年代，而其鑄造地與鑄造者為福建省福州市蓮宅的林氏家族。

（四）保存現況檢視

本件古砲現存於臺南市麻豆區池王府五府千歲廟前方臺南軍史公園內，與「英製布隆美菲爾德九磅前膛砲」並排安放，兩砲之間置有傘狀覆頂涼亭遮蔽。全器塗覆墨綠色漆層，為求將鐵砲安置於水泥臺座之上，砲身下方焊有鐵片（圖3-13-55），砲耳焊有圓管座（圖3-13-56），藉以加固穩定器身。

圖3-13-55　古砲砲身下方焊接鐵片固定

圖3-13-56　古砲砲耳焊接圓管座固定

肆
結語

　　本書針對臺南市十三件文化資產「一般古物」所進行的調查研究與鑑定，獲致了相當豐富的學術成果，首先是確認各件古物的藝術風格與形制特徵、所屬年代、工藝技術、材質與保存現況，同時也梳理與考證十三件古物之相關文獻史料，掌握其與臺南歷史文化發展之脈絡關係，最後清晰呈現這批古物的整體文化內涵、具體價值與重要性。另一方面，上述研究成果，也有效地修正並增補了舊有古物登錄資料內容；十三件古物的名稱中，至少有六件古物之舊有名稱存在錯誤或不合適之處，已修改調整。其中如舊名「八吋阿姆斯托郎後膛砲」之古物稱法有誤，該古砲形制實屬「前膛砲」，而非「後膛砲」。事實上，臺南市鄭成功文物館所藏文物中，的確收藏了一門極爲罕見的後膛砲，透過初步調查結果顯示，[*]這門全臺唯一的一件後膛古

＊　盧泰康，《臺南市政府文化局（鄭成功文物館）館藏古砲調查與研究計畫》，委託單位：臺南市政府文化局，執行單位：國立臺南藝術大學藝術史學系，2015年，頁14-27。

砲，屬於相當珍貴的晚明「佛郎機砲」（見圖4-1、圖4-2），可能是全臺灣現存西洋式古砲中，所屬年代最早者。但是由於其舊有登錄名稱與年代判定皆有嚴重錯誤，故歷來從未受到重視，其文化內涵、具體價值與重要性亦無法呈現，且保存狀況不佳，建議主管單位盡速編列經費，針對此件重要而罕見的晚明「佛郎機砲」，進行深入研究與科學檢測。

圖4-1　臺南市鄭成功文物館藏晚明「佛郎機」後膛古砲　　　　圖4-2　同前圖

　　此外，透過本次古物研究成果也可得知，十三件「一般古物」之中，

至少有兩件文物，分別是「鄭成功畫像（那須豐慶摹本）」、「鄭成功草書」，歷史文化價值與重要性極高，實具有提報文化資產「重要古物」之潛力。

　　而在本書的最後，筆者也希望藉此機會，提出一些有關我國文化資產古物類工作的觀察與建議。近年中央與地方之文化主管機關，日漸重視文化資產中的「古物」類事務的推動，是相當令人鼓舞與欣慰的現象，但在實際工作的執行上，仍有不少認知與基本概念上的嚴重誤解。為此，筆者必須嚴正呼籲並強調，古物的文化內涵、價值與重要性，「並非不證自明」。嚴謹的文物調查與研究，實有絕對之必要，方能具體甄別與論證古物的真實價值與重要性，從而落實文化資產的文物普查與古物分級，至於後續的文物保存維護，以及博物館推廣教育工作，也才有堅實的學術基礎與理論依據。反觀目前不少公部門所主導的相關計畫設計與執行上，卻屢屢出現「本末倒置」的作法，吾人經常見到的狀況是：在嚴謹的「古物調查研究」工作尚未展開之際，即投入大量經費進行「保護修復」，甚至是「展示教育」，誤以為古物的重要性早已不證自明。而其所造成的結果是，社會大眾仍然無從獲知古物所蘊含之真實價值。

　　至於文物普查工作流於「形式主義」的問題，也有待正視與改善，像是不少文物普查登錄計畫，僅淪為流水帳式的文字堆砌；或是無法準確地針對文物進行專業紀錄與分析；亦有單純將文物視為歷史的插圖，僅能以淺薄的內容說明文物屬性。而以上所見各種狀況，在在導致了古物的歷史文化內涵與重要性，無法被清楚地確認與彰顯。至於有關文物調查中極為重要的形制、裝飾、製作工藝、年代、產地等學術判讀與分析，則多被簡單帶過，或空白不提，或鑑定錯誤，更遑論關鍵性的學術記錄工作，諸如專業文物攝影、外形與剖面線圖繪製、規範性尺寸測量，甚至是各項科學檢測分析，完全付之闕如。以上所提出的幾項問題，實為未來深化推展我國文化資產古物類事業時，必須嚴肅思考與面對的重要課題。

參考書目📖

古籍

（宋）王十朋，《梅溪後集》，收於《景印摛藻堂四庫全書薈要集部》，臺北：世界書局，2012年。

（宋）王應麟，《玉海》，收於《景印文淵閣四庫全書子部》，臺北：臺灣商務印書館，1983年。

（宋）李心傳，《建炎以來繫年要錄》，上海：上海古籍出版社，2008年。

（宋）洪邁，《容齋續筆》，上海：商務印書館，1934年。

（元）脫脫等撰，《宋史》，北京：中華書局，1977年。

（明）申時行等，《明會典》（萬曆朝重修本），北京：中華書局，1989年。

（明）郎瑛，《七修類稿》詩文卷三十二，收於《續修四庫全書》子部雜家類，上海：上海古籍出版社，2002年。

（清）丁日昌，〈撫閩奏稿〉，收於《丁中丞（日昌）政書》，臺北：文海出版社，1980年。

（清）川口長孺，《臺灣割據志》，臺北：臺灣銀行，1957年。

（清）川口長孺，《臺灣鄭氏紀事》，臺北：臺灣大通書局，1984年。

（清）王士禎，《古夫于亭雜錄》，北京：中華書局，1997年。

（清）王必昌，《重修臺灣縣志》，臺北：臺灣大通書局，1984年。

（清）不著撰人，《安平縣雜記》，南投：臺灣省文獻委員會，1993年。

（清）不著撰人，《道光福建通志臺灣府（中）》，臺北：文建會，2007年。

（清）不著撰人，《清一統志臺灣府》，臺北：臺灣大通書局，1984年。

（清）朱景英，《海東札記》，臺北：臺灣大通書局，1987年。

（清）朱象賢，《聞見偶錄》，收於《叢書集成續編》第二一三冊，臺北：新文豐出版社，1989年。

（清）朱壽朋，《光緒朝東華續錄選輯》，臺北：臺灣銀行經濟研究室，1997年。

（清）朱彝尊編，《明詩綜》，卷九十五，收於《景印文淵閣四庫全書集部》，臺北：臺灣商務印書館，1986年。

（清）余文儀，《續修臺灣府志》，臺北：臺灣大通書局，1984年。

（清）沈葆楨，《福建臺灣奏摺》，臺北：臺灣銀行經濟研究室，1959年。

（清）周元文，《重修臺灣府志》，臺北：臺灣大通書局，1984年。

（清）周鍾瑄主修，《諸羅縣志》，臺北：臺灣大通書局，1984年。

（清）周鍾瑄，《諸羅縣志》，南投：臺灣省文獻委員會，1993年。

（清）范咸，《重修臺灣府志》，臺北：臺灣大通書局，1984年。

（清）姚瑩，《中復堂選集》，臺北：臺灣銀行經濟研究室，1960年。

（清）姚瑩，《東溟奏稿》，南投：臺灣省文獻委員會，1997年。

（清）高拱乾，《臺灣府志》，臺北：臺灣大通書局，1984年。

（清）徐宗幹，《斯未信齋雜錄》，臺北：臺灣大通書局，1984年。

（清）徐珂，《清稗類鈔》，北京：中華書局，1984年。

（清）夏琳，《閩海紀要》，臺北：臺灣大通書局，1984年。

（清）索爾納等纂修，《欽定學政全書》卷七十九，文海出版社。《欽定大清會典圖事例》，臺灣中文書局影本，臺北：啓文出版社，1963年。

（清）陳文達，《臺灣縣志》，南投：臺灣省文獻委員會，1993年。

（清）張廷玉等撰，《明史》，北京：新華書店，1974年。

（清）崑岡等，《欽定大清會典圖事例》，臺灣中文書局影本，臺北：啓文出版社，1963年。

（清）黃叔璥，《臺海使槎錄》，南投：臺灣省文獻委員會，1996年。

（清）劉良璧，《重修福建臺灣府志》，臺北：臺灣大通書局，1984年。

（清）諸家，《道咸同光四朝奏——選輯》，臺北：臺灣大通書局，1984。

（清）諸家，《臺灣采訪冊》，臺北：臺灣大通書局，1984年。

（清）諸家，《臺灣雜詠合刻》，臺北：臺灣大通書局，1984年。

（清）歐家廉，《清實錄》第四八冊，〈穆宗毅皇帝實錄〉，北京：中華書局，1987年。

（清）蔣毓英，《臺灣府志》，北京：中華書局，1985年。

（清）謝金鑾，《續修臺灣縣志》，臺北：臺灣大通書局，1984年。

劉成禺，《世載堂雜憶》，臺北市：秀威資訊科技，2010年。

專書

《一峰亭林朝英行誼錄》編輯委員會，《一峰亭林朝英行誼錄》，高雄：美育彩色印刷，林氏族譜編輯委員會印行，1980年。

王次澄等，《大英圖書館特藏中國清代外銷畫精華》（第壹卷），廣州：廣東人民出版社，2011年7月。

井迎瑞總編纂，《官田鄉志》，官田：官田鄉公所，2003年。

王柏山等，《臺灣地區水資源史》，南投：臺灣省文獻委員會，2000年。

中國玉器全集編輯委員會，《中國玉器全集5隋唐——明》，河北：河北美術出版社，1993年。

中國社會科學院考古研究所、定陵博物館、北京市文物工作隊（中國社會科學院考古研究所等），《定陵》，北京：文物出版社，1990年。

王鴻楷，《臺灣霧峰林家－建築圖集下厝篇》，臺北：自立報系，1988年。

王耀庭，《林朝英：雙鵝入群展啼鳴》，臺南市：臺南市政府出版，2012年。

古方主編，《中國出土玉器全集9江西》，北京：科學出版社，2005年。

石再添主編，《臺灣地理概論》，臺北：臺灣中華書局，1995年。

北京市文物局、北京市文物研究所編著，《北京奧運場館考古發掘報告》，北京：科學出版社，2007年。

石萬壽，《臺南市民族文物館文物調查與解說計畫》，委託單位：臺南市政府，研究單位：成大研究發展基金會，1997年。

江西省博物館、南城縣博物館、新建縣博物館、南昌市博物館編（江西省博物館等），《江西明代藩王墓》，北京：文物出版社，2010年。

伊能嘉矩著，臺灣省文獻委員會編譯，《臺灣文化志》，臺中市：臺灣省文獻委員會，1991年。

全國寺廟整編委員會編輯部，《臺灣首廟天壇沿革誌》，臺南：臺灣首廟天壇管理委員會，1990年。

杉山靖憲，《臺灣名勝舊蹟志》，臺北：臺灣總督府，1916年。

李建緯，《彰化縣古蹟中既存古物登錄文化資產保存計畫》，彰化：彰化縣文化局，2012年。

李建緯，《彰化縣古蹟中既存古物登錄文化資產保存計畫（第二期）》，彰化縣文化局，2013年。

吳盈君，《臺南市政府文化局（鄭成功文物館）一般古物「林朝英墨寶木刻」兩件修復計畫案報告書》，執行單位：國立臺南藝術大學，2015年。

何培夫主編，《臺灣地區現存碑碣圖誌：臺南市》，臺北市：國立中央圖書館臺灣分館，1992年。

何培夫主編、林文睿監修，《臺灣地區現存碑碣圖誌：臺南縣》，臺北市：國立中央圖書館臺灣分館，1994年。

吳培暉、曾國棟，《臺灣首廟天壇寺廟生命史》，臺南市：臺灣首廟天壇，2004年。

何傳坤、劉克竑，《臺中縣營埔遺址發掘報告》，臺中：國立自然科學博物館，2006年。

李德仁，《郭德鈴先生收藏史前暨原住民文物圖錄》，臺東：國立臺灣史前文化博物館，2003年。

李慶章，《南瀛埤塘誌》，臺南：臺南縣政府，2007年。

吳學明，黃卓權編著，《古文書的解讀與研究》，竹北市：新竹縣文化局，2012年。

孟白、劉托編，《清殿版畫匯刊》第8冊，北京：學苑出版社，2008年。

周汛、高春明，《中國古代服飾風俗》，臺北：文津出版社，1988年。

林明德，《臺澎金馬地區區聯調查研究》，主辦單位：行政院文化建設委員會，委託單位：財團法人中華民俗藝術基金會，1994年。

周南泉主編，《玉器》上，北京：生活、讀書、新知三聯書店，1996年。

南安市人民政府編，《民族英雄鄭成功》，福州：海風出版社，2002年。

洪波浪、吳新榮主修，《臺南縣志卷十附錄》，新營市：臺南縣政府，1980年。

洪波浪、吳新榮主修，《臺南縣志》，臺北：成文出版社，1983年。

洪英聖編著，《畫說乾隆臺灣輿圖》，臺北：聯經出版，2002年。

洪英聖編著，《畫說康熙臺灣輿圖》，臺北：聯經出版，2002年。

施添福總編纂，《臺灣地名辭書卷廿一，臺南市》，南投市：臺灣省文獻委員會，1999年。

洪敏麟，《臺南市市區史蹟調查報告書》，臺中：臺灣省文獻委員會，1979年。

洪順興，劉芳如，《鄭成功畫像修復報告》，臺北市：國立臺灣博物館，2010年。

高賢治編著，《大臺北古契字四集》，臺北市：北市文獻會，2007年。

夏麗芳，《盧錫波先生收藏考古標本圖錄》，臺東：國立臺灣史前文化博物館，
　　2004年。

張子文、郭啓傳、林偉洲，《臺灣歷史人物小傳——明清暨日據時期》，臺北：
　　國家圖書館，2003年。

陳同濱等主編，《中國古代建築大圖典》，北京：今日中國出版社，1996年。

陳岫傑，《臺南縣倒風內海人境化之研究》，臺灣師範大學地理學系，碩士論
　　文，2002年。

莊金德編，《清代臺灣教育史料彙編》，臺中：臺灣省文獻委員會，1973年。

商衍鎏，《清代科舉考試述錄》，北京：三聯書店，1958年。

國家圖書館閱覽組編，《日治時期的臺南》，臺北：國家圖書館，2007年。

鹿野忠雄著，宋文薰譯，《臺灣考古學民族學概觀》，臺中：臺灣省政府印刷
　　廠，1984年。

許雪姬，《清代臺灣的綠營》，臺北：中央研究院近代史研究所，1987年。

崔詠雪，《翰墨春秋——1945年以前的臺灣書法》，臺中：國立臺灣美術館，
　　2004年。

陳維鈞，《金門後浦網寮古砲群考古學研究》，金門縣：金門縣文化局，2010年。

連橫，《雅言》，臺北：臺灣大通書局，1984年。

連橫，《臺灣贅談》，收於《雅堂先生餘集》，南投：臺灣省文獻委員會，
　　1992年。

連橫（連雅堂），《臺灣通史》，臺北：眾文圖書公司，1994年。

連橫，《雅言：臺灣掌故三百篇》，臺北市：實學出版有限公司，2002年。

陳鴻圖，《臺灣水利史》，臺北：五南圖書，2009年。

黃文博，《南瀛地名誌：新豐區卷》，臺南：臺南縣政府，1998年。

黃典權，《鄭成功復臺三百年史畫》，臺北：中華文化出版事業社，1961年。

彭卿雲，《中國文物精華大全金銀玉石卷》，臺北市：臺灣商務印書館，1994年。

曾順忠、曾曉馨，《隆本史話》，臺南：官田鄉農會，2007年。

楊仁江，《臺灣地區現存古礮之調查研究》，委託單位：內政部，1991年。

楊仁江，《基隆市一般古物「阿姆斯托朗後膛八吋砲」保存維護計畫》，委託單
　　位：基隆市文化局，執行單位：楊仁江建築師事務所，2014年。

廈門市鄭成功紀念館編，《鄭成功文物史跡》，北京：文物出版社，2004年。

楊雲萍，〈鄭成功的墨蹟〉，《臺灣的文化與貢獻》，臺北：臺灣風物，1990年。

萬煜瑤，《傳統木雕圖稿工法研究——施鎮洋藝師鹿港施鎮洋木雕傳習計畫（第一至四期）全集》，委託單位：國立傳統藝術中心籌備處，執行單位：國立彰化師範大學、財團法人施金山文教基金會，2000年。

臺南文化三百年紀念會編，《臺灣史料集成》，臺南：臺南市役所內臺南文化三百年紀念會，1931年。

趙璞主修，《嘉義縣志》，嘉義縣：嘉義縣政府，1977年。

廖瑾瑗，《鄭成功畫像歷史調查研究報告》，臺北：國立臺灣博物館，2007年。

臺灣銀行經濟研究室，《臺灣南部碑文集成——上》，南投：臺灣省文獻委員會，1994年。

臺灣慣習研究會原著，臺灣省文獻委員會譯編，《臺灣慣習記事》中譯本第1卷下，臺灣省文獻委員會，1984年。

魯文生主編，《山東省博物館藏珍·服飾卷》，山東：山東文化音像出版社，2004年。

劉水棟，《湖內鄉鄉志》，臺南：湖內鄉公所，1986年。

齊如山，《中國的科名》，臺北：新聞出版公司，1956年。

劉兆璸，《清代科舉》，臺北：東大圖書有限公司，1975年。

蔡志展，《明清臺灣水利開發研究》，南投：臺灣省文獻委員會，1999年。

鄭明水、蔡育林、林彥良、李采芳、邵慶旺（鄭明水等），《鄭成功畫像、臺灣民主國旗修復科學檢測報告》，臺北：國立臺灣博物館，2007年。

劉澤民編著，《關西坪林范家古文書集》，南投市：臺灣文獻館，2003年。

劉鴻亮，《中英火砲與鴉片戰爭》，北京：科學出版社，2011年。

謝奇峰，《臺南府城聯境組織研究》，臺南市：南市文化局，2013年。

盧泰康，《府城登錄古文物研究計畫——明鄭時期文物清查與分級建議期末報告》，委託單位：臺南市政府文化觀光處，執行單位：國立臺南藝術大學藝術史學系，2009年。

盧泰康主編，《文化資產中的出土文物研究與修護》，臺南：國立臺南藝術大學藝術史學系，2014年。

盧泰康，《臺南市古物文化資產內涵調查研究計畫》期末報告，委託單位：臺南市文化資產管理處，執行單位：國立臺南藝術大學藝術史學系，2015年。

盧泰康，《臺南市政府文化局（鄭成功文物館）館藏古砲調查與研究計畫》，委託單位：臺南市政府文化局，執行單位：國立臺南藝術大學藝術史學系，2015年。

盧錦堂主編，《臺灣歷史人物小傳：明清時期》，臺北市；國家圖書館，2001年。

臨時臺灣土地調查局，《臺灣土地慣行一斑》，臺北：南天書局，1998年。

期刊論文

山中樵，〈臺北博物館見物：一二、鄭成功の畫像〉，伊藤憐之助編，《臺灣時報》，1934年2月，頁120-121。

山東省博物館，〈發掘明朱檀墓紀實〉，《文物》，第5期（1975年），頁25-36。

王雪玲，〈戒敕與戒石銘〉，《中國典籍與文化》，第1期（1999年），頁107-111。

石原道博，〈鄭成功の文藻〉，《臺灣風物》，第5卷第1期（1955年），頁14-18。

白甯，〈汪興祖玉帶研究〉，《故宮文物月刊》，第15卷第12期（1998年第3期），頁118-128。

石暘睢，〈臺南市中、東、南三區的區聯〉，《臺南文化》，第5卷第2期（1956年），頁49-68。

史蹟研究室，〈封面圖片說明〉，《史蹟勘考》，第5期（1977年）。

田寶玉，〈保定直隸總督署公生明牌坊小考〉，《文物春秋》，第5期（2011年），頁51。

朱鋒，〈臺灣的樑籤〉，《臺灣風物》，第15卷第1期（1965年），頁23-24。

吳建昇，〈臺江浮覆以前的洲仔尾〉，《臺南科技大學通識教育學刊》，第7期（2008年），頁193-231。

李建緯，〈臺中市萬和宮金屬鐘研究——試論其所反映的產銷問題〉，《文化資產保存學刊》，第35期（2016年），頁30-67。

李建緯，〈臺灣媽祖廟現存「御匾」研究：兼論其所反映的集體記憶與政治神話〉，《民俗曲藝》，第186期（2014年），頁103-179。

尾崎秀眞，〈清朝時代の臺灣文化〉，收於《臺灣文化史說》，臺南市：臺南州
　　共榮會臺南支會，1935年。

李景全，〈明寧靖王古墓的傳說〉，《高雄文獻》，第10期（1991年），頁63-68。

李麗芳，〈民族所館藏標本圖說——臺灣漢人早期的祖先繪像與其文化意義〉，
　　《民族學研究所資料彙編》，第13期（1999年），頁51-94。

林玉茹，〈麻豆港及其市街的變遷〉，收於《麻豆港街的歷史、族群與家族》，
　　新營市：臺南縣政府，2009年，頁142-255。

林永欽，《匾額的修護與保存——以三級古蹟鹿港文開書院「萬世師表」匾為
　　例》，國立臺南藝術大學古物維護研究所碩士論文，2005年。

林其泉，〈略論丁日昌在臺灣的吏治整頓〉，《廈門大學學報：哲社版》，第2
　　期（1992年），頁39-45。

采訪道人，〈題延平郡王像〉，收於臺灣慣習研究會，《臺灣慣習記事》第2
　　卷，第1號（1902年），頁3。

屈慧麗，〈梳理的文明——再看西大墩遺址牛罵頭文化特色〉，《田野考古》，
　　第15卷第2期（2012年），頁17-46。

柯思莊，〈記營埔最近發現的幾件巴圖石器〉，《考古人類學刊》，第23、24
　　期合刊（1954年），頁106-108。

徐梓，〈戒石銘及其流傳考〉，《文獻季刊》第3期（2004年7月），頁229-241。

桐蜂，〈臺南市廟宇的匾額調查〉，《臺南文化》，新6期（1979年），頁141-159。

孫機，〈從幞頭到頭巾〉，收於《中國古輿服論叢》，北京：文物出版社，
　　2001年，頁205-223。

陳光祖，〈從歷史文獻看臺灣早期的考古發現〉，《田野考古》，第6卷第1期
　　（1998年），頁13-66。

連景初，〈文物館珍藏國寶寧靖王玉笏傳奇〉，《臺南文化》，新6期，臺南：
　　臺南市政府，1979年，頁9-12。

麥墀章〈臺灣地區三百年來書法風格之遞嬗（一）〉，收於林明賢編，《臺灣美
　　術研究論文選集I》，臺中市：國立臺灣美術館，2008年，頁16-23。

黃天橫，〈林朝英之墓志銘〉，《臺灣風物》第23卷第2期（1973年），頁51。

黃天橫，〈林朝英墓重修勘考記〉，《臺灣風物》，第26卷2期（1976年），頁31-36。

黃如輝，〈試論臺南市古蹟天壇修建記〉，《臺灣文獻》，第63卷第3期（2012年），頁201-262。

黃典權，〈由蔣公子說到蔣允焄(上)、(下)〉，《臺南文化》第3卷第1、2期（1953年6月），頁67-71。

曾品滄，〈從番社到漢庄——十七至十九世紀麻豆地域的拓墾與市街發展〉，收於《麻豆港街的歷史族群與家族》，新營市：臺南縣政府，2009年，頁82-137。

黃清淵，〈茅港尾八景追記錄〉，《南瀛文獻》，第1卷第1期（1953年），頁42-43。

黃雯娟，〈命名的規範：臺南市街路命名的文化政治〉，《臺灣史研究》第21卷第4期（2014年），頁147-186。

黃翠梅，《臺南市國定（第一級）宗教性古蹟內古物普查計畫結案報告》，委託單位：臺南市立文化資產管理處，執行單位：國立臺南藝術大學藝術史學系，2011年。

幣原坦，〈國史より見たる三百年紀念〉，收於《臺灣文化史說》，臺南：臺南州共榮會臺南支會，昭和五年正編（1930年），昭和十年（1935年）合本改版發行。

楊惠南，〈竹溪寺創建年代的再商榷〉，《臺灣文獻》，第53卷2期（2002年），頁99-112。

楊雲萍，〈鄭成功的墨蹟〉，收於《臺灣的文化與貢獻》，臺北：臺灣風物，1990年，頁169-173。

賈璽增、崔圭順，〈明代烏紗帽及楊氏墓出土實物研究〉，收於寧夏文物考古研究所、中國絲綢博物館、鹽池縣博物館編著，《鹽池馮記圈明墓》，北京：文物出版社，2010年，頁191-208。

廖伯豪，《清代官帽頂戴研究：以臺灣考古出土與傳世文物為例》，國立臺南藝術大學藝術史學系與藝術評論碩士班碩士論文，2014年。

廖慶六，〈麻豆水堀頭的歷史地位與傳說〉，《臺灣學研究通訊》，創刊號，2006年，頁50-67。

鄭東，〈廈門近年出土古砲及明清廈門海防設施考述〉，《福建文博》，第2期（1999年），頁70-75。

蔡孟宸，〈清領至日治的臺灣文人書法用印〉，收於蔡明讚編，《書法・跨域 2011臺灣書法史學術研討會論文集》，臺北市：臺灣中國書法學會，2011年，頁9-36。

蔡承豪，〈麻豆地區的家族與士紳階級的建立（1624-1895）〉，收於《麻豆港街的歷史、族群與家族》，新營市：臺南縣政府，2009年，頁250-361。

劉益昌，〈臺南縣麻豆鎮水崛頭遺址試掘及其意義〉，收於《倒風內海研究學術研討會論文集》，臺南縣政府主辦，2003年12月14日。

鄭國瑞，〈明鄭時期臺灣的書法〉，《應華學報》，第2期（2007年6月），頁196-197。

諸葛正〈臺灣木工藝產業的生根與發展過程解讀（1）——文獻中清治時期（1985年以前）所呈現的場景〉，《設計學報》，第10卷第4期（2005年），頁113-115。

盧泰康，〈臺南地區明鄭時期墓葬出土文物〉，收於《美術考古與文化資產——以臺灣地區學者的論述為中心》，上海：上海大學出版社，2008年，頁106-121。

盧泰康、李建緯，〈臺灣古蹟中既存古物調查的現況與反思〉，《文化資產保存學刊》，第25期（2013年），頁95-115。

盧泰康，〈文物普查實地作業：方法與標準程序〉，收於《全國文物普查研習作業手冊》，臺中：逢甲大學歷史與文物研究所，2016年，頁67-117。

盧嘉興，〈臺灣的第一座寺院——竹溪寺〉，《古今談》，第9期（1965年），頁32-37。

盧嘉興，〈清代臺灣藝術家林朝英〉，《雄獅美術》，第28期（1973年6月），頁100-105。

盧嘉興，〈竹溪寺沿革誌要〉，《臺南文化》，新2期（1976年），頁68-72。

盧嘉興，〈臺南縣鹽場史略〉，收於《輿地纂要南瀛文獻叢刊第二輯》，臺南：臺南縣政府，1981年，頁197-208。

韓羽翠，《近代臺南下營地區的開發與發展（1624-1945）》，國立臺灣師範大
　　學歷史學系在職進修碩士班碩士論文，2006年。

蕭瓊瑞，〈「閩習」與臺風──對明清臺灣書畫美學的再思考〉，收於林明賢
　　編，《臺灣美術研究論文選集I》，臺中市：國立臺灣美術館，2008年，頁
　　104-117。

簡英智，〈臺灣明鄭時期，清朝時期文人用印初探〉，收於《「孤山證印」西冷
　　印社國際印學峰會論文集》，杭州：西冷印社，2005年，頁147-158。

顏興，〈鄭成功儀容今考〉，《臺南文化》，第5卷第1期（1956年），頁2-9。

釋自憲，〈府城竹溪寺創建年代之考察〉，《世界宗教學刊》，第19期（2012
　　年），頁167-197。

蘇梅芳，〈古砲漫遊〉，《國立成功大學校刊》，第240期（2013年），頁20-24。

釋慧嚴，〈臺灣佛教史前期〉，《中華佛學學報》，第8期（1995年），頁273-314。

西文資料

Anonymous, *HMS Victory-souvenir guidebook*. Oxford, England: Pitkin guides Ltd,
　　1998.

B. Lavery, "Carronades and Blomefield Guns: Development in Naval Ordnance,
　　1778-1805," *British Naval Armaments*, London: The Trustees of the Royal
　　Armouries, 1989, pp. 15-27.

C. E. Franklin, *British Napoleonic Field Artillery*, UK: The History Press, 2012.

Chris Henry, *British Napoleonic Artillery 1793-1815 (2) Siege and Coastal Artillery*,
　　Oxford, U.K.: Osprey Publishing, 2003.

H. L. Blackmore, *The Armouries of the Tower of London: I Ordnance*, London: Her
　　Majesty's Stationery Office, 1976.

J. M. Bingeman, "Gunlocks: Their Introduction to the Navy," *British Naval
　　Armaments*, London: The Trustees of the Royal Armouries, 1989, pp. 41-50.

Richard J. Garrett, *The Defences of Macau: Forts, Ships and Weapons over 450
　　Years*, Hong Kong: Hong Kong University Press, 2010.

報紙新聞

〈朱成功肖像〉，《臺灣日日新報》，1911年7月13日(第四千紀念號)，版25。

〈名畫神寶となる〉，《臺灣日日新報》，1911年7月16日，版7。

〈無絃琴〉，《臺灣日日新報》，1911年10月13日，版2。

〈畫家消息〉，《臺灣日日新報》，1911年2月11日，版7。

〈豐慶畫伯と鄭氏畫像〉，《臺灣日日新報》，1910年12月25日，版7。

網路資料

大槐樹下好乘涼，〈保定第一名胜──直隸總督署〉，網址：http://blog.sina. com.cn/s/blog_72483acb0102vkwd.html（點閱時間：2015.07.22）

中央研究院人社中心地理資訊科學研究專題中心，「臺灣百年歷史地圖」：日 治二萬分之一臺灣堡圖（明治版），網址：http://gissrv4.sinica.edu.tw/gis/ twhgis.aspx（點閱時間：2015.02.05）

「日治時期圖書全文影像系統」，網址：http://192.192.13.194/cgi-bin/gs32/ gsweb.cgi?o=dbook&s=id=%22jpli2010-bk-sxt_0759_1_1902%22.&searchmo de=basic（點閱時間：2015.06.02）

王朝網路，〈御制戒石銘〉，網址：http://tc.wangchao.net.cn/baike/ detail_2398797.html（點閱時間：2015.07.28）

「五臺學約」，網址：http://www.sjjszj.com/a/jinshangwenhua/ jinshanglishi/2010/1216/8572.html（點閱時間：2015.08.04）

〈旧二本松藩戒石銘碑〉，網址：http://4travel.jp/domestic/area/tohoku/ fukushima/nihonmatsu/nihonmatsu/nature/10012612/（點閱時間： 2015.07.22）

〈国指定史跡「戒石銘」〉，網址：http://www.city.nihonmatsu.lg.jp/ soshiki/54/402.html（點閱時間：2015.07.22）

「松浦史料博物館」，網址：http://www.matsura.or.jp/mov03/index.html（點閱 時間：2016.12.12）

江南風，〈河南──南陽內鄉縣衙（2）〉，網址：http://xuefr.blog.163.com/ blog/static/8423942015379742933（點閱時間：215.07.22）

夏然蔚，〈葉縣縣衙「公生明」石碑〉，網址：http://gujiyou.abang.com/od/
　　ancientruin/ig/yexianxianya/gongshengming.htm（點閱時間：2015.07.22）

國立臺灣博物館「典藏資源檢索網」，〈歷史類/AH001386-001鄭成功像
　　（延平郡王）〉，網址：http://collections.culture.tw/ntm_cms/metadata.
　　aspx?GID=27280（點閱時間：2015.06.06）

國立臺灣博物館藏品，館藏編號AH2279，嘉慶六年（1801）臺灣府彰化縣佾生
　　潘承恩證書，國立臺灣博物館藏，國立臺灣博物館典藏資源檢索系統，網
　　址：http://collections.culture.tw/ntm_cms/metadata.aspx?GID=13047（點閱時
　　間：2015.08.05）

「國家文化資料庫」，網址：http://newnrch.digital.ntu.edu.tw/prototype/query.
　　php?keyword=%E7%85%A7%E7%89%8C&advanced=（點閱時間：
　　2015.08.04）

趙建平，〈武夷山發現宋代「戒石銘」〉，網址：http://www.wuyiguide.com/
　　big5/guide/info/166.htm（點閱時間：2015.07.22）

「維基百科」，網址：http://zh.wikipedia.org/wiki/File:Vua_Duy_Tan_nho.jpg
　　（點閱時間：2015.01.01）

「漢喃古籍文獻數位典藏計畫」，網址：http://lib.nomfoundation.org/
　　collection/1/volume/167/page/7（點閱時間：2015.01.01）

臺灣最早的王爺廟——普濟殿文史會，「試經口境公圖記」，網址：https://
　　www.facebook.com/221509457978760/photos/pcb.460205504109153/4602054
　　80775822/?type=1&theater（點閱時間：2015.08.10）

「Vallejo Gallery」，網址：http://www.vallejogallery.com/item.php?id=2214（點
　　閱時間：2015.07.02）

附　錄

一、鄭成功文物館藏「吏治箴言匾」木材鑑定報告

文物名稱	匾額		鑑定部位	匾額板全體構件
鑑定單位	臺灣文化材研究室		鑑定者	林仁政
	學歷	國立中興大學森林學研究所木材科學博士	現職	一貫道天皇學院助理教授
	電話		E. mail	
鑑定方法	☐ 函送樣本鑑定 ■ 現場採樣鑑定			
委託單位	國立臺南藝術大學藝術史學系			
	聯絡人	盧泰康	地址	臺南市官田區大崎里66號
	電話			

（一）取樣及設備

1. 調查與觀察

(1) 攜帶相關設備與器材，親自前往鄭成功文物館現場，進行匾額之材質觀察、拍照。微取木材碎片作爲鑑定判斷之依據。

(2) 以目視和放大鏡檢視各構件的紋理呈現，在木材鑑定上是否可以提供足夠的訊息以供判斷，並記錄相關特徵。諸如木材年輪（生長輪）、紋理、顏色、味道、導管分布及排列、木質線、縱向薄壁細胞等做爲木材鑑定之初判。

(3) 盡可能找尋文物劣化或彩繪漆層劣化處，作爲木材鑑定之觀察部位（如圖1）。

2. 設備與工具

(1) 單眼數位相機＋micro鏡頭、腳架。

(2) 3.5倍、10倍放大鏡（具燈源）。

(3) LED燈、夾子、手套袋。

(4) 來源可靠的木材標本。

(5) 木材圖鑑。

(6) 木材文獻。

圖1　匾額兩側端部依稀可見杉木橫斷面年輪分布以及朱漆紅色殘跡

（二）研究方法

1. 文獻與標本蒐集

(1) 蒐集相關研究輔助資料與文獻。

(2) 準備來源可靠的木材標本，以供木材鑑定比對。

2. 木構件拍照與建檔

(1) 以數位相機拍攝木材的紋理和顏色變化。

(2) 拍照重點以局部能顯示木材紋理爲重點要項，特別是木材的橫切面，其次是縱切面。

3. 鑑定方法

(1) 以肉眼、放大鏡、嗅覺、觸覺，直接觀察木材之紋理、質地、木肌、顏色、比重、氣味等特徵，以作爲木材鑑定之參考。觀察項目包括有[1,2]：

A. 以管孔之有無，區分爲針葉木（無導管）和闊葉木（有導管）。

(A) 針葉木觀察重點：

邊心材、春材細胞移行到秋材漸進或激進、縱向薄壁細胞分布情形、樹脂溝存在與否、木質線粗細、氣味等。

(B) 闊葉木觀察重點：

導管排列情形（環孔材、散孔材、輻射孔材、紋樣孔材）、縱向薄壁細胞分布(圍孔薄壁細胞、離孔薄壁細胞)、木質線粗細、填充體多寡、比重等。

B. 輔助鑑定的方法包括有：

(A) 木材邊、心材，顏色及紋理、生長輪寬度。

(B) 比重、強度、木肌、木理。

(C) 其他特徵（觸感、氣味、樹脂溝、髓心、結晶、填充體等）[3,4]。

以數位相機拍攝其表面紋理和組織變化，作爲木材鑑定之觀察面。隨後將木材紋理處做放大觀察，並製成可觀察木材細胞紋理之照片，以供參考對照。

1　洪國榮，1995，商用木材鑑定實務。世界木材資源與木材識別研習會（二）pp.67-70。國立中興大學森林學系印製。

2　呂福原、蔡崑煌、林慶東、莊純合，1990，臺灣商用木材圖鑑。農委會及國立嘉義農專合作印行。

3　洪國榮，1995，商用木材鑑定實務。世界木材資源與木材識別研習會（二）pp.67-70。國立中興大學森林學系印製。

4　呂福原、蔡崑煌、林慶東、莊純合，1990，臺灣商用木材圖鑑。農委會及國立嘉義農專合作印行。

　　鑑定與比對，根據觀察所得之組織特徵，藉由已知標本交叉比對以及文獻的再次確認後，逐一鑑定木材的種類。

（三）研究結果

　　1. 整塊匾額木材材質，經木材切片鑑定結果為杉木（Cunninghamia lanceolata (Lamb.) Hook. , China fir）。

　　2. 全由同一種木材製作而成，匾額板分別由九塊不同寬幅大小的木板拼合而成大尺寸的匾額。每塊木板的拼合乃以竹釘為釘合媒介。匾額尺寸較大，有別於其他匾額木材。

　　3. 雕刻工藝樸素簡單，無繁複裝飾工藝，雖為清代官員所贈匾額，然未有華麗的裝飾，文字落款以淺陰刻方式雕刻之，斗大文字能突顯匾額所要傳達的意涵。

　　4. 匾額正面基底材施以白色顏料塗裝，文字採陰刻工藝並塗以黑漆處理。中央處「聖訓」二字為陰刻紅色朱漆塗裝，甚為明顯。

　　5. 匾額背面依稀可見淡紅色殘跡，顯示早期原本的顏色為紅色朱漆髹塗之（圖1）。有趣的是，匾額左右兩側發現早期鳩尾榫殘洞，推測當時製作匾額時，乃取用其他構件的剩餘材料，轉用為現今匾額板木材（早期舊材轉用）。

　　6. 觀察匾額的生物危害，從匾額背面依稀可見乾木白蟻的排遺（圖2），顯示匾額早期懸掛在高處時曾遭受乾木白蟻的啃食危害。後續須進一步追蹤是否仍遭受白蟻的攻擊。

圖2　匾額背面左側明顯發現黑色乾木白蟻的排遺

文物名稱	匾額	
鑑定部位	匾額板	
鑑定結果	杉　　木[5, 6, 7] 學　　名：*Cunninghamia lanceolata* (Lamb.) Hook. 英文名：China fir 科　　別：杉科（Taxodiaceae） 俗　　名：杉仔、福州杉、廣葉杉、烏杉、大點雨、 　　　　　福杉[8]	5　林謂訪、薛承健， 1950，臺灣之木材。 臺灣銀行金融研究室 出版。臺灣臺北市。
鑑定特徵	1.木材黃褐色至暗褐色 2.具特殊明顯香氣 3.年輪明顯，秋材帶狹。春材帶較寬 4.質地較鬆軟，木理通直 5.春秋材管胞大小差異不大 6.春材細胞向秋材移行漸進 7.樹脂細胞呈散生，數量少	6　吳順昭、汪淮， 1970，臺灣木材圖 鑑。國立臺灣大學與 臺灣省林務局合作印 行 pp.35-36。臺灣臺 北市。
比重	0.33±0.03	
產地	原產於中國，清代時期即有移民自中國引進到臺灣 栽種。目前生長於臺灣海拔500-1800公尺之山區	7　洪國榮、蔡育林， 1997，臺灣傳統木結 構用材之鑑定。林產 工業16(4)：557-582。
木材利用	1.質輕強度大，木材較鬆軟，低比重，有特殊香氣， 　自清中葉開始，被大量使用在臺灣的建築、家具 　和器具上 2.木理通直，易鉋削加工。木材使用一段時間後常 　轉變成深褐色或暗褐色 3.耐久性高，不易變形、少開裂。唯耐磨性較差， 　保釘力較弱，板面缺乏光滑，常有起毛現象	8　佐佐木舜一， 1935，臺灣主要木材 方言集。財團法人臺 灣山林會編pp.9-10。
用途	常用於建築、家具、器具、箱板、木桶、雕刻等，早期用途相當廣泛，為 早期臺灣重要的木質材料	

木材鑑定	木材切面：橫切面 杉木鑑定特徵： 1.春材細胞向秋材移行漸進 2.木質線細微 3.秋材帶狹，深褐色	
	木材切面：橫切面 杉木鑑定特徵： 1.春材帶寬、秋材帶狹 2.春材細胞向秋材移行漸進 3.木質線細微 4.木材鬆軟，容易起毛	
	木材切面：弦切面 杉木鑑定特徵： 1.春材帶寬、秋材帶狹 2.年輪寬，秋材暗深褐色 3.木材鬆軟	

二、臺南天壇一字匾木材鑑定報告

文物名稱	臺南天壇一字匾		鑑定部位	匾額框 匾額板
鑑定單位	臺灣文化材研究室		鑑定者	林仁政
	學歷	國立中興大學森林學研究所木材科學博士	現職	一貫道天皇學院籌備處 助理教授
	電話		E. mail	
鑑定方法	□函送樣本鑑定 ■ 現場採樣鑑定			
委託單位	國立臺南藝術大學 藝術史學系			
	聯絡人	盧泰康	地址	臺南市官田區大崎里66號
	電　話			

鑑定者：

（一）研究原則

1. 調查與觀察

(1) 攜帶相關設備與器材，親自前往文物現場，進行文物之材質觀察、拍照。微取木材裂片作為鑑定判斷之依據。

(2) 以目視和放大鏡檢視各構件的紋理呈現，在木材鑑定上是否可以提供足夠的訊息以供判斷，並記錄相關特徵。諸如木材年輪（生長輪）、紋理、顏色、味道、導管分布及排列、木質線、縱向薄壁細胞等做為木材鑑定之初判。

(3) 盡可能找尋文物劣化或彩繪漆層劣化處，作為木材鑑定之觀察部位。

2. 設備與工具

(1) 單眼數位相機＋micro鏡頭、腳架。

(2) 3.5倍、10倍放大鏡（具燈源）。

(3) LED燈、夾子、手套袋。

(4) 來源可靠的木材標本。

(5) 木材圖鑑。

(6) 木材文獻。

（二）研究方法

1. 文獻與標本蒐集

(1) 蒐集相關研究輔助資料與文獻。

(2) 準備來源可靠的木材標本，以供木材鑑定比對。

2. 木構件拍照與建檔

(1) 以數位相機拍攝木材的紋理和顏色變化。

(2) 拍照重點以局部能顯示木材紋理為重點要項，特別是木材的橫切面，其次是縱切面。

3. 鑑定方法

(1) 以肉眼、放大鏡、嗅覺、觸覺，直接觀察木材之紋理、質地、木肌、顏色、比重、氣味等特徵，以作為木材鑑定之參考。觀察項目包括有[9, 10]：

A. 以管孔之有無，區分為針葉木（無導管）和闊葉木（有導管）。

(A) 針葉木觀察重點：邊心材、春材細胞移行到秋材漸進或激進、縱向薄壁細胞分布情形、樹脂溝存在與否、木質線粗細、氣味等。

(B) 闊葉木觀察重點：導管排列情形（環孔材、散孔材、輻射孔材、紋樣孔材）、縱向薄壁細胞分布（圍孔薄壁細胞、離孔薄壁細胞）、木質線粗細、填充體多寡、比重等。

9　洪國榮，1995，商用木材鑑定實務。世界木材資源與木材識別研習會（二）pp.67-70。國立中興大學森林學系印製。

10　呂福原、蔡崑煌、林慶東、莊純合，1990，臺灣商用木材圖鑑。農委會及國立嘉義農專合作印行。

B. 輔助鑑定的方法包括有：

(A) 木材邊、心材，顏色及紋理、生長輪寬度。

(B) 比重、強度、木肌、木理。

(C) 其他特徵（觸感、氣味、樹脂溝、髓心、結晶、填充體等）[11, 12]。

(2) 以數位相機拍攝其表面紋理和組織變化，作爲木材鑑定之觀察面。隨後將木材紋理處做放大觀察，並製成可觀察木材細胞紋理之照片，以供參考對照。

(3) 鑑定與比對，根據觀察所得之組織特徵，藉由已知標本交叉比對以及文獻的再次確認後，逐一鑑定木材的種類。

11　洪國榮，1995，商用木材鑑定實務。世界木材資源與木材識別研習會（二）pp.67-70。國立中興大學森林學系印製。

12　呂福原、蔡崑煌、林慶東、莊純合，1990，臺灣商用木材圖鑑。農委會及國立嘉義農專合作印行。

（三）研究結果

1. 匾額框

(1) 匾額四周採用四個邊框組合而成，採用杉木（俗稱福州杉）爲基底材。

(2) 在年代上，杉木使用的歷史，自清代、日治及臺灣光復後，皆有使用的記錄，亦即匾額框或匾額板，清代時期，多以杉木拼板方式，組合成匾額基底材，或以樟木、楠木以整塊板或拼板方式組合成匾額板。日治時期，因木材利用改變，臺灣檜木的大量使用，以及容易取得大徑板材，故匾額材料多以整塊板來雕刻製作匾額，已有少許使用杉木爲匾額材料。

(3) 因此，從杉木使用匾額框的利用習慣，推測應爲日治時期或清代時期的木材利用習慣。

文物現況	鑑定部位	
	匾額框	
鑑定結果	杉　　木[13, 14, 15] 學　名：*Cunninghamia lanceolata* (Lamb.) Hook. 英文名：China fir 科　別：杉科（Taxodiaceae） 俗　名：杉仔、福州杉、廣葉杉、烏杉、大點雨、 　　　　福杉[16]	13　林謂訪、薛承健，1950，臺灣之木材。臺灣銀行金融研究室出版。臺灣臺北市。
鑑定特徵	1. 木材黃褐色至暗褐色 2. 具特殊明顯香氣 3. 年輪明顯，秋材帶狹。春材帶較寬 4. 質地較鬆軟，木理通直 5. 春秋材管胞大小差異不大 6. 春材細胞向秋材移行漸進 7. 樹脂細胞呈散生，數量少	14　吳順昭、汪淮，1970，臺灣木材圖鑑。國立臺灣大學與臺灣省林務局合作印行pp.35-36。臺灣臺北市。
比重	0.33±0.03	15　洪國榮、蔡育林，1997，臺灣傳統木結構用材之鑑定。林產工業 16(4)：557-582。
產地	原產於中國，清代時期即有移民自中國引進到臺灣栽種。目前生長於臺灣海拔500-1800 公尺之山區	
木材利用	1.質輕強度大，木材較鬆軟，低比重，有特殊香氣，自清中葉開始，被大量使用在臺灣的建築、家具和器具上 2.木理通直，易鉋削加工。木材使用一段時間後常轉變成深褐色或暗褐色 3.耐久性高，不易變形、少開裂。唯耐磨性較差，保釘力較弱，板面缺乏光滑，常有起毛現象	16　佐佐木舜一，1935，臺灣主要木材方言集。財團法人臺灣山林會編pp.9-10。
用途	常用於建築、家具、器具、箱板、木桶、雕刻等，早期用途相當廣泛，為早期臺灣重要的木質材料	

木材鑑定	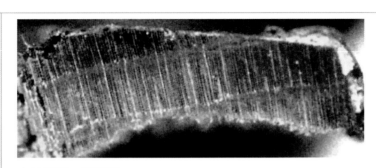木材切面：橫切面 杉木鑑定特徵： 1. 材細胞向秋材移行漸進 2. 木質線細微 3. 樹脂細胞散生，數量少 木材切面：徑切面 杉木鑑定特徵： 1. 秋材爲黃褐色至暗褐色 2. 春材細胞數量多 3. 木材鬆軟，容易起毛

2. 匾額板

(1) 匾額板爲使用整塊的柳桉木材雕製而成，並於木板四周雕刻文字、中間雕刻「一」字書法墨寶，金色墨寶上有明顯的金箔安裝貼痕。

(2) 柳桉木材的使用記錄源自於日治時期，其木材原產於東南亞地區，常綠喬木，爲生長快速、高大徑粗的中至高比重的木材。　直到現在仍繼續 在使用柳桉木在各種場合中。

(3) 使用整塊木材爲匾額板，其目的爲使「一」字墨寶在使用多年後不致產生木材拼版所產生的收縮拼痕線條，而影響了字體的完整性與美觀。

(4) 就木材歷史的利用記錄，甚少發現匾額使用柳桉的記錄，若就現況分析，匾額的製作年代，推測最早可能源自於日治時期。

(5) 然顧及光復後一直到現在仍有柳桉木使用的記錄，建議可就匾額表面的彩繪漆層觀察塗料的分布，可協助判斷匾額製作的年代。

文物現況	鑑定部位	
	匾額板	
鑑定結果	柳　桉[17] 學　名：*Shorea spp.* 英文名：Lauan 科　別：龍腦香科（Dipterocarpaceae） 俗　名：秒柳桉、白柳桉、黃柳桉	17　呂福原等，1998，臺灣商用木材圖鑑。行政院農業發展委員會國立嘉義技術學院合作印行。臺灣嘉義市。
巨觀	1.淺灰褐色至黃褐色 2.散孔材，導管大而明顯，具有明顯填充體 3.木理交錯，木肌粗，徑切面具有帶狀木紋 4.木質線肉眼可見[18]	18　呂福原、廖秋成、殿辰雄，1987，南洋材。秒豆出版社出版。臺灣嘉義市。
比重	0.45-0.75	
產地	東南亞地區，馬來西亞、緬甸、寮國、泰國及印尼等地	19　王松永，1995，商用木材 林產工業叢書(1)。中華民國林產事業協會發行pp.143-150。臺灣臺北市。
木材利用	1.木材輕軟或稍硬，鉋削性光滑及膠合性良好 2.木材耐久性隨著種類不同而有明顯差異，有時含有矽成份，將 影響製材鋸片 3.乾燥容易，耐久性和耐腐性低，容易遭受白蟻的侵害[19]	
用途	合板、建築、家具、框架、單板、器具、內裝等用材	

木材鑑定

木材切面：橫切面
柳桉木鑑定特徵：
1.導管散生，數量多而明顯
2.木質線肉眼可見且細長
3.導管填充體明顯

木材切面：弦切面
柳桉木鑑定特徵：
1.導管線大而明顯，導管內填充體豐富
2.木質線深褐色，呈特殊深色紋樣

國家圖書館出版品預行編目資料

文化資產中的古物研究與鑑定──臺南瑰寶大
揭密／盧泰康著. ──初版. ──臺北市：五
南，2017.07
　面；　公分
ISBN 978-957-11-9180-5（平裝）

1.古物鑑定　2.文化資產　3.臺南市

790.34　　　　　　　　　106007131

4W07

文化資產中的古物研究與鑑定 ──
臺南瑰寶大揭密

臺南市政府文化局委託辦理

「臺南市古物文化資產內涵調查研究計畫」成果

執　　　行 ─ 國立臺南藝術大學

作　　　者 ─ 盧泰康

編　　　輯 ─ 蔡依倫　吳庭維　吳綺翎

校　　　對 ─ 曾鵬璇　吳巧文

發 行 人 ─ 楊榮川

出 版 者 ─ 五南圖書出版股份有限公司

地　　　址：106台北市大安區和平東路二段339號4樓

電　　　話：(02)2705-5066　　傳　　真：(02)2706-6100

網　　　址：http://www.wunan.com.tw

電子郵件：wunan@wunan.com.tw

劃撥帳號：01068953

戶　　　名：五南圖書出版股份有限公司

法律顧問　林勝安律師事務所　林勝安律師

出版日期　2017年7月初版一刷

定　　　價　新臺幣480元

◎本書由文化部文化資產局補助出版發行